BIBLIOTHÈQUE D'HISTOIRE CONTEMPORAINE

HENRI WELSCHINGER

Membre de l'Institut.

L'Alliance Franco-Russe

Les Origines et les Résultats

LIBRAIRIE FÉLIX ALCAN.

L'Alliance Franco-Russe

L'Alliance Franco-Russe

LES ORIGINES ET LES RÉSULTATS

PAR

HENRI WELSCHINGER

Membre de l'Institut.

PARIS

LIBRAIRIE FÉLIX ALCAN

108, BOULEVARD SAINT-GERMAIN, 108

1919

L'ALLIANCE FRANCO-RUSSE

INTRODUCTION

Le 26 septembre 1918, un député socialiste de la Seine, M. Jean Bon, discutait à la Chambre des Députés une proposition présentée par lui à l'effet de confier à une Commission spéciale le soin d'examiner les documents contenus dans le *Livre Jaune* sur l'Alliance franco-russe. L'interpellateur, qui ne possédait ce Livre que depuis une huitaine, affirmait que le Recueil piquait la curiosité par ce que ne s'y trouvait pas et avant tout le fameux Traité d'alliance. Il faut croire que son attention avait été peu vigilante, car la lettre de M. Giers, ministre des Affaires Étrangères, à M. de Mohrenheim le 9/21 août 1891 (Annexe du n° 17) indiquait les deux points principaux de l'accord diplomatique en vue ; puis la dépêche n° 57, du 10 août 1892, donnait le texte. La Convention militaire et la dépêche n° 71 révélaient la Convention définitive signée par le général Obroutcheff, chef d'État-major de l'Empire russe, et par le général de Boisdeffre, notre chef d'État-major. Tous ces textes étaient corroborés par la dépêche (n° 92) du 4 janvier 1894 et par les dépêches (n°' 93 et 94), du 9 août 1899.

WELSCHINGER.   1

Voici comment M. de Giers mentionnait les termes de l'accord diplomatique entre la France et la Russie, dans sa lettre à M. de Mohrenheim, communiquée officiellement le 21 août 1891, à M. Ribot, ministre des Affaires Étrangères :

« 1° Afin de définir et consacrer l'Entente cordiale qui les unit, et désireux de contribuer d'un commun accord au maintien de la paix qui forme l'objet de leurs vœux les plus sincères, les deux gouvernements déclarent qu'ils se concerteront sur toute question de nature à mettre la paix générale en cause ;

2° Pour le cas où cette paix serait effectivement en danger, et spécialement pour celui où l'une des deux parties serait menacée d'une agression, les deux parties conviennent de s'entendre immédiatement sur les mesures, dont la réalisation de cette éventualité imposerait l'adoption simultanée aux deux gouvernements. »

Et le comte de Mouravieff, successeur du comte de Giers, déclarait le 28 juillet/9 août 1899 que le gouvernement impérial de Russie, d'accord avec le gouvernement de la République, confirmait cet arrangement diplomatique conclu pour la sauvegarde des intérêts communs et permanents des deux pays. M. Delcassé, ministre des Affaires Étrangères, répondait à cette communication officielle, à la même date, par l'entière adhésion du Président de la République et du gouvernement français, en rattachant étroitement la convention militaire à cet arrangement diplomatique, car on ne pouvait les séparer l'un de l'autre.

Voici quelle était la teneur de ce projet, arrêté le 10 août 1892.

TEXTE DU PROJET DE CONVENTION MILITAIRE
ADOPTÉ PAR LE GÉNÉRAL DE BOISDEFFRE
ET LE GÉNÉRAL OBROUTCHEFF.

« La France et la Russie étant animées d'un égal désir de conserver la paix et n'ayant d'autre but que de parer aux nécessités d'une guerre défensive, provoquée par une attaque des forces de la Triple Alliance contre l'une ou l'autre d'entre elles, sont convenues des dispositions suivantes :

ARTICLE PREMIER

« Si la France est attaquée par l'Allemagne, ou par l'Italie soutenue par l'Allemagne, la Russie emploiera toutes ses forces disponibles pour combattre l'Allemagne.

« Si la Russie est attaquée par l'Allemagne, ou par l'Autriche soutenue par l'Allemagne, la France emploiera toutes ses forces pour combattre l'Allemagne.

ARTICLE 2

« Dans le cas où les forces de la Triple-Alliance, ou de l'une des puissances qui en fait partie, viendraient à se mobiliser, la France et la Russie, à la première annonce de l'événement, et sans qu'il soit besoin d'un concert préalable, mobiliseraient immédiatement et simultanément la totalité de leurs forces et les porteraient le plus près possible de la frontière.

ARTICLE 3

« Les forces disponibles qui doivent être employées contre l'Allemagne seront du côté de la France de

1.300.000 hommes et du côté de la Russie de 800.000 hommes. Ces forces s'engageront à fond et en toute diligence, de manière que l'Allemagne ait à lutter à la fois à l'Est et à l'Ouest.

ARTICLE 4

« Les États-majors des armées des deux pays se concerteront en tout temps pour préparer et faciliter l'exécution des mesures prévues ci-dessus. Ils se communiqueront, dès le temps de paix, tous les renseignements relatifs aux armements de la Triple-Alliance qui sont et parviendraient à leur connaissance. Les voies et moyens de correspondre en temps de guerre seront étudiés et prévus d'avance.

ARTICLE 5

« La France et la Russie ne concluront pas la paix séparément.

ARTICLE 6

« La présente Convention aura la même durée que la Triple Alliance.

ARTICLE 7

« Toutes les clauses énumérées ci-dessus seront tenues rigoureusement secrètes[1] ».

1. La France demanda et obtint la suppression des mots « avec la Triple-Alliance » à l'article 5.

Le Tsar aurait voulu un article spécial qui fît prévoir la nullité de l'acte, si la France provoquait la guerre. Il y renonça sur l'observation du général Vanowsky, démontrant que la Convention ne visait qu'une guerre défensive.

La France avait demandé qu'au lieu de mettre le mot « mobiliser » à l'article 2, on mît « opérer la mobilisation géné-

Or, l'interpellateur de la Chambre qui avait besoin
d'être éclairé, demandait le renvoi du *Livre Jaune* à la
Commission des Affaires Extérieures, pour en obtenir
un rapport précis, tant sur le contenu des documents
que sur leur liaison avec les événements et leurs conséquences. Il prétendait justifier la nécessité d'une
discussion immédiate, par la crainte d'entendre dire :
« Nous avons été trompés par cette alliance. Nous
avons pris, pendant vingt-cinq années, nos désirs
pour des réalités ». La Chambre écoutait l'orateur
dans un silence où se révélait un certain étonnement.
Elle n'avait pas lu *le Livre Jaune*, et visiblement, elle
ignorait les conditions de la formation de l'Alliance
franco-russe, car elle aurait pu contredire facilement
certaines affirmations hasardées sur la prétendue
duperie causée par cette Alliance. Une soixantaine de
députés, réunis dans la Salle des Séances, semblait s'intéresser d'ailleurs fort peu au vote de la proposition,
car les esprits étaient alors tout entiers préoccupés
des questions de guerre et des succès nouveaux de nos
troupes, qui présageaient enfin la destruction de l'orgueilleuse puissance ennemie. Les armées allemandes
étaient battues de la Moselle à l'Yser. L'Autriche-Hongrie faisait des démarches multiples, et d'un secret
facile à percer, en faveur d'une paix prochaine. Les
Turcs étaient à bout de souffle et les Bulgares tellement épuisés qu'ils avaient envoyé un parlementaire

rale ». Enfin à l'article du Secret (art. 7), le président Carnot
aurait préféré cette rédaction : « Les clauses énumérées ci-dessus
ne pourront être divulguées qu'avec le consentement des deux
parties. Le secret sera tenu rigoureusement sur toutes les dispositions militaires arrêtées par la présente Convention ».
Le projet fut signé le 17 août 1892, reconnu définitif le 27 décembre 1893 et confirmé le 9 août 1899.

au général Franchet d'Espérey pour solliciter un armistice en vue de prochains préliminaires de paix.

Ne se voyant pas contesté par des collègues dont l'esprit était ailleurs, l'interpellateur poussait ses affirmations à l'extrême et répétait avec insistance qu'il n'y avait rien dans le recueil... Or, s'il n'y avait rien, quelle utilité y avait-il à en demander l'examen par une Commission si importante? On pouvait cependant soupçonner le député de la Seine de n'avoir lu, qu'avec le pouce, les 107 pièces qui forment *le Livre Jaune*. Il se bornait à des affirmations très vagues sur les diplomates et la défectuosité de leurs actes, qui faisaient, suivant lui, mal augurer pour la conclusion du prochain traité de paix.

Sans suivre l'orateur dans ses récriminations contre des négociateurs anonymes, on peut remarquer qu'il avait tout de même, malgré ses dires contraires, constaté l'existence d'une Convention militaire et d'une Convention navale, ainsi que des pièces les concernant. Mais il mettait en doute leur valeur et laissait soupçonner des suppressions ou des lacunes regrettables. C'est cependant l'un des auteurs de l'Alliance — et non l'un des moindres — qui, avec une grande loyauté, avait réuni ces documents et contribué à les livrer à la publicité pour bien faire connaître la marche et les vicissitudes d'un acte aussi important. Je sais que sur certains points, comme le traité de Bjœrkœ, on n'avait pas cru devoir donner les détails nécessaires, parce qu'on ne voulait point offrir des armes à ceux qui cherchaient, par esprit de parti ou de secte, à compromettre l'avenir et à prêter à des faits regrettables une importance exagérée. Je reviendrai là-dessus dans un chapitre spécial.

M. Jean Bon se plaignait amèrement qu'on eût fait attendre pendant deux ans au Parlement, la publication du *Livre Jaune*, alors que M. Ribot la lui avait promise depuis longtemps. « L'Alliance franco-russe, disait-il avec une ironie qu'il voulait rendre amère, a toutes les qualités, sauf celle d'exister ». Il lui fallait donc d'autres documents pour en concevoir la présence et l'utilité réelles, sous peine de ne livrer aux curieux que des énigmes ou des futilités. « Quels textes à thèses et à recherches, disait-il, dans les Facultés de Droit et de Lettres futures! Quel prétexte à nombre de vaudevilles en quête de thèmes avec plaisanteries! » Le député de la Seine croyait être plaisant, quand il affirmait que la mystification franco-russe l'emportait sur l'affaire Humbert. Revenant enfin aux affaires sérieuses, il demandait une étude faite avec soin par la Commission des Affaires Extérieures pour obtenir tous les éclaircissements nécessaires. Aux sommations de l'orateur, le président de cette Commision, M. Franklin-Bouillon, répondit avec gravité. Il reconnaissait l'intérêt de la proposition. Il affirmait que la Commission, présidée par lui, étudierait avec soin et en détail les problèmes soulevés par la publication du *Livre Jaune*. Lui aussi voulait sur ce point, comme sur l'ensemble de notre politique extérieure, la lumière tout entière. Il promettait de conduire cette étude avec la rapidité désirable. La Commission n'en avait-elle pas déjà donné des preuves? « Je tiens à dire, ajoutait-il, que sur les Affaires russes, depuis plusieurs semaines, elle s'est

employée avec une énergie incessante à dégager la
vérité et à préparer les solutions que comportait la
situation actuelle... Si on avait suivi nos conseils, je
suis persuadé que notre pays en eût retiré un très
réel profit... Vous pouvez être d'avance assuré, que sur
le problème de l'alliance franco-russe, ce qui, pour
une partie, est déjà de l'Histoire, nous apporterons
toute la lumière que nous voulons aussi complète que
vous-même [1] ». Ce n'était pourtant pas le moment de
discuter les avantages et les défauts de l'alliance
franco-russe, quand l'attention de tous était justement
attirée sur une situation aussi émouvante que celle
qui faisait prévoir, à notre profit, la paix prochaine
avec la Bulgarie, c'est-à-dire l'isolement de la Turquie,
le désastre de l'Autriche-Hongrie, la délivrance de la
Roumanie, le débloquement de la Russie et autres
événements graves.

L'interpellateur se déclara à moitié satisfait. Il ne
doutait certes pas de l'activité de la Commission des
Affaires Extérieures, mais il craignait qu'elle n'eût
encore à lutter contre une puissance mystérieuse
décidée à voiler la lumière. « Si vous aviez eu, disait-il,
la Chambre derrière vous et avec vous, alors vous
auriez été soutenu par elle et par l'opinion publique. »
Mais il ne fallait pas s'arrêter là et il était permis de
croire que la Commission ferait un rapport à bref
délai, afin de mettre à l'ordre du jour un sujet qui
serait toujours d'actualité. Le Ministre des Affaires
Étrangères se borna à répondre que le Gouvernement
s'en remettait à la Chambre pour la suite à donner

____

1. Voir plus loin l'analyse du Rapport de M. Margaine sur
le *Livre Jaune* de 1918.

à la proposition. Sur ce, M. André Lebey invita le ministre à s'expliquer sur l'Alliance, lorsque la Commission aurait déposé son rapport. M. Pichon, qui avait naturellement d'autres soucis, ne promit rien et la Chambre se borna à charger la Commission des Affaires Extérieures de lui faire « dans un bref délai » un rapport sur le contenu des documents réunis dans le *Livre Jaune* et sur leur liaison avec les événements et leurs conséquences.

Je crois, en attendant le dit rapport [1], qu'il importe d'examiner bien à fond toutes les pièces du *Livre Jaune* et de voir ce que ce Livre nous apporte de nouveau et de concluant sur les origines, la formation et les résultats de l'Alliance franco-russe. Il convient de démontrer, — ce qui n'est pas difficile, — que cette Alliance a été surtout une alliance pacifique. Toutes les dépêches et notes qui s'y trouvent, mentionnent en effet le désir sincère de la France et de la Russie de maintenir en Europe l'état de paix et d'éviter une guerre subite, qui pour tous les peuples menaçait d'être désastreuse; faire périr des millions d'hommes, sacrifier des milliards et bouleverser l'état du monde pour longtemps. C'est ce qui est arrivé depuis, mais par la faute seule et par la volonté des Allemands. La double Entente n'avait pas les défauts évidents de la Triple Alliance, quoique le prince de Bismarck en eût su faire, sous couleur de pacification, un instrument de guerre et d'oppression systématique.

Malgré l'évidente nécessité de l'Alliance franco-

1. Voir après la Conclusion l'analyse du Rapport de M. Margaine.

russe, on se heurtait encore en 1886, — époque à laquelle le grand publiciste Katkof lui apporta l'appui de son autorité et de son influence incontestables, — à des objections, à des oppositions plus ou moins fortes. Mais ce n'est pas seulement en France que des esprits sceptiques ou pessimistes avaient malencontreusement envisagé l'entente des deux puissances, même après sa formation, comme devant échouer ou amener des périls inévitables.

Dans « *l'Esprit chrétien et le Patriotisme* » ouvrage publié par Léon Tolstoï en 1894, l'apôtre slave considérait les manifestations de Cronstadt et de Toulon comme une sottise et une duperie. Voici en effet ce qu'il en disait : « Parce qu'il y a deux ans, une escadre française vint à Cronstadt et que ses officiers, descendus à terre, burent et mangèrent beaucoup, tout en écoutant et en prononçant des paroles mensongères et sottes, et parce qu'en 1893 une escadre russe à son tour se présenta à Toulon et que ses officiers venus à Paris, burent et mangèrent beaucoup, tout en écoutant et en prononçant des paroles encore plus mensongères et plus sottes, pour cette double raison voici ce qui arriva : non seulement les gens qui avaient bu, mangé et discouru, mais encore tous ceux qui avaient été présents à ces fêtes, tous ceux même qui n'y avaient pas été, des millions de Russes et de Français à ce mot, se prirent à penser tout à coup qu'ils s'aimaient d'une affection toute particulière ; que tous les Russes adoraient tous les Français et que tous les Français adoraient les Russes. » Tolstoï relevait la naïveté de ces manifestations enthousiastes, car il pensait que les deux peuples étaient indifférents l'un à l'autre. Mais il prévoyait, avec son pessimisme naturel, que l'amour factice de la Russie et de la France amènerait la guerre et que la christianisation des peuples en serait retardée pour une centaine d'années.

Étienne Lamy, qui avait bien étudié la philosophie de Tolstoï, relevait chez lui une singulière antinomie entre l'esprit politique et l'esprit chrétien. Suivant Tolstoï, le patriotisme était une préférence orgueilleuse qui poussait une Nation à poursuivre sans scrupules, au détriment de tous les autres, ses avantages et ses caprices, et croyait avoir, comme les Romains, le moyen légitime d'exercer sur les races inférieures une souveraineté arbitraire. Quant au christianisme de Tolstoï, c'était la restriction des droits de la Force et la destruction d'un patriotisme guerrier et égoïste, d'un faux honneur et d'une fausse dignité.

Nier, comme le philosophe russe le faisait, la sympathie évidente des deux peuples russe et français, c'était fermer les yeux à la lumière, c'était offenser la vérité même. L'amitié de la France pour la Russie, comme le démontrent péremptoirement les faits, a été l'œuvre de la nation aussi bien que celle des diplomates. Tolstoï lui-même était fort ingrat, car il avait reçu bien souvent pour ses ouvrages des témoignages plus que flatteurs de beaucoup de Français.

Ce n'est pas un patriotisme de conquête qui poussait Russes et Français dans les bras l'un de l'autre, c'était « la volonté de rester libres ». La Force brutale a séduit et entraîné les nations de proie: Le Droit a conquis les nations honnêtes et justes. Pour que ces nations fassent triompher leur politique élevée, il convient que l'autorité arbitrale possède une puissance incontestable. « Le meilleur moyen de la préparer ainsi, disait encore Etienne Lamy, c'est pour chaque peuple de nouer des alliances avec ceux en qui il a le plus de foi. Tout peuple qui cesse d'être seul, est à la fois moins menacé, parce qu'il est plus fort et moins menaçant; parce qu'il lui faut soumettre à une autre volonté ses désirs et obtenir pour ses résolutions belliqueuses, outre l'aveu de sa colère et de son ambition, celui de ses alliés. En 1870, les alliés manquaient à la France et à l'Allemagne ; il a suffi pour déchaîner la guerre qu'on fût trop habile à Berlin et trop confiant à Paris. Depuis que la Triple Alliance s'est formée, elle n'a, malgré la supériorité de sa force, entamé la lutte contre personne — (ceci était écrit en 1894) — Diverses d'intérêts, l'Italie, l'Allemagne et l'Autriche, en mettant chacune sa sagesse où n'étaient pas ses ambitions, se sont immobilisées l'une par l'autre. Néanmoins, cette supériorité de forces était une tentation permanente. La Russie et la France qu'elles menaçaient, ont, par leur entente, rétabli l'équilibre. Si cette entente eût été belliqueuse, elles l'auraient tenue absolument secrète, afin d'attirer plus sûrement à la guerre l'ennemi qui les aurait crues isolées. Elles ont au contraire rendu leur accord public. Désormais, la Triple Alliance pour être sûre de vaincre, a besoin de s'adjoindre une autre nation et la cherche. Si elle la trouve, d'autres nations, menacées à leur tour, se joindront à la France et à la Russie. Plus s'accroîtra chacun des groupes, plus se fortifieront les chances de paix... Bref, les vastes alliances contiennent les caprices individuels des peuples ; les longues alliances sont le commencement des Fédérations, et les Fédérations sont les plus sûres garanties de la paix. Ainsi travaillaient pour la paix, à Cronstadt et à Toulon, les Russes et les Français que Tolstoï accuse d'y avoir préparé la guerre ». La vérité, c'est que vingt années de paix ont suivi la convention signée entre les deux peuples et que, si au bout de cette longue période pacifique, la guerre est survenue, la faute en est à une nation orgueilleuse et ambitieuse dont le Chef a voulu servir les appétits voraces.

On ne peut nier, si l'on veut jeter un regard sur le passé, que l'appui cordial, donné officiellement à la France, tant par l'accord diplomatique et la convention spéciale que par des déclarations publiques faites par les deux gouvernements, avait causé une profonde sensation en Europe et averti l'Allemagne que la situation était bien modifiée. Qu'on discute et qu'on ergote comme l'on voudra, l'Alliance franco-russe n'a jamais eu d'autre but que de s'opposer à une agression toujours menaçante, et les Russes, tant qu'ils ont été fidèles à cette alliance, ont rendu de réels services à notre cause et à celle de l'Humanité. Nous l'avons bien vu en 1914. Mais voici qu'aujourd'hui, parce que la Russie nouvelle, c'est-à-dire la Russie révolutionnaire, a traité avec l'Allemagne à Brest-Litowsk et a failli à tous les engagements pris par les gouvernements antérieurs, quelques fâcheux reprochent à la France de s'être alliée avec un cadavre... Chose étrange ! ce n'est pas aux Bolchevistes qu'on en veut d'avoir effacé le traité d'alliance, méconnu ses obligations, livré tous les secrets, pillé nos banques, refusé de reconnaître la dette des milliards prodigués par nous, menacé la vie de nos compatriotes et employé à notre égard toutes les perfidies et toutes les violences; non, c'est au gouvernement impérial que l'on continue de s'en prendre. Au lendemain de l'assassinat ou plutôt de l'égorgement de la famille impériale, des socialistes français rappellent qu'ils ont protesté contre les fêtes de Toulon et blâmé les erreurs de M. Delcassé, que le déploiement des forces russes à Tsarkoë-Sélo aurait littéralement ébloui. Ils raillent les journaux français qui avaient promis la coopération effective et victorieuse de la Russie, et ils comprennent, dans leurs railleries amères et leurs durs reproches, les ministres, hommes d'État, ambassadeurs, écrivains et journalistes qui ont cru trop naïvement à l'efficacité de l'Alliance franco-russe. Et lorsqu'on leur montre la défection actuelle et la tyrannie sanglante des Bolchevistes, ils répondent avec audace que, si l'on avait écouté les Cachin et les Moutet, le peuple russe aurait amené, en 1917, l'Allemagne à renoncer à ses idées de conquête, parce que les Russes auraient désavoué officiellement des tractations coupables au sujet de Constantinople et de la rive gauche du Rhin.

Et comment parlent-ils du mouvement qui pourrait mener la Russie aux abîmes? « L'unité socialiste est faite en Russie, écrit M. Cachin, comme nous la réclamions avec insistance de nos amis. Socialistes-révolutionnaires, majorité de la Constituante, bolchevistes, tous sont désormais rassemblés en une seule armée contre l'envahisseur, contre l'immixtion de la bourgeoisie étrangère. » Quel est cet envahisseur? C'est l'État français dirigé par le quai d'Orsay, c'est l'impérialisme nouveau, c'est l'Entente qui n'a rien à faire avec la conscience européenne. Les Bolchevistes font partie de l'unité socialiste, et ce sont eux qui régénéreront la société malade et feront oublier les déboires de l'Alliance franco-russe. C'est ainsi que l'on écrit l'histoire actuelle dans les journaux et publications de l'Internationale et de la C. G. T. Il paraît que le programme merveilleux des Longuet et des Renaudel aurait eu plus de succès que les plans des Ribot et des Delcassé. Si l'on avait suivi les conseils des socialistes qui ont été à Zimmerwald et à Kienthal et voulaient aller à Stockholm, ainsi que les rêves des illuminés du congrès de Berne et du Congrès socialiste, il paraît qu'on ne serait pas obligé aujourd'hui de subir la vie chère et que c'en serait déjà fait des trames pénélopiennes de la Conférence de la Paix... Tels sont les raisonnements d'un parti qui, parce qu'il se dit avancé, veut ou croit faire marcher la France !

Ne craint-il pas cependant que ne se retourne contre lui-même le reproche de mystification? Qui donc, avant la guerre, avait donné confiance pleine et entière aux camarades allemands et aux camarades russes? Ces chers camarades n'ont-ils pas voté, les uns avec tout le Reichstag pour l'envahissement de la France, et les autres n'ont-ils pas ensuite mis la France en péril par la rupture brusque de l'alliance et le traité de Brest-Litowsk?... Qui donc, malgré ces actes déplorables, ose parler encore de fraternité internationale? Qui donc ose dire qu'à l'Allemagne et à la Russie, comme aux autres peuples, doivent aller les sympathies socialistes ? Qui donc ose tendre encore une main fraternelle au peuple allemand, si ce n'est le Congrès socialiste ?... Et c'est dans cette situation d'esprit qu'on parle d'enquêter sur les défauts et les défaillances de l'Alliance franco-russe! N'est-ce point pour échapper aux reproches que mérite une crédulité insensée à l'égard des révolutionnaires étrangers qui nous ont toujours trompés ? Sans aucun doute, les négociations diplomatiques sont, comme les autres, sujettes à la critique, mais quand leur but réel est la protection de la France contre les brusques attaques de l'ennemi héréditaire, il ne devrait plus y avoir de divisions entre les Français.

Ce n'est pas la première fois que la curiosité parlementaire, souvent fort légitime, a voulu connaître les dessous de l'Entente franco-russe et les engagements pris. Ainsi, le 21 novembre 1896, M. Millerand, à la Chambre des Députés, demanda, lors de la discussion du Budget des Affaires Étrangères, quels accords particuliers existaient entre la France et la Russie. Il désirait savoir si c'était une convention militaire ou un simple traité, et quelles en étaient l'étendue et la portée. « Il agissait, disait-il, sans le moindre esprit de parti, soucieux uniquement de l'honneur et de l'intérêt du pays. » Ce qui le préoccupait, c'était la situation de la France, les devoirs impérieux qui lui étaient imposés, car on ne devait négliger pour elle aucun élément de force, aucune alliance utile. Il revendiquait, comme socialiste, l'action internationale de son parti qui avivait au delà des frontières les sympathies populaires que la France révolutionnaire et libérale y avait laissées. Il envisageait, d'un esprit impartial, l'hypothèse d'ailleurs acceptable d'une alliance entre une grande démocratie et un empire aristocratique. La République française renouvelait en 1896 l'exemple donné par les États-Unis, il y a trente ans, d'une entente cordiale, bientôt suivie d'un traité, avec l'Empire des Tsars. M. Millerand rappelait les craintes de Bismarck au lendemain même de la guerre de Crimée où, malgré Sébastopol, se révélaient déjà des sympathies russo-françaises ; puis l'intervention russe en 1875, « première manifestation de la justice immanente des choses ». Cependant, de longues années se succédèrent avant que l'alliance, prophétisée par le socialiste Engels, se réalisât. Jusqu'en 1890, le gouvernement russe parut maintenir des relations amicales avec le gouvernement allemand. Depuis, il se rapprocha de la France par une série de manifestations, dont celle de Cronstadt produisit une impression indéniable et fut comme un hommage rendu à notre sagesse et à nos constants efforts. Mais, suivant M. Millerand, il ne fallait pas que certains Français se montrassent plus Russes que le Tsar et fissent de l'Entente une réclame pour leur politique et les ministres de leur choix. Continuant son discours au milieu d'une certaine agitation, l'orateur s'étonnait qu'on ne lui permît pas de demander quel était exactement l'accord intervenu et quels en étaient aussi les résultats après six années de tractation. Est-ce que la République, gouvernement du peuple, était tenue de remettre à quelques hommes la direction incontestée de ses destinées ? Il n'y avait qu'une personne qui pût en disposer librement, c'était la France seule.

M. Millerand ne parlait pas des milliards fournis trop facilement à la Russie par les capitaux français, mais il s'étonnait que des engagements secrets nous eussent conduits à Kiel et mêlés au conflit sino-japonais, ce qui pouvait compromettre notre prestige moral. N'y avait-il pas à craindre d'autres obligations plus lourdes encore, comme la possibilité d'un conflit armé en Extrême-Orient et autres aventures périlleuses ? C'était au Parlement qu'appartenait seul le droit de paix et de guerre. Il ne convenait pas d'accepter de sujétion sans réserve, même dans l'intérêt d'une nation amie. Quels avantages d'ailleurs avaient-ils été stipulés en retour de ces engagements ? Quelles charges l'amitié agissante de la France imposait-elle à la Russie ? Il ne fallait pas que notre pays se résignât à accepter un fait accompli. Cette allusion évidente à l'Alsace-Lorraine fut longuement applaudie. L'orateur cherchait enfin à dissiper des illusions dangereuses. L'enthousiasme de certains patriotes exaltés attachait à l'Entente une portée qui n'était pas seulement défensive. Or, il ne convenait pas que le pays courût le risque de se voir abandonné aux heures graves. C'est pourquoi M. Millerand réclamait des explications claires et précises.

Le ministre des Affaires Etrangères, M. Hanotaux, lui répondit brièvement. Depuis plusieurs années, la France avait suivi la même politique et approuvé la conception réfléchie de ses hommes d'État. L'accueil cordial du pays, fait aux avances russes, l'avait bien montré. Un sentiment de joie et de confiance pour le peuple russe et pour l'accord se manifestait de toutes parts. Certes, ce qui pouvait et devait être exprimé en public, l'avait été fait en termes mesurés, calculés et précis par le Tsar et le Président de la République à Cherbourg, à Paris, à Châlons. Le ministre s'en tenait donc simplement à ces déclarations. Les fonctions qu'il remplissait, une attitude réservée que la Chambre devait comprendre, lui faisaient un devoir de ne rien ajouter au sujet d'une Entente que nul ne songeait plus à nier ou à mettre en doute. M. Jaurès répliqua qu'il résultait du silence méthodique du Ministre au sujet des conditions du traité franco-russe, qu'il n'y avait qu'illusion et néant au fond de la politique extérieure, ou bien que le gouvernement français avait perdu le droit de parler librement à la France. L'orateur socialiste rappelait amèrement au pays qu'il ne pouvait plus aujourd'hui compter que sur lui-même. Cette discussion se termina sans ordre du jour, et la Chambre parut en majorité approuver la politique du Gouvernement.

Le 7 février 1898, surgit un nouveau débat sur le même sujet. M. Decrais, ancien ambassadeur, homme d'une autorité reconnue, fit l'éloge d'une alliance conclue dans des vues élevées et irréprochables, sans allures agressives ni offensantes pour personne. Pour lui, elle restait étrangère aux considérations de régime intérieur et de tendances sociales et politiques, qui jadis avaient servi de bases contre nous à d'autres alliances tristement fameuses. Celle-ci concernait deux grands peuples, diversement mais également puissants, sans les asservir l'un à l'autre, et laissant à chacun d'eux sa liberté d'action dans la sphère de leurs intérêts particuliers. Il s'étonnait qu'on exigeât que cette alliance, depuis les paroles mémorables prononcées à bord du *Pothuau*, eût déjà tranché toutes les difficultés et résolu tous les problèmes. Est-ce que la situation de la France n'était pas devenue plus forte du fait même de l'Entente? Est-ce que, dans un Congrès nouveau, la France n'aurait pas un autre rôle à jouer que dans celui de Berlin en 1878?... M. Decrais disait, avec sagesse, que la politique étrangère demande beaucoup de suite dans les desseins, de constance dans les volontés, de discrétion dans les pourparlers, de patience et de sang-froid. Il était évident que, pour un gouvernement républicain, cette politique était le point faible, car elle n'avait pas la liberté d'action que peut avoir un souverain, maître absolu de ses actes; mais ici l'on ne pouvait contester que la République n'eût fait preuve d'intelligence pratique en contractant une telle alliance qui lui assurait la considération générale et la paix. M. René Goblet, moins satisfait, se plaignait, comme l'avaient fait déja MM. Millerand et Jaurès, de ne rien savoir des conditions et de la portée de l'alliance. Avait-elle un caractère qui paralysât notre action directe? La Russie, engagée en Orient, y était-elle allée de concert avec nous? S'était-elle entendue avec nous pour l'action à exercer en Chine, et pouvions-nous, d'autre part, compter sur son concours absolu pour la défense de nos intérêts en cette région?... M. Hanotaux, qui était encore ministre des Affaires Étrangères, fut très bref. Il répondit qu'il ne pouvait rien dire, maintenant que l'accord était proclamé. En indiquer les conditions formelles était chose impossible. Les faits parlaient assez haut pour le dispenser d'en dire davantage. La Chambre se déclara satisfaite en applaudissant le Ministre des Affaires Étrangères et en ne votant aucun ordre du jour.

Au Sénat, le 6 avril 1911, s'ouvrit une importante interpellation sur la Politique extérieure, provoquée par M. Gaudin de Villaine. L'orateur, dans un discours très mordant et très agressif, combattit la politique républicaine en matière étrangère et rappela le mot ironique d'Anatole France : « Tu sais bien que nous n'avons pas de politique extérieure et que nous ne pouvons pas en avoir ! » Il reconnaissait que l'Alliance franco-russe existait, mais d'après lui, elle avait perdu son caractère primitif. Les Russes semblaient avoir fléchi. Leurs frontières du côté de la Prusse n'avaient plus les mêmes effectifs. Le nombre des troupes, destinées à une offensive, avait été fort réduit et ramené en arrière, à la satisfaction des critiques militaires allemands, comme le colonel de Gœdke et aux regrets de généraux français comme Bonnal. L'orateur attribuait ce fléchissement à la capitulation de Fachoda, au rapprochement avec l'Angleterre, à l'affaiblissement de notre armée après l'affaire Dreyfus, enfin à notre capricieuse politique en Orient.

M. de Lamarzelle critiqua, lui aussi, la situation extérieure et rappela qu'après l'annexion de la Bosnie et de l'Herzégovine par l'Autriche, la Russie avait voulu soutenir la Serbie indignée, mais avait dû baisser pavillon devant l'attitude orgueilleuse de l'Allemagne et ses injonctions. Malgré cette affaire, la Russie avait paru, à la dernière entrevue de Potsdam, se rapprocher de l'Allemagne et s'engager à ne participer à aucune espèce de combinaison qui pût avoir des conséquences agressives contre cette puissance ou contre elle-même. M de Lamarzelle semblait faire allusion au traité secret de Bjœrkœ sur lequel pourtant on n'avait encore aucune donnée positive. Si l'on en croyait les journaux, la Russie se serait liée aussi avec l'Angleterre. Quel était le rôle de la double Entente dans cette situation? L'Allemagne cessait-elle de nous paraître hostile? Ses organes de presse ne laissaient-ils pas entendre qu'en cas de guerre, elle passerait par la Belgique et le Luxembourg. Et comme M. Tillaye s'écriait : « Ne dites pas cela ! » M. Clémenceau répliquait avec vivacité » Il y a surtout des choses qu'il ne faut pas faire, d'abord ! »

M. de Lamarzelle rappelait les incidents douloureux qui avaient dû peser sur l'Entente, comme la visite à Kiel après l'affaire Fachoda, le départ de M. Delcassé, l'affaire d'Algésiras, puis l'entrevue de Potsdam. Il posait cette question pressante : « En cas de conflit, l'Alliance russe continuerait-elle à être une alliance pour la paix ? » Il critiquait cette déclaration faite à la Chambre : « Nous aurons la paix et le désarmement, puis, en cas de conflit, l'arbitrage ». N'y avait-il pas dans l'air des menaces incessantes de guerre? L'Alsace-Lorraine, la question d'Orient, la rivalité anglo-allemande tant pour la flotte de guerre que pour le Commerce? Il redisait le vieux proverbe : « *Si vis pacem...,* » à quoi M. Flaissières répondait : « C'est le retour à la barbarie ! Si vous voulez la paix, préparez la paix ! » Et comme l'orateur blâmait les pacifistes

qui disaient que la guerre était chose inique, le
même M. Flaissières criait : « Ils ont bien raison! »
Le sénateur socialiste qui, comme médecin, a donné
des soins excellents à nos soldats de 1914 à 1918, a
pu se convaincre que la guerre ne dépendait pas
seulement de notre bonne volonté et que l'iniquité
en retombait seule sur les Allemands. Il a pu voir
aussi où nous aurait conduit un désarmement
bénévole en face d'un ennemi perfide, féroce et
armé jusqu'aux dents. M. Raymond Poincaré, aux
plaintes légitimes de M. de Lamarzelle sur l'éduca-
tions anti-militariste de la jeunesse de certaines de
nos écoles, avait dit, dans une interruption qui fit
grand bruit : « Si c'est l'état d'esprit de quelques
instituteurs, je le déplore et je le flétris! »

M. Ribot, qui avait pris une part très importante à
la formation et à la conclusion de l'Entente franco-
russe, crut devoir intervenir dans ce débat. Il le fit
avec autorité. En des termes élevés, il déclara qu'il ne
fallait pas entretenir le pessimisme, tout en reconnaissant qu'on avait parfois dépassé la mesure au
sujet des espérances suscitées par l'Alliance nouvelle.
« Nous avons eu à cet égard peut-être une confiance
un peu excessive, un peu trop débordante... Mais ce
n'est pas à moi, ajouta-t-il, que ce reproche pourrait
s'adresser, ni à mon vénérable ami M. de Freycinet;
ce n'est pas à nous qui avons fait cette alliance et la
revendiquons comme un honneur. Elle durera, malgré
tout ce qu'on a dit. Nous l'avons faite dans l'intérêt
de la France, et non dans un intérêt de parti, notre
esprit étant beaucoup plus haut. Nous l'avons faite
cordialement, sans bruit, ne l'ayant jamais consi-

dérée comme un élément de popularité. C'est notre honneur devant le pays et ce sera notre honneur devant l'Histoire.» Cette affirmation fut soulignée par les bravos du Sénat.

Certes, la Russie avait besoin de se recueillir, après la guerre japonaise et les événements dont elle avait souffert. De notre côté, à la suite d'une longue paix, notre armée s'était un peu affaiblie, parce qu'elle avait été très négligée, mais on pouvait le reconnaître et y remédier, sans affecter un pessimisme inopportun et sans vouloir porter atteinte aux intérêts de la France, ni blesser sa légitime susceptibilité.

Sans doute, personne n'avait oublié Fachoda, mais il ne convenait pas de montrer de l'acrimonie envers l'Angleterre qui était et restait une grande force militaire, morale et patriotique; nous devions garder nos amitiés et garder nos alliances; c'était le patrimoine de la France, et nul n'avait le droit d'y toucher. « L'Alliance russe a été, disait encore l'orateur, une nécessité. Elle est née de la volonté du pays. Elle est sortie de la force des choses et les situations respectives en maintiennent la force permanente. Nous l'avons faite, parce qu'elle répondait à un besoin pressant; si elle a paru quelquefois s'affaiblir, c'est parce qu'on ne l'a pas toujours pratiquée dans l'esprit où nous l'avions conclue. La Russie s'est rapprochée de la France. C'est elle qui a fait la première proposition à une époque où la République faisait dans le monde assez grande figure. L'alliance a été faite entre deux grandes puissances qui, sur le pied de l'égalité, liaient leurs forces et leurs politiques dans l'intérêt de leur avenir. »

Il est certain que le prince de Bismarck avait tout

essayé pour l'empêcher [1]. La Russie avait consenti, il est vrai (en 1884) à rester neutre au cas où l'Allemagne se trouverait en guerre avec un autre pays, de telle sorte que nous pouvions nous trouver isolés, si une guerre éclatait, et que les Russes eux-mêmes se trouvaient livrés à l'arbitrage supérieur de l'Allemagne. « Aussi, continuait M. Ribot, la Russie a-t-elle voulu recouvrer son indépendance. Elle ne l'a pas fait simplement par sympathie pour nous ; elle l'a fait aussi par le sentiment de ses intérêts personnels. C'est là ce qui a fondé l'alliance ; c'est ce qui l'a fait vivre pendant vingt ans, et c'est ce qui la fera vivre encore. L'alliance est pacifique, car elle a été faite dans des intentions pacifiques. Elle est aussi défensive et qui s'en étonnerait? Connaît-on une alliance de longue durée qui ne soit pas une alliance défensive dans sa teneur? On ne fait une alliance offensive qu'à la veille d'une guerre qu'on médite et qu'on veut résolument entreprendre. »

M. Ribot constatait que certains critiques insinuaient que cette alliance n'avait été en réalité qu'une garantie du *statu quo* territorial au profit de l'Allemagne. Il le niait formellement. Rien n'était plus faux. Certes, l'alliance avait été conclue en vue de toutes les éventualités et permettait aux deux alliés de cacher leur politique et d'en tirer tous les avantages. Cela impliquait aussi des risques. « Eh bien ! oui, nous les avons pesés, disait l'orateur aux applaudissements de l'auditoire ; nous les avons considérés et acceptés à la

---

1. Et au moment où les Allemands croyaient être maîtres de la victoire, le comte de Bernstorff, dans son exposé des conditions de paix en 1916, stipulait que nous devrions renoncer à l'alliance de la Russie comme à celle de l'Angleterre.

condition que les deux puissances se concerteraient sur toutes les questions intéressant la paix générale. C'était une nécessité du contrat. C'est l'engagement qui a été pris. » M. Ribot examinait ensuite les divers points qui avaient été mis en discussion : les événements d'Extrême-Orient, la Bosnie et l'Herzégovine, l'entrevue de Potsdam, le chemin de fer de Bagdad. Il regrettait qu'en Orient on eût trop délaissé, depuis quelques années, nos intérêts nationaux et trop regardé à l'Ouest du bassin de la Méditerranée. Il fallait ressaisir partout une situation digne de la France et ne rien abandonner de son patrimoine. Sans doute, il convenait d'être pacifique et de compter, à un moment donné, sur un juste arbitrage. Mais il ne fallait point parler avec légèreté du désarmement, ni s'émouvoir trop facilement de certains discours étrangers. Pour conserver une attitude effacée et compter sur l'arbitrage, « il faudrait, dit-il, que bien des injustices qui ont été commises dans le passé et qui ne provoquèrent que des plaintes silencieuses, eussent d'abord été réglées... »

Cette allusion discrète, mais très claire, faite à l'Alsace et à la Lorraine encore sous le joug allemand, fut soulignée par d'unanimes applaudissements. « Ce jour-là, continuait M. Ribot, on pourra parler d'arbitrage, parce que, ce jour-là, il n'y aura plus de question d'honneur et de vie entre deux nations. Nous sommes pacifiques soit ; mais nous le disons trop souvent, et quelquefois trop haut ». Et cela était vrai. Nous devions avoir confiance dans notre armée, nos finances et dans la force morale du pays. « Il faut, ajoutait-il, y entretenir cette force qui a toujours fait dans le passé, qui fait aujourd'hui, qui fera demain la grande nation digne du présent, digne de l'avenir. Il nous faut une France décidée à respecter tous les droits, mais décidée aussi à remplir tous ses devoirs et à tenir dans le monde le rang auquel elle a droit. »

Donc, pas de pessimisme stérile. Il importait à tous de montrer l'alliance avec la Russie, l'amitié avec l'Angleterre. C'est grâce à une conduite sage, prudente et forte que la France pouvait encore aujourd'hui jouer ce grand rôle avec confiance, avec fierté. Ces qualités-là étaient les qualités nécessaires, car d'une nation qui les abandonnerait, on pourrait dire ce qu'on disait, dans l'antiquité, de l'esclave : « Elle perd la moitié de son âme ». Avec M. Ribot, avec le Sénat qui, en 1911, acclamait ces paroles, il est permis de rappeler que nous sommes d'une génération qui a lutté pour refaire la France et qui a conservé le profond sentiment d'une foi invincible dans ses destinées.

Sans nul doute, les tragiques événements de 1917, la faiblesse du Tsar cédant à de perfides conseils et n'écoutant pas des esprits éclairés comme son oncle, le grand-duc Mikaïlovitch, et d'autres sujets, qui depuis ont été victimes de leur fidélité à la patrie et de leur courage héroïque, enfin les menées et les intrigues de partis mystiques et insensés, ont jeté la Russie dans le chaos et brisé une alliance qui nous avait permis de conserver la paix, puis d'affronter avec succès un ennemi formidable; mais le dernier mot n'est pas dit. L'alliance qui reste l'honneur de ceux qui l'ont contractée et qui a fait ses preuves, ressuscitera. Par la volonté de tous les Français, par l'adhésion et l'action des vrais Russes restés de bons patriotes, le jour reviendra, je l'espère, où les deux nations rétablies dans toute leur puissance, renoueront, quoi qu'en ait dit le baron de Richthofen, en raison de leur intérêts réciproques, et d'une façon plus étroite, les liens sacrés qui les avaient si justement et si heureusement unies. Nous n'écouterons pas les conseils insensés de certains socialistes qui ne veulent pas qu'on enlève à leurs frères révolutionnaires de Russie la dictature féroce dont ils se sont emparés et qui a déjà fait tant de victimes. Sous prétexte de laisser un peuple absolument maître de ses destinées, on le conduit à sa ruine et on expose les autres peuples à souffrir des mêmes calamités.

Il importe maintenant, après ces considérations qu'il nous a paru nécessaire d'émettre, de remonter aux origines de l'Entente franco-russe, puis de montrer ce que le nouveau *Livre Jaune* nous apporte de clair et de décisif sur les pourparlers, la création et la conclusion de l'alliance de 1892, sous forme d'accord diplomatique et de Convention militaire et navale. Cette histoire rétrospective a, comme on le verra, sa réelle et profonde utilité.

PREMIÈRE PARTIE

HISTORIQUE DE L'ALLIANCE

L'idée d'un rapprochement intime entre la France et la Russie s'était ébauchée déjà au xi° siècle et plus tard sous Henri Ier et sous Louis XIII, mais vaguement. Le voyage de Pierre le Grand en Europe, en 1719, à la recherche d'alliances fructueuses, lui avait donné corps. Des tentatives faites par le diplomate de Campredon à Cronstadt en 1721, puis à Pétersbourg, n'avaient pu aboutir à un résultat efficace. Malgré les efforts de La Chétardie et de ses imitateurs, on n'avait pas su tirer bon parti des avances d'Elisabeth et de la Grande Catherine. Plus tard, Bonaparte s'y était essayé avec Paul Ier, mais devenu Empereur, il ne put s'entendre avec Alexandre Ier, car la Pologne était comme un mur infranchissable de séparation. Le mariage avec Marie-Louise contrariant le mariage projeté avec la grande-duchesse Anne, et la création du grand-duché de Varsovie détruisirent les bons effets de l'entrevue de Tilsit. La campagne de 1812 acheva la ruine des espérances entrevues par les politiques russe et français. Les traités de Vienne firent d'Alexandre Ier le maître de l'Europe. Grâce au ministère du duc de Richelieu, les choses parurent prendre une meilleure tournure et l'on peut affirmer que, de 1818 à 1830, une amitié sincère, survenue entre les deux peuples, leur assura à l'un et l'autre de réels avantages. Alexandre avait offert, en 1821, de nouer une alliance qui mit fin aux massacres des Grecs et lui donnât plus de liberté en Orient, et M. de Villèle avait demandé, au nom du Roi, comme prix de l'adhésion française, la frontière du Rhin. En 1829, le Cabinet russe y consentait et Chateaubriand, consulté par Charles X, disait : « L'Alliance russe nous mettrait dans le cas d'obtenir des établissements dans l'Archipel et de reculer nos frontières jusqu'au Rhin... Nous voulons encore la ligne du Rhin depuis Strasbourg jusqu'à Cologne... La Russie a intérêt à ce que la France soit forte. C'est sur le Rhin que la France doit placer sa frontière pour son honneur et sa sincérité ». Charles X approuva ces considérations, mais concentra toute son action sur Alger. La déplorable insurrection de 1830 arrêta brusquement les sérieuses ouvertures de la Russie qui était alors vraiment décidée à conclure une alliance avec la France. Mais, comme l'a remarqué F. de Hénaut, les relations franco-russes à cette époque furent excellentes, et l'on doit compter la période diplomatique de 1818 à 1830 parmi les heureuses périodes de nos Annales [1].

1. Cf. à cet égard l'ouvrage du vicomte de Guichen sur *la Révolution de juillet 1830 et l'Europe*. — Paris 1918.

On ne peut rien dire du règne de Louis-Philippe dont les ministres étaient plutôt préoccupés de s'entendre avec l'Angleterre ; ni de la Révolution de 1848 qui, à part l'expédition de Rome, se consuma en stériles débats intérieurs. Le second Empire ne sut pas s'entendre fructueusement avec la Russie et l'expédition de Crimée, les sympathies hautement affichées pour la Pologne, l'attentat Bérezowski et la tolérance maladroite à l'égard de certains révolutionnaires russes, jetèrent Alexandre dans les bras du roi de Prusse. Les manœuvres habiles de Bismarck, qui promit la revision du traité de 1856, moyennant une neutralité efficace, donnèrent le résultat attendu, et Guillaume Ier put constater officiellement que c'était, grâce à la Russie, que la guerre de 1870 n'avait pas pris un développement extraordinaire. Il en remercia avec effusion le Tsar et se dit dans la fameuse dépêche de février 1871, « pour la vie, son cher ami reconnaissant ». Les fêtes de Pétersbourg et de Mayence en 1873 parurent consolider cette amitié qui dura jusqu'en 1875. A cette date, surgit une Alerte qui faillit déchaîner une guerre nouvelle entre la France et l'Allemagne, mais l'intervention heureuse d'Alexandre et de Gortchakov, secondée par l'action énergique de l'Angleterre, arrêta les hostilités voulues et préparées par le chancelier de fer qui ne cessait d'avoir le cauchemar des coalitions et s'inquiétait toujours pour la solidité et le maintien de l'unité allemande. La France, suivant les conseils de Gortchakov, s'appliquait enfin à être forte, car elle savait bien maintenant, par une cruelle expérience, que le Droit, sans la Force, est destiné à succomber, au moins momentanément. De 1875 à 1879 on put dire que ce furent des années perdues, car le gouvernement français, par ses changements ministériels si fréquents et ses variations politiques, s'était mis dans l'impossibilité d'avoir une politique extérieure utile, malgré les efforts de vrais patriotes, énergiques et éclairés.

Heureusement pour nous, le prince de Bismarck, jaloux des succès de la Russie dans la guerre ottomane, voulut lui ravir les avantages obtenus par le traité de San Stefano et se créa en elle une mortelle ennemie. Il fallut la nécessité de mettre à exécution des desseins politiques importants, et la vision enfin nette des dangers à courir par suite des agissements bismarckiens, pour que le Tsar oubliât plus d'une bévue et plus d'une maladresse commises en France. Le rappel injustifié du général Appert, dont la présence était sincèrement agréable à Alexandre, fut une erreur capitale que répara de son mieux le nouvel ambassadeur, M. Paul de Laboulaye. Le souci légitime d'assurer la sécurité et la prospérité de deux grands peuples, confirmé par leurs sympathies et leurs affinités réciproques, ainsi que par leurs intérêts financiers, commerciaux et industriels, l'emporta sur certaines fautes. Par quel prodige en effet eût-on pu avoir une politique extérieure bien sûre, puisque de 1877 à 1890, c'est-à-dire en treize ans, quatorze ministres s'étaient succédés au quai d'Orsay? L'un d'eux qui, heureusement, y revint plusieurs fois, M. Ribot, put mettre à profit les leçons que lui avaient fourni le temps et de consciencieuses et patriotiques études. Le succès de l'Emprunt russe de 1888, facilité par le Crédit foncier, eut aussi une répercussion favorable sur l'accord tant désiré. La Russie avait besoin d'argent. Mise en appétit, elle en demanda souvent à la France qui ouvrit peut-être parfois, avec trop de facilité, ses caisses et son crédit. Notre marché financier a vu, de 1880 à 1905, s'ouvrir seize Emprunts russes formant un total d'environ douze milliards et demi, sans compter les souscriptions pour plusieurs lignes de chemins de fer, comme ceux de Dwinsk, Riga et le Transcaucasien, et pour des Institutions, telles que la Banque de la Noblesse et la Banque foncière des paysans russes.

L'évaluation des placements français en Russie peut s'élever, paraît-il, de 20 à 22 milliards. Il est donc de notre intérêt d'aider la Nation russe à sortir du gâchis financier, ainsi que de l'anarchie où elle est plongée, pour lui permettre, comme elle le désire, de satisfaire à toutes ses obligations... Mais venons-en directement aux détails que nous fournissent les dépêches et notes provenant directement des Archives des Affaires Étrangères de 1890 à 1912.

CHAPITRE PREMIER

LES PRÉLIMINAIRES

Le *Livre Jaune* nous donne de nombreux documents diplomatiques concernant l'élaboration et la conclusion de l'Alliance franco-russe de l'année 1890 à l'année 1893. Les divulgations du chancelier Michaëlis qui, par la complicité des Bolcheviks, ont dévoilé au public la convention négociée par M. Doumergue avec l'empereur Nicolas au sujet de la future frontière orientale de la France [1], puis la menace des révolutionnaires russes de révéler à l'Europe tous les secrets de la diplomatie franco-russe, ont le 17 septembre amené le gouvernement français à tenir la promesse faite en 1917 par M. Ribot, en sa qualité de ministre des Affaires étrangères, de donner connaissance à tous de ce que fut notre alliance dans sa formation et ses buts réels.

Si, depuis longtemps, les gens bien informés pou-

1. Voir plus loin, *la divulgation des Papiers secrets russes.*

vaient savoir que le traité franco-russe ne contenait aucune clause agressive contre l'Allemagne et que sa portée était purement défensive, on ne connaissait pas toutefois le texte exact du Traité, ni celui de la Convention militaire qui le complétait, ni la déclaration faite par le tsar Alexandre et par ses ministres. On ne savait pas nettement les raisons pour lesquelles, depuis l'année 1880, le sentiment français se prononçait avec vigueur pour une alliance avec la Russie, ni quelles espérances fondait sur elle. Les documents nouveaux nous donnent à cet égard des explications assez satisfaisantes. Je puis personnellement, ayant été en relations avec Jules Hansen, un des hommes qui ont le mieux connu cette affaire et qui y ont apporté un utile concours, émettre à cet égard des observations qui me semblent offrir un réel intérêt.

Au lendemain du Congrès de Berlin, le prince Gortchakov disait au publiciste Nicolas de Poggenpohl que l'entente de la Prusse et de la Russie, puis celle des trois empereurs n'existaient plus. Les deux chanceliers allemand et russe étaient non seulement en désaccord évident, mais en lutte acharnée, l'un contre l'autre. Bismarck criblait son collègue de traits acérés et le contrecarrait ouvertement. Le tsar Alexandre avait maintenant la conviction que la Russie n'avait fait que le jeu de la Prusse, et son dégrisement était complet. Gambetta, qui s'était lié avec le général Skobelef, eut connaissance de cet état d'esprit et en parla à Hansen, qui dirigeait alors *L'Europe diplomatique*. Il lui confia que son but était de donner à la France une armée très orte pour sortir de la pénible réserve à laquelle les événements l'avaient condamnée, et que, cela fait, il serait disposé à nouer une solide alliance avec la Russie. Devenu, en 1881, ministre des Affaires étrangères, il était entré en relations avec des diplomates russes, tels que le comte Kapnist, et cherchait à donner un corps à cette idée qui l'obsédait. Une chute politique rapide, puis une mort prématurée empêchèrent la réalisation d'une alliance pourtant des plus importantes, et les affaires d'Égypte et les questions coloniales prirent le dessus. Jules Ferry avait été accusé de préférer l'entente avec l'Allemagne. Il tint à s'en défendre et exprima même la conviction que la France et la Russie étaient destinées à s'entendre par leurs intérêts communs en Europe, en Égypte, en Chine et dans le Pacifique. En 1884, l'arrivée du baron de Mohrenheim à Paris rendit une vie nouvelle à cette question qui semblait enterrée. Ce diplomate était un des hommes qui connaissaient le mieux les intérêts directs de la Russie et jouissait de la faveur du Tsar. Sa fille aînée avait épousé un officier français distingué, le vicomte de Sèze, et les vues de la France trouvaient naturellement à l'ambassade un chaleureux accueil. M. de Mohrenheim avait à son actif un important passé diplomatique en Allemagne, en Autriche, en Danemark où il s'était fait remarquer par Alexandre III. Mais tout en étant estimé par les diplomates, il avait en Russie surtout des détracteurs acharnés qui lui niaient un esprit politique avisé et lui jouaient des tours regrettables.

Jules Hansen, depuis longtemps en rapport avec M. de Mohrenheim, était devenu une sorte d'intermédiaire officieux entre l'ambassadeur et le ministère des Affaires étrangères. On peut affirmer qu'il parvint à aplanir plus d'une difficulté entre M. de Mohrenheim et les nombreux ministres qui se succédèrent au quai d'Orsay. Il sut habilement faire prévaloir la nécessité et les avantages de l'Alliance franco-russe. Malgré l'entrevue de Skiernewicz, où les trois Empereurs avaient renouvelé un accord pour une durée de trois années, on comprit bientôt à Pétersbourg que les États centraux seraient seuls à en profiter. La Russie voulait bien alors se rapprocher de la France, mais la forme républicaine de son gouvernement l'inquiétait toujours, d'autant plus que, chez elle, un parti puissant prônait l'alliance allemande et attaquait la France comme un foyer incessant d'idées révolutionnaires. En outre, l'instabilité de nos ministères apportait des difficultés à une entente qu'on voulait durable. On ne se dissimulait pas d'ailleurs qu'un tel rapprochement nécessiterait de longues et difficiles négociations. Il est permis de dire aussi que le ministre des Affaires Étrangères, M. de Giers, plus germanophile que dévoué à la France, ne fut pas toujours favorable à un rapprochement cordial.

Le Tsar, qui avait la prétention de diriger tout seul les affaires diplomatiques, comme autocrate, et fortement dissuadé par la Cour, par son entourage direct, l'Impératrice et les princes sur lesquels l'action allemande était alors toute puissante, hésitait à mettre officiellement sa main dans celle des républicains. Des incidents notables modifièrent bientôt cet état d'esprit. En janvier 1887, trois délégués de la Bulgarie, Stoïloff, Rattscheff et Grekoff, vinrent deman-

der au gouvernement français son appui dans les
démêlés de leur pays avec la Russie et ses conseils
sur le choix d'un candidat éventuel au trône de Sofia.
M. Flourens, alors ministre, leur répondit sagement
que le meilleur moyen de sortir de ces difficultés était
de tenir compte loyalement des désirs de la Russie, à
laquelle la Bulgarie devait son existence. Le Tsar fut
satisfait de cette réponse si nette et le dit à M. de
Laboulaye, qui venait de succéder au général Appert
comme ambassadeur à Pétersbourg.

Il me sera permis de répéter ici qu'il fallut toute
l'adresse et tout le tact de M. de Laboulaye pour se
faire bien agréer d'Alexandre, qui perdait dans le
général Appert un ami intime et dévoué. La générale
Appert, Danoise d'origine, était la compagne fidèle
de l'Impératrice et faisait bénéficier nos compatriotes
de cette intimité. J'ai eu, à ce sujet, des confidences
qui me permettent d'affirmer que le départ d'Appert
fut une grande faute, dont Bismarck se réjouit. On
faillit l'aggraver en désignant à sa place le général
Billot dont Alexandre ne voulait pas, lui préférant
l'amiral Jauréguiberry qui aurait été *persona grata*
et l'on présenta M. de Laboulaye qui, après quelques
observations satisfaisantes, fut accepté, car il avait
laissé de bons souvenirs à Pétersbourg où il avait été
deux ans premier secrétaire de l'ambassade française.

Certaines circonstances, oubliées aujourd'hui,
avaient alors aggravé la situation extérieure. Les
manifestations tapageuses du général Boulanger
avaient agacé le prince de Bismarck, qui ne demandait d'ailleurs qu'un prétexte pour nous inquiéter.

Avec son astuce habituelle, il avait fait encourager les manifestations chauvines, puis avait paru y trouver des soucis sérieux pour les intérêts de son pays. Le rappel des réservistes allemands, comme réplique à l'augmentation de nos forces à la frontière, fit demander par M. Flourens des explications à M. de Munster qui se borna à une réponse évasive très peu rassurante. Le Tsar s'émut de cet état de choses et son attitude ferme contribua à en adoucir la gravité. Il intervint, par l'intermédiaire de son ambassadeur à Berlin, et conseilla au chancelier plus de modération et plus de sagesse.

En réponse à cette démarche, Bismarck offrit bientôt un nouvel accord à la Russie, à la condition que cette puissance demeurât neutre dans l'éventualité d'une guerre franco-allemande. Alexandre refusa nettement cette offre insidieuse et sa décision produisit un grand effet en Allemagne. Cependant, même en face de ce refus si formel, le prince de Bismarck hésitait à engager son pays dans un conflit avec la Russie, d'autant plus que Guillaume Ier ne s'en souciait aucunement. Mais, les articles officieux du journal *Le Nord* sur le rôle possible du Tsar en présence de complications éventuelles du côté du Rhin, causèrent à Berlin une irritation particulière et firent sortir la chancellerie du calme où elle aurait dû politiquement rester. Ce qui le prouve, c'est l'incident Schnœbelé qui, en avril 1887, faillit amener une rupture avec la France. Le président Grévy, — dont on a dit, un peu à tort, qu'il se désintéressait trop de l'Alliance franco-russe, — avait confié à Hansen, que si on attaquait la France, elle saurait se défendre sans hésitation et sans crainte. « Les alliés de l'Allemagne, dit-il, se seraient d'ailleurs déclarés contre M. de Bismarck, s'il eût voulu pousser les choses à l'extrême. En ce qui concerne la France et la Russie, il est évident qu'aujourd'hui ces deux pays ont un intérêt commun, c'est que la puissance allemande ne se développe pas davantage. Elle menace la Russie aussi bien que la France. Ces deux pays doivent donc, par des moyens pacifiques, se soutenir mutuellement. » Le président aurait souhaité, autant que le Tsar, une meilleure stabilisation ministérielle, mais il tenait à affirmer que la politique française était constamment guidée par les intérêts vitaux du pays et non par les petits intérêts des personnes. Jules Grévy dit encore à Hansen que la Russie aurait grand avantage à accroître ses forces en Pologne et à affranchir ses finances du joug des banquiers allemands, conseils qui furent peu à peu suivis.

« Tant que j'aurai la main sur les Affaires, avait ajouté Grévy, la France ne provoquera jamais personne et ne déclarera jamais la guerre. Si l'Allemagne envahissait la France, je me défendrais, mais je n'ai pas peur. L'affaire Schnœbelé a montré que M. de Bismarck ne pouvait plus faire en Europe tout ce qu'il voulait faire et qu'il lui fallait compter avec l'opinion publique. » Je sais que l'on a reproché au président Grévy de dissimuler son inertie de caractère sous une apparence de calme olympien et que bien des critiques se sont élevés contre la mollesse et l'indifférence banale de sa Présidence. On a peut-être exagéré à cet égard et confondu une prudence motivée avec un laisser-aller parfois déplorable [1].

1. Dans son ouvrage si curieux sur l'*Histoire de l'Entente franco-russe* (1866-1894), le docteur Elie de Cyon, naturalisé français, médecin estimé, écrivain et politique habile, a rappelé les efforts heureux que le grand publiciste Katkof, directeur de la *Gazette de Moscou* et dont l'influence était considérable en Europe, avait tenté avec lui pour confirmer le succès de l'Entente. M. de Cyon remarque que lorsqu'en 1886 Katkof et lui résolurent de faire une campagne ouverte, ils voulaient à tout prix détruire l'alliance des trois Empereurs conclue en 1872 à Berlin, renouvelée à Danzig en 1883, puis à Skierniewicz en 1884, et déjouer les projets insidieux de l'Allemagne et de ses alliés contre la France. Il résume ainsi les événements de cette nouvelle orientation de la politique russe. De janvier à avril 1887, Alexandre III, sur les conseils de Katkof, rompit l'alliance des trois Empereurs et opposa son *veto* à l'agression secrètement méditée par la Triplice contre la France. Le Tsar renonça alors à intervenir en Bulgarie et concentra des troupes sur les frontières occidentales. C'est de l'automne 1886 que date l'action parallèle de la France et de la Russie en Orient, action qui se manifesta nettement depuis à Sofia, à Constantinople et au Caire.

De mai à décembre 1887, des relations importantes s'établirent entre le Ministre des finances russes et la Haute-Banque française qui aboutirent au premier traité de conversion avec la maison Rothschild et acquirent le marché français à la Russie. De 1887 à 1890, Alexandre III déjoua toutes les intrigues de Bismarck et, détruisant la coalition anti-russe, amena la chute du chancelier. De 1890 à 1891, les chefs de l'armée russe entrèrent en relations avec les chefs de l'armée française, et Vannowsky s'entendit avec Boisdeffre. De 1891 à 1894, la liaison avec la Russie fut proclamée publiquement dans les grandes fêtes que l'on sait. Par suite de malentendus ou de nuages imprévus, un nouveau traité de commerce parut ramener la Russie dans le giron de l'alliance économique de *Dreikaiserbund*, mais ces liens se rompirent bientôt, et M. de Cyon continua à combattre sur le champ de bataille, où Katkof était glorieusement tombé en 1887.

Quels étaient les résultats de la campagne de Katkof au moment de sa mort ? Les voici exactement.

L'alliance des trois Empereurs était brisée. Les projets agressifs de l'Allemagne contre la Russie et la France avaient été déjoués. Le Tsar, au mois d'avril 1887, avait empêché les Allemands d'envahir la France. De son côté, la France avait compris que son isolement en Europe avait cessé et envisageait l'avenir avec plus de confiance. Une entente s'était naturellement formée entre les deux pays, même en dépit de l'action

Cependant, des incidents nouveaux parurent assombrir encore l'horizon politique. L'Italie semblait alors être à la merci du sinistre Crispi qui faisait l'office d'agent provocateur de Bismarck, et peu s'en fallut que les hostilités n'éclatassent entre l'Allemagne et la France.

D'après les notes exactes de Hansen, très au courant du traité officiel de la Triplice, Crispi avait fait ajouter des protocoles et stipulations militaires à ce traité. En outre, le roi Humbert et Guillaume II s'étaient engagés sur l'honneur à demeurer fidèle à l'alliance et à empêcher leurs ministres, le cas échéant, de la rompre. Cette entente, communiquée à l'empereur François-Joseph, avait été consignée dans des lettres autographes des trois souverains. Il convient d'ajouter que l'empereur d'Autriche voulait que le *casus fœderis* ne se produisît que dans le cas où l'une des trois puissances alliées serait attaquée. A Berlin, on s'inquiétait surtout de l'hypothèse où les intérêts allemands seraient menacés par les intérêts français. A Vienne, on prévoyait le choc en Orient des ambitions austro-hongroises contre les convoitises slaves. A Rome, on n'était décidé à intervenir en faveur de l'Allemagne que si cette puissance était attaquée des deux côtés à la fois, et en faveur de l'Autriche que s'il s'agissait de défendre l'indépendance des États balkaniques et l'intégrité des possessions européennes

confuse de leur diplomatie. Les deux gouvernements avaient adopté une politique d'entente en Orient, depuis le mois d'octobre 1886. Sur le terrain économique, cet accord était devenu effectif, et le marché français avait été ouvert au Crédit russe menacé par Bismarck ; le gouvernement russe, retrouvant son indépendance vis-à-vis de la Cour de Berlin, avait pris pour devise le mot favori de Katkof : « la Russie aux Russes ».

du Sultan. Mais M. de Bismarck se réservait d'enlacer habilement, au moment venu, les Italiens dans les filets de la coalition austro-allemande. Le roi Humbert, influencé par le comte de Launay et le comte de Robilant, se laissa gagner à l'idée de transformer, en 1887, l'entente en une alliance fondée sur ce double traité. Dix-huit mois plus tard, Crispi, devenu ministre, ajouta à ce traité une convention militaire, qui, lui étant aux affaires, pouvait amener une intervention désastreuse. Mais réflexion faite, M. de Bismarck perdit confiance en Crispi qui paraissait avoir l'esprit et les allures d'un aventurier. D'autre part, il n'était qu'à moitié certain de la participation active de l'Italie à ses propres desseins, et il attendit une occasion meilleure. Il prit même un certain plaisir à compromettre cette puissance dans l'affaire de l'Abyssinie et à démolir ainsi le perfide Crispi qu'il avait semblé un instant associer à sa fortune. Toutefois, comme la Russie tenait ferme dans son attitude en faveur de la France, Bismarck, pour s'en venger, fit paraître dans le *Reichsanzeiger* le texte du traité austro-allemand du 7 octobre 1879 et laissa entendre qu'il négociait avec le roi Humbert une convention militaire qui, visant la France, pourrait bien un jour se retourner contre la Russie[1]. Notre pays dédaigna la manœuvre bismarckienne, et Alexandre III fit de même. Les rapports entre la France et la Russie tendaient d'ailleurs

1. Il convient de mentionner — ce qu'on ne sait pas assez — que la Constitution de la Triple-Alliance date du 20 mai 1882. L'Italie y avait adhéré par un traité spécial en 1879. Le traité général avait été renouvelé en 1887, en 1891, en 1897 et en 1902, mais cette fois pour une période de dix années. En 1912 il fut encore renouvelé, mais l'Italie en sortit bruyamment en 1915.

à s'améliorer de jour en jour. Le ministère Floquet, malgré l'incident fâcheux de 1867 où son chef s'était compromis, fut accueilli convenablement après explications avec l'ambassade russe. Le Tsar ne se souciait pas d'ailleurs de modifier son attitude pour le bon plaisir des ennemis communs de la Russie et de la France. MM. Goblet et Spuller, puis leur successeur, M. Ribot, aux Affaires étrangères, pratiquèrent une politique sage qui devait naturellement porter ses fruits.

Le 18 mars 1890, la démission de Bismarck était acceptée par Guillaume II, et cet événement fut un soulagement plus encore pour la France et la Russie que pour la Cour allemande. Les deux puissances perdaient — heureusement pour elles — un ennemi redoutable et sans cesse occupé à trouver quelque combinaison méchante contre elles. « Insinuant et mielleux à l'Est, menaçant et grondeur à l'Ouest, faisant le lendemain le contraire de la veille, inventant sans cesse de nouveaux *leitmotive* pour ses reptiles, trompant tout le monde, hésitant entre les coups de force ou les conséquences d'une défaite, jetant le trouble partout, poussant Cobourg en Bulgarie et l'injuriant en public, faisant fi de la franchise, de l'honnêteté, menteur et roué, rusant jusqu'à la fin, ayant l'art des préparations habiles et l'art de se faire attaquer, pris au piège et accusant les autres, allant d'échecs en échecs jusqu'à ce que son jeune maître le congédiât, « il fallut, dit M. de Cyon, l'arracher aux meubles où il se cramponnait désespérément. » L'arrestation de neuf révolutionnaires russes qui complotaient contre la vie du Tsar, due à la vigilante fermeté du préfet de police Lozé, fut une des causes du rapprochement qui aboutit à l'Alliance franco-russe.

Depuis l'année 1889, le gouvernement russe cherchait l'occasion de nous témoigner ouvertement sa sympathie ; il la trouva dans la visite des navires français à Cronstadt. M. de Laboulaye avait eu l'idée ingénieuse de proposer à M. Barbey, alors ministre de la Marine, d'envoyer une escadre dans la Baltique pour accentuer les sympathies franco-russes. Il en parla au gouvernement du Tsar qu'il trouva bien disposé à accueillir cette manifestation. C'est la Russie qui accepta de faire le premier pas vis-à-vis de la France et consentit à cet acte politique qui, agréé par le cabinet Freycinet, eut en juillet 1891 un immense retentissement. Dans l'intervalle, le général de Boisdeffre, invité aux grandes manœuvres de Krasnoë-Selo, s'entendait avec le général Obroutcheff, directeur de l'État-Major, et le ministre de la Guerre pour établir un contact permanent et utile entre les deux États-Majors russe et français. D'autre part, le chancelier, M. de Giers, mandait à M. Ribot, ministre des Affaires étrangères, que l'entente cordiale entre la France et la Russie serait la meilleure garantie de la paix, car l'accord intime des deux pays était nécessaire pour maintenir en Europe une juste pondération des forces. Entre temps à Cauterets, où M. de Mohrenheim faisait une cure, le marquis de Breteuil louait hautement la politique de l'entente des deux pays, et l'ambassadeur lui répondait par un discours des plus cordiaux.

M. Ribot avait écrit à M. de Giers, qu'il était prêt à

examiner les suggestions de Saint-Péterbourg au sujet d'une alliance qui, dans le cas d'une menace d'hostilités provenant de la Triple Alliance, permettrait aux deux pays de prendre les mesures nécessaires, immédiates et simultanées contre toute surprise. Dans un premier projet d'arrangement, il était dit que la France et la Russie, considérant le maintien de la paix comme étroitement lié au maintien de l'équilibre des forces européennes, croyaient le moment venu de se concerter étroitement sur toutes les questions qui pouvaient mettre en cause le maintien de la paix générale. Ce fut là le nœud même de l'accord diplomatique qui fut contracté entre les deux pays.

CHAPITRE II

LES DOCUMENTS DU LIVRE JAUNE

Au commencement de l'année 1891, Alexandre III appela à Pétersbourg M. de Mohrenheim, son ambassadeur à Paris, pour s'entendre avec lui sur la rédaction d'un texte qui devait aboutir à un projet d'entente. Le 22 août, l'ambassadeur fut reçu par M. Ribot, et les deux personnages échangèrent alors les signatures de l'acte par laquelle la Russie et la France s'engageaient à se défendre mutuellement en cas d'attaque étrangère. C'était enfin la sortie d'un isolement périlleux. Le prince de Bismarck eut naturellement connaissance de ce fait et, voulant cacher son dépit, prétendit qu'il n'y avait là « qu'un simple flirt », comme plus tard M. de Bülow dira de l'Italie, manifestant ses sympathies à la France, que ce n'était « qu'un tour de valse » sans importance.

Bismarck eut bien voulu connaître tous les détails précis de l'entente nouvelle, mais le Tsar prit toutes les précautions pour déjouer son inquiète curiosité.

Il tint cependant à faire à nos marins à Cronstadt un accueil extrêmement sympathique et écouta, tête nue, lui, l'autocrate de toutes les Russies, la *Marseillaise*, devenue l'hymne national de la France. A cette manifestation qui eut un effet foudroyant en Europe, succéda le désir de donner à l'Entente un caractère plus étendu, car la paix pouvait être troublée en dehors de l'Europe et avoir un contre-coup sur la politique et les intérêts des deux États. Il fallait donc préparer la rédaction d'un texte qui permît aux deux parties d'envisager des éventualités nouvelles et d'y remédier, le cas échéant. Les pourparlers s'engagèrent à ce moment, mais le Tsar, tout en se montrant très loyal envers la France, ne voulait pas que l'Allemagne se crût menacée. Il finit cependant par approuver ces deux points principaux de l'accord : se concerter sur toute question de nature à mettre la paix générale en péril et stipuler que les deux parties s'entendraient sur les mesures à prendre, au cas où l'une d'elles serait menacée. Il avait dit à M. de Laboulaye qu'il fallait avant tout une France forte, car, en dehors d'elle et de la Russie, il n'y avait plus qu'une Europe désordonnée.

Aux grandes manœuvres de septembre 1891, à Vandeuvre, M. de Freycinet, ministre de la Guerre, put dire que personne ne doutait plus aujourd'hui que nous étions forts, mais que nous saurions garder, « dans une situation nouvelle, le calme et la dignité qui, aux mauvais jours, avaient assuré notre relèvement ». A Bapaume, lors de l'inauguration de la statue de Faidherbe, M. Ribot ajouta qu'un souverain prévoyant et pacifique avait manifesté publiquement les sympathies profondes qui unissaient les deux pays « et que la France, consciente de sa force, continuerait de montrer les qualités de prudence et de sang-froid qui lui avaient attiré l'estime des peuples et lui avaient rendu le rang qui lui appartenait dans le monde ». Il faisait observer en même temps aux impatients qui attendaient des résultats immédiats de la nouvelle Entente que la politique extérieure demandait du temps pour les manifester. Les esprits légers seuls pouvaient s'étonner qu'on n'eût prêté aucune attention aux divers actes préparés dans un silence voulu.

Ces déclarations causèrent un violent dépit en Allemagne, et Bismarck toujours à l'affût, même en pleine retraite à Friedrichsruh, ne cacha pas à ses intimes qu'il regrettait fort de n'avoir pas mis à profit, en 1887, l'occasion excellente de se jeter sur la France. Or, c'était le même homme qui, en 1856, avait reconnu officiellement que l'alliance de la France et de la Russie était chose si naturelle qu'il y aurait eu folie à ne pas s'y attendre. Son successeur, le général de Caprivi, avait cherché, le 27 novembre 1891, mais en vain, à réduire l'importance de l'entente franco-russe, en disant que, malgré la recrudescence de confiance inspirée aux Français, les deux peuples seraient bien forcés de garder une allure pacifique.

Au cours des pourparlers engagés entre les Affaires étrangères et la France, l'ambassade française en Russie et le chancelier de Giers, à propos de l'attitude à prendre vis-à-vis de Constantinople, il fut dit — et ceci a son importance — par le chancelier que la politique russe ne visait en Orient que la politique du *statu quo*. Elle désirait que les Turcs restassent préposés à la garde des Détroits et se contentait de la concession faite par le sultan pour le passage de ses transports. L'entente franco-russe n'était nullement dirigée contre la Turquie. Au contraire, cet État pouvait y trouver la meilleure sécurité, pourvu qu'il aidât la Russie et la France à déjouer les manœuvres de la Triple-Alliance.

M. de Montebello, qui avait succédé à M. de Laboulaye à l'ambassade de Pétersbourg, se portait fort de la loyauté d'Alexandre III qui ne demandait qu'à prendre toutes les mesures nécessaires pour renforcer l'Entente et spécialement au point de vue militaire. Un projet de convention fut étudié à cet égard par le général de Miribel et par le général Vannowsky, à la suite d'une mission secrète confiée par M. de Freycinet à Jules Hansen en août 1891.

Après avoir conversé avec M. de Freycinet, Hansen emporta avec lui une note qui devait lui servir d'aide-mémoire auprès des personnages qu'il pouvait rencontrer en Danemark. Elle était ainsi rédigée : « La Russie et la France n'attaqueront pas ; mais on peut craindre que nos ennemis ne cherchent un jour à sortir par une guerre de leur situation quelque peu embarrassée et, dans ce cas, on peut être certain qu'ils choisiront, pour commencer les hostilités, l'heure la plus propice pour eux. Or, actuellement la Triple-Alliance a incontestablement un avantage sur nous : les Turcs alliés sont liés entre eux par des conventions militaires. Tout est réglé d'avance. Au moment même où la Triple-Alliance, c'est-à-dire l'empereur allemand, donnera l'ordre de mobilisation, on mobilisera aussitôt à Vienne et à Rome. Ce fait seul donne déjà à nos adversaires une avance de vingt-quatre heures sur la France et la Russie, et les trois alliés, qui savent ce qu'ils veulent et où il leur faut placer leurs armées, pourront frapper un coup décisif avant que nous soyons en mesure de résister... Pour remédier à cet état de choses qui peut devenir très dangereux et avoir pour conséquence que la France et la Russie soient battues séparément, il serait de toute nécessité de conclure au plus vite entre ces deux pays une convention militaire, dont la stipulation essentielle sera qu'à la première nouvelle de la mobilisation de la Triple-Alliance, la France et la Russie mobiliseront immédiatement toutes leurs forces... Et si, ce qui est très essentiel, cette convention est tenue absolument secrète, elle nous donnera à notre tour un grand avantage sur nos adversaires. En effet, ceux-ci ne comprenant rien, seront forcément troublés dans leurs concentrations en voyant les mouvements imprévus des troupes russes et françaises, dont ils ne comprendront pas le but. Notre victoire est probablement à ce prix. »

M. Jules Hansen alla à Fredenborg, en Danemark, où le Tsar s'était rendu pour un séjour de quelques semaines et lui fit remettre une note spéciale, à la suite de laquelle Alexandre III promit de s'occuper activement de l'affaire, dès sa rentrée à Pétersbourg. Il fit savoir cependant qu'il entendait qu'elle fût négociée chez lui seulement, et d'après ses instructions personnelles données à son ministre de la Guerre.

Le 4 février 1892, M. Ribot communiqua à M. de

Montebello une note du général de Miribel qui établissait que les deux puissances étaient décidées à agir, en cas de danger notoire, avec une entière réciprocité et la plus grande rapidité. Miribel fixait les effectifs totaux de la Triplice à 2.810.000 et ceux de l'Entente à 3.150.000 hommes. Le nombre était en faveur de l'Entente, mais jusqu'à ce moment la rapidité de la concentration demeurait en faveur de la Triplice. Le chef d'État-major français déclarait que, dans la lutte à venir, l'essentiel était la destruction de l'ennemi principal. En effet, l'Allemagne vaincue, les armées de l'Entente imposeraient leurs volontés aux deux autres. On a dit que le *Livre jaune* ne nous apprenait rien de nouveau. Je conseille à ceux qui sont curieux de savoir quels étaient les préparatifs militaires, de lire entre autres la note du n° 28, comme à ceux qui s'occupent des affaires de l'Orient de lire les dépêches n°˙ 21, 22 et 24, fertiles en révélations de tout genre.

CHAPITRE III

LES NÉGOCIATIONS

Il appert de l'étude des documents diplomatiques du
Livre jaune que M. de Giers paraissait jaloux de l'activité de M. de Mohrenheim et du crédit dont il jouissait
auprès du Tsar. Tout en reconnaissant les bonnes
intentions du chancelier russe, il est permis de constater que son esprit naturellement timoré, ses sentiments trop conciliants à l'égard de l'Allemagne, et
son état débile de santé furent longtemps un
obstacle à la conclusion rapide des engagements
définitifs entre la Russie et la France. Cependant, il
importait d'aboutir, car les intentions de la Triple
Alliance pouvaient se modifier d'un instant à l'autre.
M. Ribot, qui apportait à toute cette affaire une attention et un zèle particuliers, désirait qu'en cas de
mobilisation des forces adverses, la France et la
Russie pussent mobiliser immédiatement, sans avoir
besoin de se concerter, et s'engageassent à ne pas
faire la paix séparément. Il aurait voulu que la

convention militaire fût terminée au plus tôt, afin de parer à toute éventualité.

Le général de Boisdeffre, qui était chargé de traiter à fond la question de cette convention, fut cordialement reçu à Peterhoff le 4 août 1892, mais n'obtint pas du général Obroutcheff le concours empressé qu'il en espérait. Celui-ci trouvait qu'il suffisait de s'entendre tout siuplement et qu'une parole échangée entre honnêtes gens valait toutes les conventions. Boisdeffre insista, et, le 17 août, M. de Giers, qui avait lui-même soulevé bien des difficultés, finit par approuver le projet conclu entre les deux parties. Mais il s'agissait d'avoir l'adhésion du Tsar et de nouveaux retards surgirent. On insista auprès du chancelier, qui était venu soigner sa santé à Monte-Carlo. Il objecta qu'il n'avait pas repris la direction des Affaires et que, d'ailleurs, ce qui avait été fait jusque-là offrait déjà un grand intérêt, et qu'au moment donné, il serait facile d'amener une entente définitive.

La question fut donc encore une fois ajournée et demeura telle du 5 novembre 1892 au 20 mai 1893, parce que les tristes affaires du Panama, exagérées encore par les journaux allemands, et les scandales de la Presse assombrissaient l'horizon politique et coupaient court à l'examen sérieux de toute affaire étrangère.

On avait voulu déconsidérer la France au moment du voyage du Tsar et y mêler perfidement la personne de M. de Mohrenheim, mais ce vilain coup, préparé par les reptiles allemands, échoua à leur entière honte.

Grâce à la fermeté d'Alexandre III qui sut dominer les intrigues ourdies autour de lui et les manœuvres secrètes des agents allemands, qui osaient accuser l'intègre Katkof d'avoir reçu de l'argent de M. de Lesseps, les négociations purent enfin être reprises à Pétersbourg. Le Président Carnot s'intéressait vivement à la rédaction du nouveau pacte franco-russe et s'en occupa activement avec M. Develle, devenu ministre des Affaires étrangères, et avec M. de Mohrenheim. La venue à Toulon de l'escadre russe commandée par l'amiral Avelane, et qui reçut un accueil enthousiaste, produisit le meilleur effet à Pétersbourg et contribua à rendre les relations franco-russes encore plus cordiales.

Devant la nouvelle loi militaire qui augmentait les forces de l'Allemagne, le général de Miribel eut à modifier la convention projetée et en avisa le ministre de la Guerre russe et M. de Giers. Le Tsar en eut aussitôt connaissance et en apprécia toute la portée. Ayant eu à s'entretenir avec M. de Montebello de la manifestation de Toulon, il lui dit ces paroles qui doivent être retenues : « J'entends parler souvent de ces idées de revanche qui existeraient chez vous et dont on veut faire une menace. Mais je n'en vois nulle part la justification. *Vous ne seriez pas de bons Français, si vous ne conserviez pas la pensée qu'un jour viendra où vous pourrez rentrer en possession des provinces perdues;* mais entre ce sentiment naturel et l'idée d'une provocation qui aide à la réaliser, il y a loin, et et vous avez maintes fois prouvé — vous venez de le montrer encore — que vous voulez la paix avant tout et que vous saurez attendre avec dignité ». Nos voisins n'ont pas été contents. Ils ont essayé de plaisanter, mais ils ont vite reconnu que *la plaisanterie n'était pas de saison.* »

Enfin, le 30 décembre 1893, M. de Montebello put informer M. Casimir Périer, président du Conseil, que le projet de convention militaire était définitivement adopté et signé, et devenait exécutoire, Ainsi se terminait un des actes les plus importants du xix⁰ siècle... L'ancienne Entente franco-russe était élargie et complétée. Dix mois après, Alexandre III mourait à Livadia, laissant à l'Europe le souvenir d'un souverain pacifique, ayant su imposer une ferme résistance à ceux qui ne demandaient qu'à troubler la paix. Un de ses derniers mots à l'un de nos ambassadeurs est à retenir : « Nous avons besoin de vous, comme vous avez besoin de nous ! »

CHAPITRE IV

LE MILITARISME PRUSSIEN

Le *Livre jaune* ajoute aux documents, qui comprennent la période 1890-1894, quelques autres pièces qui confirmèrent en 1899 la convention militaire. M. Delcassé, alors ministre des Affaires étrangères, fit connaître au président de la République la portée des nouveaux arrangements conclus avec la Russie à la suite de son voyage à Pétersbourg ; c'est-à-dire un concert décidé à propos de toute question qui pourrait troubler la paix générale, et une Convention visant l'agression de l'une des puissances de la Triplice, limitée à la durée de celle-ci. Nicolas II avait consenti à confirmer l'arrangement de 1893 et à en étendre la portée pour le maintien de l'équilibre européen. Ce n'est pas tout. Le 6 juin 1912, on établit entre les états-majors de la marine française et de la marine russe les mêmes rapports qu'entre les états-majors de la guerre des deux pays. Un projet, qui tendait à la coopération des forces maritimes des deux pays, fut signé le 16 juillet avec une convention spéciale pour l'échange des renseignements entre les deux marines. Ces divers arrangements complétaient heureusement les traités qui existaient entre la France et la Russie depuis vingt ans.

En résumé, l'Alliance franco-russe, dont un plaisantin a dit « que le lapin de Crawford n'avait pas atteint les dimensions éléphantesques de cette glorieuse alliance », a eu en son temps d'excellents effets. M. Hanotaux a pu affirmer justement qu'avec elle notre autorité à l'extérieur avait été reconquise et qu'elle nous avait fait sortir de l'isolement, en nous donnant un point d'appui solide. M. Ribot a ajouté avec raison en 1895 que cette alliance faisait notre dignité et notre force, et qu'à ce point de vue il y avait quelque chose de changé en Europe depuis quatre ans. C'était, en effet, la reconstitution d'une politique extérieure que Bismarck avait voulu nous interdire, lorsqu'il mandait insolemment au comte d'Arnim en 1892 : « *Nous devons empêcher la France de trouver des alliances. Tant qu'elle n'aura pas d'alliés, nous n'aurons rien à craindre d'elle.* »

En face de la Triplice, la Double-Entente a rétabli l'équilibre et assuré la paix pendant vingt années ; ne l'oublions pas. On s'est inquiété, puis on s'est moqué du secret réclamé par Alexandre III et par Nicolas II. Il a eu pour effet de laisser nos adversaires dans une incertitude opportune, car nous savions bien, nous autres, que la France et la Russie étaient disposées à se défendre contre eux avec loyauté et avec énergie. Sans doute, la Double-Entente a servi à la Russie en faisant, pendant longtemps, d'Alexandre III l'arbitre de la paix, mais le prestige de la Russie à cette époque n'avait-il pas accru le nôtre? Notre dignité n'a nullement souffert et nous avons dans le monde reconquis toute notre influence. Qui donc alors aurait pu conseiller à la France de rester dans un splendide isolement? On sait ce que nous ont valu certaines abstentions... Je n'ai pas besoin d'insister à cet égard.

La Russie a tenu ses engagements en 1914, lors de l'agression allemande. Si, après une coopération des plus utiles, sont survenus, hélas! les événements révolutionnaires que l'on connaît, la faute n'en est certes pas à l'alliance qui a rempli ses promesses, mais au Souverain qui n'a pas eu l'énergie suffisante pour dominer les intrigues et imposer ses volontés. Nicolas II vivrait et régnerait encore, s'il s'était montré en tout vraiment un tsar et un chef. On ne peut nier cependant qu'il n'ait essayé personnellement de demeurer bon et fidèle allié. Son tort a été de s'entourer de mauvais conseillers et de ne pas avoir à l'intérieur une attitude ferme et claire à l'extérieur... Mais pour revenir au sujet même de cette étude, il n'est pas permis de dire que l'alliance franco-russe a été une mystification.

En examinant les diverses questions qui ont trait à la formation de l'entente franc-orusse, on ne saurait méconnaître la ténacité de M. de Mohrenheim qui seconda loyalement les efforts multipliés de MM. Ribot et de Freycinet. Sans doute, ses partisans chaleureux, comme Jules Hansen, ont quelque peu exagéré ses mérites en cette affaire, mais il en avait. Pendant treize ans, M. de Mohrenheim appliqua sa volonté à la défense de l'alliance, malgré l'ignorance ou l'indifférence systématiques de certains hommes d'État ou prétendus tels, de certains de ses compatriotes très écoutés à la Cour. L'idée, dont Katkof revendique légitimement l'initiative, finit par triompher, et la Triplice fut tenue en respect par la Duplice; mais l'Allemagne ne se tint pas pour battue et sa main perfide sut manœuvrer l'affaire Dreyfus avec une habileté telle que nos forces nationales — Armée et Marine — en furent gravement atteintes et que les bénéfices de l'Entente parurent un moment très réduits. La vitalité magnifique de la France vint à bout de ce nouveau péril et, après une éclipse vou· lue par les adversaires de notre pays et de la Russie, l'Entente reprit sa vitalité et se renforça d'une convention additionnelle. Le 30 novembre 1897, le baron de Mohrenheim avait été remplacé par le prince Ouroussov et nommé membre du Conseil de l'Empire, après quatorze ans d'ambassade à Paris. Il se retira à Pau, heureux de n'avoir plus à se préoccuper de ce qu'on appelle « la politique » et de jouir de la vie de famille « la seule qui compte, disait-il. Le peu que j'apprends de la politique par la lecture rapide de quelques journaux, ajoutait-il, suffit à me soulever le cœur. Je ne donne même plus un pleur à *cette vieille bête d'Europe* qui sera à peine, sous peu, une dénomination géographique, comme celle des autres continents qui figurent sur les mappemondes, et parmi lesquels elle occupera le dernier rang. Elle en est aux derniers hoquets de l'agonie. Il faut espérer pour elle que l'Histoire lui épargnera une épitaphe. » Ceci était écrit en mai 1898 [1].

1. Déjà en 1871, M. de Beust s'écriait avec un dépit mélancolique : « Je ne vois plus d'Europe ! »

Pendant les vingt années qui ont suivi, l'Europe a tâché de se ressaisir. L'influence de la guerre actuelle y contribuera, je l'espère. La France aidera à ce relèvement, et tout en facilitant la création pratique d'une Ligue des Nations, munie pour se faire obéir d'une gendarmerie internationale, tiendra à se relever elle-même. Si elle n'entendait pas les conseils de ses amis désintéressés et de ses enfants dévoués, ce serait à désespérer de son salut définitif. La démocratie devrait l'aider en cette tâche plus lourde, mais trop souvent cette démocratie est envieuse, jalouse et d'esprit étroit. « Dès que l'on est quelqu'un, remarquait justement M. de Mohrenheim, on perd avec elle le droit d'être quelque chose. Le niveau égalitaire ramène fatalement tout à la médiocrité!... J'observe en curieux, disait-il en 1904, les efforts que l'empereur d'Allemagne fait pour devenir le pôle autour duquel tournera l'axe du monde. Réussira-t-il dans ce rôle; sera-t-il dévolu à un autre? Je n'en sais rien, mais notre pauvre monde aurait bien besoin d'une direction pour ne pas flotter comme une torpille dormante! » Le baron de Mohrenheim emportait dans sa retraite peu de regrets de Paris; de son long séjour qui aurait pu y laisser quelques traces, il ne lui restait plus que le sillon que laisse une barque sur l'eau, sillon vite effacé. L'oubli l'enveloppait « l'oubli, linceul des vivants! » On pourrait ajouter que l'oubli n'est pas seulement un linceul funèbre, mais un voile jeté à propos sur les injustices et les perfidies humaines. « *Injustorum remedium est oblivio* », disait à bon droit le grave et sentencieux Publius Syrus.

Mais qu'eût pensé et dit M. de Mohrenheim, s'il

eût pu vivre assez pour connaître la faute commise
par son maître, lorsque, cédant aux séductions et
promesses de l'Empereur allemand et épouvanté par
la situation que la guerre contre le Japon faisait à la
Russie, Nicolas II s'était tout à coup lié par un traité
secret avec l'Allemagne et avait même pris l'engagement de ne pas consulter la France sans l'assentiment du Kaiser?

CHAPITRE V

LE TRAITÉ DE BJŒRKOE

Il n'est pas question — et on doit le regretter —
dans le *Livre Jaune* du traité secret de Bjœrkœ entre
Nicolas II et Guillaume II signé le 24 juillet 1905,
traité qui aurait pu, s'il avait été officiellement connu
de la France, avoir les plus regrettables conséquences
pour l'alliance. Par des scrupules un peu trop diplomatiques, on n'a donné aucun document à ce sujet,
et cependant tous ceux qui s'intéressent aux relations
de la France et de la Russie n'en ignoraient pas, sinon
les détails, du moins l'existence. Il est impossible de
nier que l'Empereur allemand n'avait vu d'un mauvais
œil l'Alliance franco-russe qui contrariait ses desseins de domination en Europe et ne s'était juré de
la dissoudre ou de la tourner à son propre avantage.
Il comptait sur la faiblesse et sur la versatilité du
Tsar pour arriver à ses fins, et peu s'en est fallu qu'il
ne triomphât. Notre ancien ambassadeur à Pétersbourg, M. Bompard, a raconté, il y a un an, celle

affaire dans la *Revue de Paris*; M. Nekludow en a donné de curieux détails dans *la Revue des Deux Mondes* de 1918, et M. Isvolsky s'en est également occupé dans le journal *le Temps*.

C'est en me référant à ces sources diverses et originales, ainsi qu'aux documents publiés en 1917 par les *Izvestia* et le *New-York Herald* de Paris que je tiens à donner une analyse exacte de cette importante affaire liée étroitement à l'affaire de l'Alliance franco-russe.

M. Bompard apprit le projet d'une entrevue de Nicolas II et de Guillaume II à Bjoerkœ, dans le golfe de Finlande près Viborg, le 20 juillet 1905, quatre jours avant qu'elle eût lieu. Il interrogea, le 21, le comte d'Alvensleben, l'ambassadeur d'Allemagne, qui se montra fort étonné et jura qu'il n'en savait rien. C'était vrai. Le kaiser n'avait rien dit de ses desseins à personne, car il entretenait à ce sujet une correspondance très secrète avec le Tsar. Le prince de Bülow, les gens de sa suite, les courtisans, tous les ignoraient. Dès que Nicolas II fut averti du désir de Guillaume II de venir le voir en touriste, à son passage dans l'estuaire de Stockolm, il répondit que ce serait « avec une joie intense » qu'il envisageait « le plaisir de le voir ». Le Tsar était alors aux prises avec les plus terribles difficultés, car la guerre contre le Japon avait tourné au désavantage de la Russie, et tout était à craindre aussi bien à l'extérieur qu'à l'intérieur, puisque des émeutes avaient éclaté partout, que la corruption et la démoralisation régnaient dans tout l'empire russe. Guillaume II lui ayant dit qu'il cachait cette entrevue à tous, sauf au capitaine de son yacht, le *Hohenzollern*, Nicolas II s'empressa de répondre qu'il garderait, lui aussi, un secret absolu.

Le 24 juillet, les deux empereurs se rencontrèrent donc à Bjoerkœ, le *Hohenzollern* étant venu mouiller à côté du *Standart*, et tinrent une conférence assez prolongée, au cours de laquelle Nicolas II demanda une plume et de l'encre, puis appela l'amiral Birilef, chef de la flotte russe qui l'accompagnait. Il lui fit signer un acte dont il ne lui donna même pas connaissance, car l'amiral put dire plus tard : « J'ai signé quelque chose... mais quoi? Je l'ignore. » Le comte Paulin Benckendorf et l'amiral Von Tchirsky firent de même. Les deux Empereurs se séparèrent ensuite, après force témoignages d'amitié, emportant chacun la feuille du traité revêtue de leurs signatures et ensuite signée par leurs ministres.

Quel était ce traité? Il n'a été révélé que le 29 décembre 1917 par les Izvestia, les *Nouvelles russes*, et par l'*Excelsior* du 31 décembre, et l'on peut affirmer que Nicolas II, fidèle à son serment, l'a tenu caché aussi longtemps que possible, puisque le secret a duré douze ans. Nul doute que si la France eût été mise (dès sa formation), au courant de cette tractation mystérieuse, l'alliance eût été singulièrement compromise, et cela d'autant plus que les événements extérieurs paraissaient alors affaiblir la portée de l'alliance. Il est à déplorer que le gouvernement français ignorât ou parût ignorer une situation aussi dangereuse et se contentât de croire que l'entrevue de Bjœrkœ avait consisté dans l'offre par Guillaume II au Tsar de l'aider à apaiser des troubles en Pologne.

WELSCHINGER. 5

Voici le texte exact du Traité du 24 juillet 1905.

« LL. MM. Impériales,

L'Empereur de toutes les Russies d'un côté

et l'Empereur d'Allemagne de l'autre côté,

afin d'assurer la paix de l'Europe, se sont mises d'accord sur les points suivants du traité ci-après, relatifs à une alliance défensive :

Article premier

« Si un État européen quelconque attaque l'un des deux Empires, la partie alliée s'engage à aider le co-contractant par toutes ses forces de terre et de mer.

Article 2

« Les Hautes Parties contractantes s'engagent à ne pas conclure de paix séparée avec un ennemi commun quelconque.

Article 3

« Le présent traité entre en vigueur au moment de la conclusion de la paix entre la Russie et le Japon, et doit être dénoncé avec un préavis d'un an.

Article 4

« Ce traité étant entré en vigueur, la Russie entreprendra les démarches nécessaires pour le faire connaître à la France et proposer à celle-ci d'y adhérer comme alliée.

« *Signé :* Nicolas, Guillaume.

« *Contresigné :* Von Tchirsky, comte Benckendorf, [1].

Le Ministre de la Marine : Birilef.

1. Le comte Paulin Benckendorf, frère de l'ambassadeur de Russie à Londres, était l'aide de camp de Nicolas II et partagea sa captivité à Tsarkoë-Sélo en 1917.

« C'est en une heure que ce traité a été préparé, lu et signé, » nous dit M. Bompard. Cela est vrai. Mais nous savons qu'avant la réunion des deux Empereurs à Bjoerkœ, les parties contractantes avaient engagé des pourparlers, au moins par écrit. On a appris d'ailleurs que Nicolas II et Guillaume II s'étaient vus deux ou trois fois avant l'entrevue définitive. A qui aurait-on pu faire croire, en effet, que le Tsar, même défaillant d'esprit politique, eût accepté sans discussion un traité qui, pour assurer la paix de l'Europe, devait livrer la Russie à la discrétion de l'Allemagne et contraindre la France à entrer, sous peine des plus graves périls, dans cette alliance inopinée ? Sur le moment, Nicolas II subit ce qu'on pourrait appeler la carte forcée, et crut tout en obéissant aux circonstances, qu'un heureux hasard peut-être arrangerait les choses. Il fit cependant quelques objections préalables, comme pour soulager sa conscience, puis il céda. Mais on peut dire qu'il ne comprit pas bien tout d'abord la portée exacte de l'engagement auquel il avait consenti ; c'était pourtant une œuvre louche, puisque l'ambassadeur d'Allemagne en Russie, lui-même, n'avait pas été mis au courant du projet de son maître ; puisque les contre-signataires de l'alliance nouvelle n'avaient pas eux-mêmes lu le texte qu'ils signaient ! Et ce n'est que longtemps après que la révélation en a été faite par un journal russe, mieux informé que les autres journaux du monde entier.

M. Bompard a reconnu que la France avait été sur le point d'être mise dans l'alternative douloureuse de se placer sous la souveraineté des deux Empires

dirigés par Guillaume II, ou de rompre l'Alliance
franco-russe et de rester isolée en face d'un ennemi
décidé à l'anéantir. Il en rend l'Empereur allemand
responsable et remarque que de sa part c'était bien
joué, mais il ne dit pas assez combien le Tsar a été
faible et coupable en se laissant séduire ainsi par
Guillaume II. M. Nekludow, lui aussi, atténue la
faute de Nicolas II. Il croit pouvoir affirmer qu'il n'a
jamais songé à sacrifier les sympathies qui le liaient
lui et la nation russe à la France. Sans doute, les
revers de ses armées et de sa flotte, l'échec lamen-
table des ambitions russes en Extrême-Orient, la
crainte de nouvelles révoltes intérieures et le mécontentement de ses sujets poussés jusqu'à la plus
extrême et la plus légitime indignation, étaient de
nature à agiter, à bouleverser l'esprit du Tsar. Il ne
voyait autour de lui aucun appui décisif en faveur
de son Empire. Il savait que la France, alors en proie
à des querelles et à des agitations intestines, ne
pouvait lui donner aucune aide efficace, aide que d'ailleurs l'alliance n'avait pas stipulée. Mais il eût pu
cependant en converser secrètement avec ses
ministres et avec notre ambassadeur et leur demander
conseil... Il craignit un refus éclatant et il ouvrit
l'oreille à des suggestions aussi tentantes que perfides. M. Bompard considère que le traité de
Bjoerkœ a péri du fait même de ses propres
exigences, dès qu'il a vu le jour. A dire vrai, c'est
sûr les observations ultérieures de deux ministres
intelligents, le comte Lamsdorf et le comte de Witte
que le Tsar a été pris de scrupules et de craintes et a,
sinon refusé, du moins ajourné le traité de Bjoerkœ.

Je ne vois pas comment Guillaume II, pour le prendre tel qu'il était et tel que le voulaient les circonstances, ait, suivant M. Bompard, manqué de mesure en imposant l'article 4. Sans cet article, étant donné ses intérêts et ses desseins personnels, le traité pour lui n'avait pas de raison d'être.

Faut-il faire, comme le voudrait M. Nekludow, de la faute passagère de Nicolas II une sorte de *felix culpa* et dire avec lui : « L'entrevue de Bjoerkœ constitue un tournant mémorable dans la direction de la politique russe, mais un tournant opposé à celui qu'avait en vue l'initiateur du mouvement, l'Empereur Guillaume. » Convient-il de rejeter sur le Kaiser seul toute la responsabilité et constater « qu'une fois de plus son impatience et son désir de saisir la proie au vol, ses exgérations des influences personnelles avaient compromis une partie qui semblait établie sur des bases logiques et solides? En quittant les eaux tranquilles et les rivages boisés de Skergaard finnois, Guillaume II croyait emporter avec lui l'âme entière du monarque russe. Il avait au contraire jeté Nicolas II dans les bras d'Edouard VII et préparé le triomphe de la politique anglaise. De pareilles fautes, en se répétant et en s'amoncelant, menacèrent d'étouffer le prestige de la politique allemande et de la politique personnelle du Kaiser. » Certes, cette ambition désordonnée qui déchaîna tout récemment sur l'Europe une catastrophe effroyable, est une œuvre maudite. Mais dans l'affaire de Bjoerkœ, s'il y a eu le tentateur, il y a eu aussi l'homme séduit. Sans les conseils judicieux du plus honnête des ministres, le comte Lamsdorf, Nicolas II ne serait pas revenu fidèle à l'Alliance franco-russe ; il serait resté infailliblement le vassal de Guillaume II. Ce n'était pas d'ailleurs la première fois que la Russie obéissait aux suggestions insidieuses de l'Allemagne. Il ne faut pas oublier non plus que, le 28 juillet 1904, la Russie avait accepté un nouveau tarif douanier allemand, croyant y trouver de sérieux avantages.

Il importe aussi de constater qu'il y avait deux groupes influents à Pétersbourg, l'un opposé au rapprochement de la sainte Russie et de la France républicaine et disposé à une alliance avec l'Allemagne autocratique ; l'autre opposé à cette même Allemagne alliée avec la Galicie et l'Autriche perfides, complice des traîtrises du Congrès de Berlin et se basant sur la confiance qu'Alexandre III avait témoignée à la France. Nicolas II, suivant son humeur, s'inspirait parfois des tendances de l'un ou de l'autre groupe. Il n'avait pas, comme on le voit, de fixité dans ses idées politiques.

C'était sur les conseils insidieux et perfides de Bismarck que la Russie avait cherché à satisfaire ses ambitions en Asie. Qu'avait-elle, suivant lui, à faire sur le continent ? Rien d'avantageux et d'utile. Tandis que là-bas, elle avait des perspectives de développement et de fortune immenses. D'autre part, Guillaume II, qui excellait à tromper les gens, avait tout fait pour capter la confiance de Nicolas II et dissiper les craintes des vrais patriotes. Il vantait la confraternité des armées russes et allemandes et ne cessait de témoigner les marques les plus gracieuses de sympathie et d'amitié au Tsar et à son entourage. Se tournant en même temps vers nous, qui alors étions en proie aux douloureuses agitations de l'affaire Dreyfus, des fiches, de la laïcisation et de la persécution religieuse, du pacifisme exalté des Jaurès et socialistes-révolutionnaires, il déguisait son jeu sous l'affectation des intentions les meilleures et les plus sincères.

Et pendant qu'il se multipliait ainsi, comme il l'avait déjà fait pour l'incendie du Bazar de la Charité, la mort de Meissonier, le naufrage de *la Bourgogne*, la mort de Félix Faure, le cataclysme de la Martinique, etc., le général André et Camille Pelletan désorganisaient à fond l'Armée et la Marine. J'entends encore le général André dire à la Chambre à propos de la loi sur l'Avancement dans l'armée : « Messieurs, l'avancement est dans vos mains ! » et je vois Camille Pelletan, ministre de la Marine, acceptant des frères radicaux un apéritif d'honneur, à Toulon, au chant de l'*Internationale*!... Aussi, le chancelier de Bülow ne se gênait-il pas pour affirmer que la France n'était pas à craindre, parce qu'elle ne pouvait défendre vigoureusement ses intérêts ; mais il tempérait aussitôt ses critiques amères en prodiguant des éloges hypocrites aux Français « vigoureux pionniers de la culture humaine », ce qui ne l'empêchait pas d'adresser aussi, au nom de la kultur allemande, des compliments et des flatteries aux Russes.

Le rusé diplomate faisait semblant de croire que l'Alliance franco-russe était essentiellement pacifique et allait jusqu'à dire : « Cette alliance a joué le rôle d'un poids régularisant la marche de l'Horloge du Monde. » Et sachant alors que la France se rapprochait de l'Angleterre, il écrivait : « Nous espérons que l'on pourra dire la même chose de l'entente franco-anglaise. » Ce qui ne l'empêchait pas d'ourdir les plus sournoises intrigues pour venir à bout de l'une et de l'autre. M. de Bülow avait l'art d'être habile et conciliant, et tenait à faire comprendre aux. pangermanistes que l'on pouvait suivre les traditions de Bismarck et continuer sa politique, sans serrer les poings, ni froncer les sourcils. Il se vantait d'avoir repris des rapports excellents avec la Russie ; mais il affirmait qu'ils n'avaient pas eu pour but de rompre l'entente qui l'attachait à la France, pas plus que celle de l'Entente anglo-française, puisqu'elle affectait des buts pacifiques. De leur côté, le bon peuple allemand et son Empereur n'avaient aucun sentiments agressifs. Tout alors semblait calme en Europe. « Je me réjouis de constater, disait le chancelier, que nos relations avec les Russes soient bonnes et amicales. Je puis indiquer à ce propos que les rencontres, réitérées de notre empereur et de l'empereur de Russie, (à Reval, au large de Danzig) ont contribué à maintenir cette confiance mutuelle qui est une des meilleures garanties de la paix européenne. » A ceux qui persistaient à le trouver trop modéré, le prince de Bülow répondait par cette remarque originale du prince Orlov : « La qualité maîtresse d'un diplomate est de savoir flatter ou donner un coup de pied au bon moment. » Il connaissait les forces de l'Allemagne et il s'en targuait à une heure opportune.

Il montra en diverses occasions qu'il était apte à jouer ce double rôle et à en saluer aussi les mérites chez son propre maître, l'empereur Guillaume II. Une de ses maximes favorites était : « Il ne suffit pas de savoir. Il faut prévoir et vouloir. » Cela était d'ailleurs si facile avec les honnêtes Allemands qui embrassent toujours la cause de la justice, « *car c'est une particularité, disait-il, du caractère allemand de tenir de préférence pour juste la cause qui est la plus faible...* » Témoins en effet le Schlesvig et le Danemark, témoin le Hanovre, témoin la Pologne, témoin l'Alsace et la Lorraine !

N'y avait-il pas lieu, suivant lui, de reconnaître que l'alliance franco-russe était incapable de briser les liens d'amitié si anciens entre la Russie et la Prusse ? « Qui donc aurait oublié, se demandait le prince de Bülow, l'entente si amicale de l'Allemagne, de l'Autriche et de la Russie en 1872 ? N'était-ce pas comme une douche froide jetée sur les idées de revanche caressées par la France ? » Ah ! si cette puissance avait compris ses véritables intérêts, comme elle eût fait rapidement sa réconciliation avec son ennemi, de même que l'Autriche après Sadowa ! Et la Russie n'avait-elle pas, elle aussi, grand intérêt à suivre la nation austro-allemande ? Pourquoi n'avoir pas tout de suite écouté le propos si original et si sensé de Bismarck : « L'impétueux éléphant russe devrait marcher entre les deux éléphants apprivoisés : l'Allemagne et l'Autriche ? »

Il est vrai, comme on l'a déjà vu, que le Congrès de Berlin avait troublé tout à coup l'entente établie depuis six ans entre les puissances de l'État. La Russie avait dû se résigner à subir « quelques modifications sérieuses » au traité de San Stefano, et c'est alors que Gortchakov irrité exposa lui-même à un journaliste français le plan de la future et inévitable alliance franco-russe. Bismarck, qui s'en méfiait, essaya d'atténuer les rancunes russes et parvint à amener en 1884 un nouveau rapprochement des trois Empereurs à Skiernewicz, qui assurait « d'une façon presque idéale » la pacification tant désirée [1].

Mais on sait que la question bulgare raviva le feu endormi et que l'entente des trois Empereurs ne survécut pas à l'été orageux de 1886. Toutefois, M. de Bismarck, qui ne se décourageait guère, avait essayé de retenir la Russie par un traité de contre-assurance, sans se dissimuler que l'Alliance franco-russe renforçait la puissance de la France et était une source de difficultés pour la politique allemande.

De l'aveu du prince de Bülow qui savait et avait médité tout cela, l'Alliance modifiait profondément la situation internationale et, de 1890 à 1900, les Allemands n'avaient pas vu sans inquiétude la rivalité britannique menacer leur front et la Duplice les menacer par derrière. Il fallait donc louvoyer et trouver un chemin entre ces deux barrières étroites. Autre difficulté : il importait pendant la guerre russo-japonaise de ne pas violer la neutralité sur laquelle comptait le Japon et, en même temps, montrer une sollicitude amicale à l'égard de la Russie, ce qui eut lieu. Il faut bien reconnaître encore une fois que cette guerre refroidit les relations franco-russes, car nous n'étions pas prêts ni disposés à soutenir la Russie, les armes à la main, tandis que les relations germano-russes s'amélioraient. La double Entente avait perdu, de ce fait, beaucoup de sa force première et les diverses rencontres du Tsar et du kaiser nous furent plutôt préjudiciables. « Les

1. Voir l'ouvrage de M. de Cyon sur l'*Alliance franco-russe*,

espérances inspirées aux chauvins français, disait
Bülow, avaient été rapidement déçues, car les
hommes d'État russes leur avaient donné à entendre
qu'ils ne se mettraient pas au service d'une politique
de revanche. » C'est là ce qui avait tant déterminé
Alexandre III, puis Nicolas II, à demander, à exiger
le secret sur les engagements contractés de part et
d'autre. Le prince de Bülow faisait d'ailleurs
observer que la Russie ne pouvait, en fait d'ambitions territoriales, se heurter à aucune nation européenne aussi peu inquiétante pour elle à cet égard
que l'Allemagne, tandis que la France avait maille à
partir avec toutes les nations et notamment avec
l'Angleterre. Pour se délivrer de toute crainte à cet
égard, la France fut obligée de céder le pas aux
Anglais au Soudan et en Indo-Chine. Elle paya ainsi
d'un prix très élevé l'amitié d'un peuple, après les
désillusions que lui causait la Duplice. Mais elle
accepta tout pour satisfaire sa rancune contre l'Allemagne. Il est vrai que son premier désir était
surtout d'humilier son ennemi, et de lui faire payer,
par la défaite, ses revers de 1870. Les autres questions pour elle, lui paraissaient de nature matérielle
et ne la préoccupaient guère. « C'est, dit M. de Bülow
— et ce témoignage est précieux à souligner — c'est
le trait caractéristique du peuple français *que de
placer les besoins psychiques avant les besoins
matériels* ». N'oublions jamais cet aveu échappé à
un ennemi !

Je retrouve dans un discours du prince de Bülow au
Reichstag, en 1906, cet important passage qu'il faut
remettre en lumière, tellement il est à notre honneur,

L'homme d'État allemand raconte que, se trouvant un soir avec Gambetta et parlant de son attitude au lendemain de Sedan, celui-ci lui dit : « La France était tombée à genoux, je lui ai crié : *Debout et marche!....* » — Dans les grands moments, ajoutait le tribun, celui qui gouverne la France a le sentiment d'avoir un thermomètre dans la main; une pression de celle-ci fait monter le mercure. Dans ces moments-là, dans les grands moments, on peut tout faire de la France. » Et M. de Bülow nous fait cette confidence : « Puisse notre nation, si une catastrophe pareille à celle qui frappe l'Empire français, frappe un jour l'Empire allemand, trouver des hommes qui luttent jusqu'au bout avec un patriotisme inébranlable! »

Comment ne pas faire remarquer ici que c'est sous l'impulsion vigoureuse d'un grand patriote français que la France s'est ressaisie de nouveau en 1918 et a triomphé de l'ennemi? Comment ne pas dire que l'Empire allemand, qui a subi une catastrophe plus cruelle que la nôtre, n'a pas encore trouvé d'hommes assez forts pour le relever et a vu son Empereur fuir à l'étranger, sans avoir tenté de se faire tuer à la tête de ses troupes? Certes, Napoléon III a été bien faible, bien coupable; mais des témoins l'ont vu, sur le champ de bataille de Sedan, chercher la mort pendant plusieurs heures et rester impassible sous les balles et les obus. Ce n'est qu'au moment où les généraux reconnurent eux-mêmes la fatale nécessité d'une capitulation, qu'il consentit à rendre son épée... Aussi, M. de Bülow avouait-il que, connaissant bien le caractère français tel qu'il était, l'Allemagne était obligée de rester toujours « en vedette », non pas seulement pour garder les Vosges, mais pour conserver l'Unité nationale », péniblement acquise et sa situation mondiale. Aujourd'hui, Dieu merci, tout cela a disparu. Le Rhin nous est revenu et l'unité allemande se disloque.

De 1904 à 1907, l'Allemagne avait donc essayé d'entraîner la Russie contre l'Angleterre par un traité secret où elle aurait voulu faire entrer obligatoirement la France, comme le prouvent les papiers découverts en 1917 dans les archives privées de Nicolas II à Tsarkoé-Sélo, papiers communiqués à Bernstein par Wladimir Bourtsef. Nicolas signait ses dépêches *Nicky* et Guillaume II les siennes *Willy*. Le but cherché par les deux Empereurs était donc une entente russo-franco-allemande contre l'Angleterre. Guillaume II redisait, le 27 octobre 1904, au Tsar que la presse anglaise avait menacé l'Allemagne, si elle osait ravitailler en charbon la flotte russe de la Baltique. Aussi, fallait-il marcher contre les Anglais et rappeler à la France ses obligations d'alliée, car il était invraisemblable qu'en face d'une telle situation, la France essayât de se dérober. A la demande de Nicolas II qui, pris d'hésitation subite, voulait communiquer préalablement le projet de traité au Gouvernement français, Guillaume II fit une vive opposition et amena le Tsar à retirer sa demande. Puis il le remercia, en lui disant en propres termes : « Seule, l'assurance d'un traité nous liant tous deux peut amener la France à exercer une pression sur l'Angleterre pour la décider à maintenir la paix, afin de ne pas la placer elle-même dans une situation critique ». Et Guillaume II, se targuant déjà de sa supériorité

militaire, disait : « Quoique Delcassé soit anglophile
et doive se montrer *enragé*, il sera assez sage pour
comprendre que la flotte anglaise ne pourrait sauver
Paris ». Mais l'Empereur était lui-même trop pru-
dent pour laisser avertir l'Angleterre de ce qu'il médi-
tait, car il ne trouvait pas encore la flotte allemande
assez puissante pour lutter contre sa rivale. Il croyait
cependant que la France, malgré sa velléité de
revanche, se sentait trop peu forte pour oser l'attaquer. « Je lui ai jeté le gant en 1905 après Tanger,
disait-il à l'ambassadeur des États-Unis, Gérard. *Elle
n'a pas osé le relever* ». Il avait pris pour de la timi-
diié, ce qui n'était que de la prudence. Le fait vrai,
c'est que, malgré l'appui de la Russie, notre pays
n'avait pas encore les ressources suffisantes pour
affronter une guerre, dont plus d'un esprit averti
soupçonnait la violence, les péripéties et la durée.
Hélas! pendant que l'Allemagne augmentait le nombre
de ses divisions, préparait une artillerie lourde d'une
puissance jusque-là inconnue, inventait des minen-
werfer, des taubes et des gothas, des lance-flammes
et des gaz asphyxiants, pendant qu'elle mettait en
pratique toutes les découvertes de la Science et
n'oubliait enfin aucun détail, si minime qu'il fût, pour
gagner la victoire, nous nous perdions en querelles
futiles et nous étions occupés à laïciser les dernières
écoles privées et à faire la chasse aux instituteurs
libres, aux prêtres et aux religieuses, en donnant la
priorité à des lois sectaires et illibérales sur des lois
pratiques intéressant la Défense nationale. La
bravoure et l'énergie de la nation, ses qualités natu-
relles et instinctives de courage, de dévouement et de

sacrifice, son souci du droit et de l'honneur, sa cohésion spontanée en face de l'ennemi héréditaire, nous ont heureusement sauvés.

Parmi les motifs ou griefs invoqués par le Kaiser auprès du Tsar pour l'amener à traiter avec lui, figurait celui d'une entente secrète de la France avec l'Angleterre ennemie de la Russie. Comment la France pouvait-elle s'unir à une puissance qui ne cessait d'employer toutes les fausses manœuvres contre son alliée? Guillaume II était allé jusqu'à faire écrire à Nicolas II que l'escadre russe avait été subrepticement attaquée par des torpilleurs japonais venus au Dogger-Bank sous le couvert de chalutiers anglais. Très irrité, Nicolas II télégraphiait à Guillaume II, le 28 octobre 1904 : « Il serait temps d'en finir avec les manières de l'Angleterre... Le seul moyen serait que l'Allemagne, la Russie et la France s'unissent immédiatement par un arrangement à l'effet de mettre un terme à l'arrogance et à l'insolence anglo-japonaises. Voudriez-vous bien préparer et rédiger dans ses grandes lignes un papier de cette nature, puis me le faire tenir? *Dès que nous l'aurons accepté, la France sera obligée de suivre son alliée.* Cette combinaison signifiera paix et repos pour le monde ! »

On voit ainsi que c'est Nicolas II qui a été habilement amené par Guillaume II à offrir lui-même le traité secret que désirait l'Allemagne. Qu'on ne diminue donc pas ses responsabilités et qu'on ne laisse pas croire surtout que toute cette affaire s'est manigancée dans une entrevue sommaire!

Le Tsar est tombé grossièrement dans le panneau ouvert sous ses pas. Sa faute est de n'en avoir point.

aussitôt parlé à la France par le canal de l'ambassadeur qui eût pu sans doute le conseiller, le guider et le détromper. Il n'avait pas saisi, nous dit-on, l'indignité du rôle qu'on nous assignait dans cette évolution étrange. Je le crois bien, puisque c'est lui-même qui écrit : « La France sera obligée, de suivre son alliée », montrant par là combien il était fâché de n'avoir pas reçu d'elle un appui effectif dans sa lutte contre le Japon.

Un mois après, on lui apporte un projet d'alliance avec une lettre de l'Empereur allemand. Le Tsar se décide alors à consulter le comte Lamsdorf, homme intègre et éclairé, qui lui conseille nettement d'avertir la France, et Nicolas II, dont l'esprit versatile obéit à toutes les impulsions, se décide à télégraphier à Guillaume II : « Je crois bon de communiquer le traité aux Français, car s'il était par avance approuvé par nous deux, nous aurions l'air de chercher à l'imposer à la France ». Le malheureux empereur oublie qu'il a fait lui-même la proposition d'une réelle contrainte à notre égard, et ne s'aperçoit pas qu'il ne fait que répéter en ce moment les critiques et arguments de son ministre. Guillaume II répond aussitôt qu'il serait dangereux d'en informer la France, car elle avertirait l'Angleterre et la rendrait hostile. Il vaut bien mieux signer à eux deux tout seuls, « car c'est la conviction certaine qu'ils étaient liés par traité à l'effet de se prêter une aide mutuelle qui amènerait forcément la France à faire une pression efficace sur l'Angleterre ». Le kaiser allait jusqu'à dire que si les Anglais connaissaient leurs desseins, ils s'uniraient immédiatement au Japon pour se ruer sur l'Allemagne et anéantir sa grande flotte. « L'équilibre du monde serait détruit pour notre malheur à tous deux! La Russie serait livrée seule et sans défense à la tendre merci du Japon et de son amie toute puissante ». Donc, suivant le Kaiser, prévenir la France, c'était aller tout droit à une catastrophe.

Nicolas II s'inclina, comme jadis Alexandre qui avait fait avec Bismarck un traité de contre-assurance, blessant pour la France. Telle est la loyauté de certaine politique étrangère!... Le Tsar ne comprit pas sur le moment — je veux bien attribuer cela à sa médiocrité d'esprit, sinon à sa faiblesse absolue — que, par cette alliance louche, il allait peut-être imposer à notre pays si loyal un joug désastreux, ou l'amener aux pires résolutions. L'affaire resta indécise un certain temps. Mais les revers de la guerre contre le Japon, les menaces de Guillaume II à Tanger, la démission forcée de M. Delcassé, les concessions marocaines de son successeur M. Rouvier, l'attitude effacée de la France amenèrent fatalement l'entrevue de Bjoerkœ qui ne fut pas, comme on a pu le croire, une affaire improvisée.

On finit, à la longue, par s'inquiéter à Paris de ce que pouvait contenir cette entrevue si mystérieuse et l'on demanda des explications à l'ambassadeur russe Nekludow qui en affirma complaisamment les tendances familières et pacifiques. On ne s'y était un peu préoccupé, paraît-il, que de l'amitié nouvelle de la France et de l'Angleterre... Le Tsar, en toute bonne foi, avait cru pouvoir entretenir des relations cordiales avec l'Allemagne, puisque l'entente avec la

France n'avait qu'un caractère défensif. Il n'avait aperçu, dans les propositions de Guillaume II, aucune mauvaise intention à l'égard de la France ; il essayait au contraire de maintenir ainsi l'équilibre européen et de préserver la paix générale de toute atteinte dangereuse. M. Nekludow relevait les contrastes curieux du caractère du Tsar et ses dispositions changeantes à l'égard du Kaiser, tantôt confiant et inquiet, perplexe et décidé, cordial et froid, mais toujours prêt à l'écouter quand il était sous sa coupe directe. Ce n'est qu'au sortir de ses entretiens avec lui qu'il revenait à ses hésitations.

Le comte de Witte devenu président du Conseil des Ministres, estimait l'Allemagne en raison de sa force toute puissante, et la France en raison de ses finances et ressources considérables. Il était de ceux qui pensaient qu'appuyée sur ces deux États, la Russie en tirerait les plus grands et les plus utiles bénéfices. Il chercha à rassurer le Gouvernement français qui avait déterminé le Crédit public à offrir des milliards à la Russie, et il essaya d'amener le Gouvernement allemand à être moins exigeant au sujet du Maroc qui avait failli provoquer une violente rupture entre les deux pays.

Le Tsar s'était enfin décidé, au moment de l'accentuation de la Crise marocaine, à consulter à nouveau le comte Lamsdorf au sujet de l'Alliance secrète avec l'Allemagne, et le ministre des Affaires Étrangères avait eu la hardiesse de la déconseiller très nettement. Nicolas II effrayé voulut revenir sur son engagement, mais Guillaume II lui répondit sèchement par le « *do ut des.* » L'Allemagne avait, en effet, aidé la Russie dans sa guerre contre le Japon et la France s'était tenue à l'écart. Qui plus est, — elle avait flirté avec l'Angleterre, hostile à la Russie. « Nous avons joint les mains, disait le kaiser dans son langage mystique, et signé devant Dieu qui connaît nos intentions ! »

Le comte Lamsdorff, voyant les hésitations nouvelles du Tsar, crut devoir informer le comte de Witte et insister sur l'effet désastreux que produiraient l'annonce et la découverte du traité russo-allemand. Lamsdorff avait d'autant plus de mérites à agir ainsi, que Guillaume II avait essayé de le circonvenir par mille flatteries et par des propositions très séduisantes pour tout homme qui n'aurait envisagé que ses avantages personnels et ses ambitions. Le comte Witte se laissa enfin convaincre, et écrivit à Berlin que le Tsar ne pouvait s'engager à fond sans l'assistance de ses conseillers. A quoi le prince de Bülow, se mêlant de l'affaire, répliqua qu'il n'y avait point pris part, comme chancelier de l'Empire, quoique la Constitution allemande l'y obligeât, mais que rien de pareil n'existait en Russie. Donc, il fallait maintenir et appliquer le traité, signé de bonne foi par les deux parties.

Entre temps, la situation intérieure s'aggravait en Russie, à la suite de la guerre désastreuse contre le Japon. Une Révolution était à craindre et Nicolas II, après des manifestes sans portée, dut se résoudre à publier une Constitution d'apparences libérales, qui ne donna satisfaction ni au peuple, ni aux libéraux. Il fallut un Acte additionnel qui la compléta et la rendit admissible à tous ceux qui exigeaient ou qui conseillaient des réformes. Le Tsar, sur les avis du comte de Witte et du comte Lamsdorff, se décida à écrire encore une fois au kaiser que l'alliance franco-russe ne pouvait se concilier avec le traité secret de Bjœrkœ. Guillaume II n'insista pas pour le présent, mais demanda des explications très précises sur la portée réelle de cette alliance, et Nicolas II dut lui réitérer ses affirmations absolues sur son but uniquement défensif. Le kaiser parut se contenter alors de la parole du Tsar, mais lui garda la plus profonde rancune de ses tergiversations. Ce qui le prouve, — et on n saurait trop y insister — c'est qu'après le traité de Brest-Litowsk qui le mettait en 1917 en rapports amicaux avec la Russie révolutionnaire, il aurait pu obtenir des Bolchevistes la délivrance de Nicolas II et de sa famille. Or, il n'a rien fait pour les sauver, tant le ressentiment du passé s'était gravé dans son esprit. Quelle pitié en effet aurait-il pu avoir, lui si habitué à voir tout plier devant ses volontés despotiques, pour un souverain, qui non seulement avait refusé de tenir l'engagement signé à Bjoerkœ, mais qui, depuis, s'étant tourné du côté de l'Angleterre, avait accueilli avec empressement les avances d'Édouard VII, avait contrarié toutes les manœuvres impériales contre la Serbie et contre la France et marché avec elles contre ses armées ? Comment n'aurait-il pas maudit une alliance qui avait donné plus de vingt années de répit et assuré son entente cordiale avec l'Angleterre?

On voit ainsi quelle importance avait le traité de Bjoerkœ et ce qui aurait pu en sortir immédiatement d'utile pour l'Allemagne et de désastreux pour la France. Mais ce que M. Bompard et les *Izvestia, les Nou-*

velles russes nous ont appris, suffit à expliquer la médiocrité de Nicolas II et ses déplorables défaillances qu'il a payées si cher.

Cependant, de l'œuvre patriotique, c'est-à-dire de l'Entente à laquelle avaient contribué Katkof et Mohrenheim, ainsi que les ministres français, il restait une partie qui fit encore bonne figure jusqu'au jour où l'Allemagne, méconnaissant le Droit et comptant uniquement sur sa force, crut devoir attaquer la Russie et sa fidèle alliée, la France. M. de Mohrenheim avait la plus profonde défiance de l'Empereur allemand qui lui semblait aussi fourbe qu'ambitieux. Plus d'une fois, il avait dénoncé ses perfidies à sa Cour, comme à tous ceux qui venaient le consulter à l'ambassade. Il le jugeait capable de tous les crimes et se fondait entre autre pour le juger sur sa conduite à l'égard de son père à San Remo et à Berlin. Qu'eût-il dit encore s'il eût pu le voir à l'œuvre dans la guerre dernière? Non seulement il eût flétri tous ses attentats et ses actes de cruauté sans nom, mais il l'eût rendu responsable de l'assassinat de Nicolas II et de sa famille... Il est en effet permis de répéter ici que si Guillaume II eût voulu sauver le tsar et les siens, il lui eût été facile, au moment même où ses ministres négociaient ouvertement avec les Bolchevistes, d'obtenir la mise en liberté de Nicolas II et de la famille impériale. Mais le kaiser n'a pas été plus humain que jadis l'empereur d'Autriche François II, lorsqu'en échange des prisonniers de Rastadt, ce prince refusa d'arracher Marie-Antoinette et ses enfants aux tortures du Temple, parce qu'il voulait tirer pour l'Autriche un profit territorial des folies et des excès de la Terreur. Pourquoi le kaiser a-t-il laissé le Tsar et les siens exposés au dernier supplice? Parce qu'il ne se fiait pas à la solidité des vues gouvernementales de Nicolas II. Il redoutait qu'il ne lui créât de nouvelles difficultés et n'entrât pas en aveugle dans son sillage politique. Lui aussi, désireux d'accroître encore ses conquêtes en pays étranger, mettait ses intérêts personnels et ses avidités au dessus de tous les devoirs.

Ces observations montrent combien l'Allemagne croyait à la reprise de relations sûres et nettes entre la France et la Russie et prouvent que l'alliance franco-russe avait été le cauchemar de l'Empereur comme celui de Bismarck et des ministres allemands. Et cependant, pas un seul jour, la France, à partir de la formation de ce pacte, n'avait cherché le moindre prétexte pour sortir de son attitude pacifique. Dieu sait pourtant si elle avait été provoquée nombre de fois par son ennemi jaloux et rusé!... Les événements actuels, dont les conséquences sont étudiées de près à la Conférence de la Paix, justifient la méfiance que les Alliés ont à l'égard des agissements et des promesses de la nouvelle République allemande. Ils ne peuvent oublier que les Allemands ont mis leurs mains dans celles des pires émeutiers, des plus féroces révolutionnaires, en fermant les yeux sur les attentats inouïs et les atrocités dont rougit le monde civilisé... Mais qu'importe à nos ennemis? Ils voudraient se dédommager, en Russie comme en Autriche, des pertes qui leur seront imposées sur leur propre territoire ou sur ceux qu'ils ont occupés. Ils voudraient aussi empêcher à tout prix

la reprise d'une alliance entre la France et la Russie,
alliance que, seuls, les esprits ignorants, sceptiques
ou mêlés à de mauvaises affaires, ont amèrement
critiquée et cherchent tous les jours à déprécier
davantage.

En résumé, on ne saurait assez le répéter, l'alliance
franco-russe a été un acte essentiellement utile. Si
elle a périclité, la faute en est à un souverain mal
conseillé. Mais qui oserait dire qu'après les épreuves
subies par lui, les choses ayant tourné plus tard à son
intérêt, le Tsar ne serait pas revenu à une politique
plus avisée, plus ferme et plus durable ?... L'Allemagne seule avait intérêt au désordre. Souhaitons
que ses perfides calculs soient déjoués pour toujours !
Mais des souhaits ne suffisent pas. Il faut prendre
toutes les précautions nécessaires et rester sans
cesse sur le qui-vivo. Voilà la vraie politique ! Répé-
tons à nos ministres l'axiome si juste d'Emile de
Girardin : « Gouverner, c'est prévoir. »

CHAPITRE VI

LE BUT
DE L'ALLIANCE FRANCO-RUSSE

N'y a-t-il pas lieu de démontrer enfin, à l'aide des mêmes documents du *Livre Jaune*, les mensonges des Allemands qui soutiennent encore aujourd'hui que la guerre de 1914 était l'œuvre de l'Alliance franco-russe? Les rédacteurs de la *Gazette de Cologne*, dont l'impudence ne connaît aucune borne, avaient attribué aux arrangements secrets de la Double Entente les souffrances et les horreurs de la guerre qui désolait l'Europe. Ils osaient nous rendre responsables de l'initiative des hostilités, alors que c'était tout le contraire, puisqu'ils avaient salué eux-mêmes « la guerre fraîche et joyeuse! » Ils avaient mis au défi M. Ribot de publier les arrangements qui devaient le couvrir, lui et son gouvernement, d'une honte ineffaçable... Et voici que les documents apparaissent enfin. Que nous apprennent-ils? L'histoire diplomatique de l'Alliance de 1894 à 1912. Qu'y trouve-t-on?... Les intentions loyales et méticuleuses de la part de la France et de la Russie d'éviter tout conflit. Quel était le but réel de ces deux puissances ? Couper les griffes au militarisme prussien. Pourquoi? Parce que ce militarisme, tant admiré par les 93 signataires du manifeste allemand, était une machine formidable destinée à broyer tous les obstacles à la domination du Kaiser et de ses complices. Est-ce que tout n'avait pas été préparé en vue d'un gigantesque et satanique effort? Est-ce que le Septennat militaire, le vote des Crédits de guerre en 1888, les menaces ouvertes de Bismarck et celles de ses successeurs contre la Russie étaient choses ignorées?

Est-ce que de toutes parts on ne suscitait pas, comme je l'ai déjà dit, toute sorte de méchantes affaires? Est-ce que la Triple Alliance ne menaçait pas, avec une audace insolente, l'équilibre même de l'Europe? Est-ce que M. de Giers n'avait pas dit en 1891 : « L'Allemagne regrette de n'avoir pas profité de l'occasion qui s'offrait à elle d'attaquer la France en 1887 ?» Est-ce que cette belle occasion n'était pas le traquenard tendu au commissaire Schnœblé? Est-ce qu'au Maroc où nous avions dû intervenir pour protéger notre Afrique du Nord, les Allemands n'avaient pas suscité les plus méchantes affaires de 1905 à 1913?... Est-ce qu'aujourd'hui même encore ils n'ont pas cherché encore à soudoyer les révoltés de l'Atlas, à susciter en tous lieux du monde de perfides et méchantes affaires ?

Si le général de Boisdeffre avait négocié, avec tant d'ardeur et d'opiniâtreté, la Convention militaire entre la France et la Russie, c'est que la situation de l'Allemagne, au point de vue d'une agression toujours possible, était devenue inquiétante. 1.400.000 hommes pouvaient fondre en quelques semaines sur les États de la Double-Entente avec une méthode, une discipline et un armement formidables. Ces armées immenses devaient, sans bruit et par un brusque déclenchement, entrer en opérations presque immédiates. Nous avons vu de près, par la suite naturelle des circonstances, cette invasion colossale. Est-ce que l'Allemagne ne disposait point, par des lois précises et infaillibles, d'un réservoir d'hommes presque inépuisable? Les indications du général de Miribel sont à cet égard d'une clarté fulgurante, et cette clarté a été peut-être trop vive, puisqu'elle a ébloui les yeux de certains députés au point de leur enlever, momentanément au moins, une juste perception des faits... Est-ce que les Allemands s'arrêtaient dans l'accroissement énorme de leurs effectifs, dans la préparation de leurs armements et de leurs ressources guerrières en 1899, en 1905, en 1912? Est-ce que leurs menaces n'étaient pas incessantes et évidentes?... A tout cela, il fallait bien riposter par des effectifs nombreux et de sa. s préparatifs, au lieu de se contenter d'un pacifisme débilitant et néfaste. Était-ce en vue d'une agression provenant de notre part? Non certes, puisque le Tsar avait lui-même dit et redit qu'il ne voulait d'aucune action offensive. Ses conseillers n'avaient pu le tranquilliser à cet égard qu'en lui démontrant que la France n'avait d'autre pensée que de se défendre contre des périls toujours prochains, toujours instants. Mais sous peine d'être brisés, anéantis par des coups foudroyants, il fallait être prêt. On s'étonnera donc après ces démonstrations si claires, faites pour dénoncer à tous les manœuvres et les menaces allemandes, que certains Français ne les aient pas comprises ou ne paraissent pas les prendre tout à fait au sérieux. Aussi, malgré les conseils des timorés qui considèrent l'effacement comme l'attitude même de la sagesse et se plaisent à redire le vieux adage : « *Quieta non movere* », soyons toujours en vedette et ayons l'œil ouvert !

La meilleure preuve que l'Alliance franco-russe était une œuvre considérable et d'une efficacité puissante, c'est la rage, c'est la haine qu'elle déchaîna en Allemagne dès sa formation. Arrivé à l'apogée du pouvoir, le prince de Bismarck avait, comme on le sait, traité avec un immense dédain, au Congrès de Berlin en 1878, la Russie représentée par le prince de Gortchakof. Il lui avait audacieusement, en bouleversant le traité de San Stefano, enlevé une grande partie des bénéfices de ses succès contre les Turcs et favorisé l'Autriche à ses dépens. L'irritation légitime, conçue à ce propos par Alexandre III et son chancelier, fut, comme on le sait, la cause de l'Entente, puis de l'Alliance franco-russe confirmée par deux conventions militaire et navale. Aussi, n'est-il pas étonnant que Guillaume II ait voulu, après Bismarck, détruire cette alliance par tous les moyens[1]. Il engagea l'Au-

1. Le ressentiment et le dépit allemands au sujet de la formation de l'Alliance franco-russe se manifesta, entre autre, par de nombreuses caricatures, dues à la verve rageuse du *Kladderadatsch*, de l'*Ulk* et des *Lustige Blätter*. J'en retiendrai seulement deux significatives. La première représente un Russe embras-

triche à rompre brutalement les relations avec la Serbie
et déchaîna une guerre formidable contre la Russie,
soutien naturel des intérêts de cette petite puissance,
sachant bien que la France n'hésiterait pas à appuyer
son alliée, quoiqu'il eût osé personnellement lui
demander une neutralité garantie par les gages de
Toul et de Verdun. La victoire de la Marne et l'aide
vigoureuse donnée à la France en 1914 et 1915 par les
Russes, n'ayant pas assuré le triomphe de ses desseins, le Kaiser eut recours aux manœuvres louches.
Utilisant les intrigues des Raspoutine et des Stürmer,
secondé par des agents aussi habiles que cyniques, il
résolut d'anéantir l'alliance franco-russe par la Révolution et l'anarchie. Il y employa nombre de prisonniers russes, auxquels il fit enseigner tous les moyens
propres à préparer et à soulever cette révolution. Elle
éclata contre le tsar Nicolas, accusé de faiblesse et d'incapacité. Cette Révolution fit croire d'abord aux naïfs,
— et Dieu sait s'il y en avait chez nous comme ailleurs ! — qu'elle agirait plus vigoureusement encore
en faveur de l'Entente. On lui prodigua même des
compliments officiels, qui furent bientôt regrettés.
Car, d'un prétendu républicanisme régénérateur, la
Russie passa bientôt à un radicalisme inouï qui prit le
nom de Bolchevisme, symbole de la plus détestable
de la plus honteuse, de la plus douloureuse anarchie.
L'Allemagne ne craignit pas de s'entendre avec les
artisans de troubles et de violences, avec les fauteurs
de désordre et de trahison. Elle signa, d'accord avec

sant une Française avec ces mots : « *Tu peux embrasser, oui,
mais un mariage, c'est impossible !* » Et l'autre où l'on voit un
Français criant à tue-tête : « *La vie pour le Tzar !* et le Russe
répondant : « *C'est trop. L'Argent suffit !* »

eux, un traité infâme à Brest-Litovsk, n'hésitant pas
à se faire complice des actes les plus odieux. Guillaume II, qui aurait pu sauver les jours de Nicolas,
de la famille impériale et d'une foule d'innocents, les
laissa, comme je l'ai déjà dit, froidement égorger, se
fiant beaucoup plus alors aux révolutionnaires qu'aux
impérialistes. Il vit dans l'anarchie un moyen certain
de s'assurer la possession des forces et des territoires russes et d'y trouver au besoin une compensation gigantesque, s'il était vaincu par les armées
de l'Entente. Les événements tragiques, qui se
déroulent à nos yeux surpris depuis vingt mois,
montrent nettement combien l'Alliance franco-russe
était un objet de souci pour l'Allemagne et quelle
était son importance.

Laissera-t-on la Russie se décomposer dans une
révolution qui multiplie les pillages, les violences,
les assassinats, les forfaits les plus affreux? Pacti-
sera-t-on avec les fauteurs et les prôneurs éternels
de divisions et de révoltes pour contempler avec une
sorte d'hébétement ou de satisfaction, les scènes
odieuses d'un drame épouvantable? Ne comprendra-
t-on pas, qu'il y a lieu, sous toutes les formes
possibles et dans l'intérêt même des Alliés, d'aider
ce malheureux pays à ressaisir, à retrouver l'ordre,
le calme, la sécurité perdues et à sortir enfin des
griffes allemandes qui, pareilles à celles d'un aigle
vorace, se sont incrustées dans sa chair ?... Sans
doute, la formation d'un Etat Yougo-Slave et la
reconstitution d'une Pologne indépendante, le redres
sement d'une Roumanie puissante sont d'un intérêt
majeur, et je m'y associe de tout cœur, sans oublier

tout ce que méritent la Belgique et la Serbie. Cependant, il ne faudrait pas méconnaître que si l'on peut arriver à délivrer la Russie du joug allemand et des tyrans bolchevistes qui manœuvrent sous l'action même de notre pire ennemi, on fera œuvre politique par excellence. Il faut, en effet, essayer de lui rendre la forme régulière d'un Empire fort et honnête, conscient de ses devoirs, décidé à remplir toutes ses obligations, agissant dans la voie droite de la vérité et de l'honneur, et choisissant ses amis parmi ceux qui n'ont jamais eu en vue que les besoins urgents du monde civilisé et l'action d'une humanité généreuse et sincère. Alors seulement, on aura accompli une tâche urgente et féconde, parce qu'elle est attendue impatiemment par tous les peuples qui ont le légitime souci des principes éternels sur lesquels doit reposer la vraie Société des Nations.

M. Lloyd Georges a constaté récemment la gravité du problème russe et l'état d'inquiétude et de bouleversement dans lequel se trouve le monde entier. Il n'a pas pu et il n'a point voulu séparer la question russe de la question allemande, car elles se lient étroitement. Si la Russie est dans une situation effrayante, l'Allemagne est, elle aussi, dans une situation révolutionnaire qui donne de vives alarmes, non seulement pour elle, mais pour les autres puissances. Comme on l'a dit, le chaos russe a amené le chaos allemand, en vertu de l'antique proverbe : « *Abyssus abyssum vocat* ». Il n'est pas douteux en effet que le bolchevisme russe avec ses Soviets, ne s'infiltre chez les Allemands et que, pour y remédier, les pangermanistes ne songent à revenir aux procédés énergiques et décisifs du militarisme prussien. Comment, dans une situation aussi redoutable, y a-t-il des socialistes français qui voudraient interdire aux Alliés de combattre les bolchevistes russes et le Bolchevisme lui-même? Qui donc a commencé à inquiéter l'Europe, par ce nouveau fléau révolutionnaire? Qui a trahi les Alliés et donné à l'Allemagne la facilité de concentrer en France toutes ses forces, au point que la victoire est devenue un moment indécise pour nous et que la France a connu, en juin 1918, les heures les plus cruelles? Qui donc a cherché à empoisonner les nations de l'Entente par ce virus nouveau? Qui donc a chassé l'Assemblée Constituante en Russie, supprimé toutes libertés et installé l'abominable et sanglant régime d'une nouvelle Terreur?

Peut-on s'étonner alors, et je tiens à le redire encore, que les Alliés — et il n'est que temps — aient le droit de conseiller aux Russes fidèles et honnêtes de s'en prendre aux bolchevistes et de pacifier la Russie? Qui serait surpris de voir que les Alliés cherchent des moyens et des sanctions pour déjouer le péril menaçant? N'entendons-nous pas les Allemands, mis en présence des justes conditions de l'Entente, les déclarer inacceptables, et nous menacer de déverser sur l'Europe la peste révolutionnaire qui les contamine déjà. Croit-on que les exaltés du parti socialiste, imbus des doctrines radicales les plus néfastes et les plus violentes, iront dire aux bolchevistes : « Cessez votre propagande; cessez la Terreur, rendez au peuple russe opprimé et torturé les libertés nécessaires, ouvrez les prisons; supprimez les fusillades et les massacres, mettez fin à un système exécrable qui pille, affame, tourmente, massacre et que peuvent seuls soutenir des bourreaux et des tyrans ! » Ce ne sont pas les socialistes révolutionnaires, disciples de Robespierre et de Marat, qui voudront donner ces pressants conseils, et cependant les intérêts de la France et de ses alliés doivent les imposer. La propagande du Bolchevisme par tous les moyens est un mal immense qui peut faire encore et partout d'innombrables victimes. Le problème russe et le problème allemand sont étroitement liés. La Ligue des Nations, dont on a tant parlé, n'aura sa raison d'être que si elle assure vigoureusement et efficacement au monde la pacification à laquelle il a droit. Ce n'est pas, ce ne doit pas être en vérité une Société d'orateurs et de palabristes, placides et indulgents, qui ouvre ses bras maternels aussi bien aux méchants qu'aux bons, et se borne à faire des discours inopérants et des actes inapplicables à la façon de la douce et honnête Conférence de la Haye.

Dans un autre discours prononcé à la Chambre des Communes, le 16 avril dernier, M. Lloyd George a reconnu encore une fois la complexité et la gravité du problème russe... Que faire en face d'un gouvernement révolutionnaire ? Intervenir, mais que coûterait une pareille intervention ? La politique britannique a toujours tenu à ne pas se mêler de la politique intérieure des autres pays. Ce serait d'ailleurs des dépenses énormes à engager et l'orateur ne se souciait pas d'entraîner l'Angleterre à la banqueroute, car elle aurait ainsi assuré le succès des bolchevistes. Elle ne demandait pas mieux cependant que de fournir aux opprimés les armes nécessaires pour recouvrer leur liberté et arrêter le fléau du bolchevisme qui pouvait atteindre les pays limitrophes. Nous sommes prêts, a dit M. Lloyd George, à résister à toute tentative d'une invasion de ce genre en Europe. »

Soit, mais des paroles ne suffisent pas, et jusqu'ici nous en avons eu trop. Si, dès l'origine même de la Révolution terroriste en Russie, les Alliés avaient soutenu effectivement les premières résistances, nous n'en serions pas arrivés à la crise effroyable actuelle. Cette Société des Nations, tant annoncée, tant vantée doit surtout, je le répète, aboutir et servir à quelque chose.

La même morale régit tous les hommes et manquer à ses règles, c'est non seulement oublier son devoir, mais commettre en même temps la faute la plus grave. Une Ligue des Nations n'est plus qu'une assemblée de parleurs et de rhéteurs, de politiciens médiocres et de sophistes, lorsqu'elle ne comprend pas le but important pour lequel elle a été formée. Si elle doit se borner à contempler mélancoliquement du rivage le naufrage d'autrui, à quoi bon son existence? Ce ne sera qu'un Parlement de plus. Or, aujourd'hui la devise des vrais politiques, soucieux de la liberté et de l'indépendance des peuples, doit être celle du général Hoche : « *Res non verba* ».

Dans son discours du 4 mars 1919 à *Metropolitan House*, le président Wilson a défini la Ligue des Nations en ces termes qui doivent être retenus : « La Ligue des Nations n'est autre chose qu'un pacte signé entre toutes les puissances pour maintenir l'Union qui fut scellée de leur sang. Ce n'est donc pas l'union bolcheviste, l'union spartakiste qu'il faut demander ou subir. C'est l'Union sacrée qu'il faut acclamer et mettre en action dans l'intérêt du monde entier, car jamais péril plus grand, à la suite de plus de quatre années de guerre, n'a menacé la sécurité et la prospérité universelles. L'Alliance franco-russe était une des conditions de la paix, mise en danger constant par la Triple-Alliance. Il faut donc, et c'est le devoir des diplomates — s'il y en a encore qui méritent ce beau nom ! — travailler au plus vite à faire rentrer la Russie, libérée du joug révolutionnaire, dans le concert harmonieux des pays civilisés pour établir une fois pour toutes la paix décisive, attendue, réclamée à grands cris par des millions et des millions d'hommes qui, au lendemain des pires épreuves et des plus sanglantes hécatombes, veulent enfin exercer en toute liberté leurs devoirs et jouir de leurs droits. » Puisse cette déclaration éloquente et si sensée être suivie d'effets réels, car on sait bien que, malgré le régime de terreur auquel la Russie est en proie, il y a déjà des indices fort clairs qui annoncent que la fortune des Bolchevistes est ébranlée et qu'il suffirait d'un effort hardi de l'Entente pour la faire crouler rapidement. Les Roumains ont donné l'exemple en marchant avec décision contre les Bolchevistes hongrois et des succès importants ont salué leur intrépide initiative. Du côté russe, la lutte est engagée vigoureusement par les Finlandais et les Esthoniens. Si l'Entente soulevait à fond les Polonais, la crise finirait par se réduire et le Bolchevisme disparaîtrait. Quand on en est venu à craindre une contagion aussi néfaste, on doit reconnaître qu'il faut agir et réagir, coûte que coûte. La théorie du laissez-faire et du laissez-passer est aussi funeste aux nations qu'aux individus.

Quant à l'alliance franco-russe, on ne saurait trop dire et redire qu'elle a donné, à l'heure où a commencé la guerre de 1914 jusqu'en 1917, tout ce qu'elle pouvait donner, et nous avons le devoir de ne pas l'oublier. Dans les circonstances présentes, ce serait faire preuve d'inintelligence politique et même d'abaissement moral, que de chercher à négocier avec les bolchevistes, comme si on pouvait négocier avec des hommes qui se sont mis délibérément au-dessus de toutes les lois! Ce serait folie de ne pas travailler à préparer un avenir meilleur et à faire revivre, dans sa plénitude sincère et pratique, l'Alliance franco-russe. Si nous voulons lutter avec succès contre la revanche fatale de l'Allemagne, qui cherchera à briser tôt ou tard les liens où la Conférence de la Paix entend et doit l'entraver; si nous voulons venir à bout des intrigues et des forces toujours puissantes de la Prusse, cette incarnation vivante du Mal, ce fléau de l'Europe; si nous désirons lui enlever toute possibilité de s'unir un jour avec la Russie restaurée et former avec elle contre nous un bloc de 225 millions d'hommes; si nous entendons maintenir un équilibre européen inébranlable et constituer une Ligue vraiment utile et puissante des Nations; enfin, si nous désirons que nos enfants soient désormais à l'abri de nouvelles invasions et de nouvelles horreurs, il faut aider, sans hésitation, par tous les moyens en notre pouvoir, les Russes fidèles et vraiment patriotes à reconquérir leur patrie, à en chasser tous les criminels et tous les révoltés, à anéantir les ennemis de tout ordre et de toute loi, à constituer enfin un gouvernement fort, loyal et respecté. Des discours,

nous en avons la nausée!... Des missions diplomatiques, nous en connaissons l'inutilité magnifique!...
Agissons, agissons, quand il est temps encore! Soute-
nus par la Russie délivrée et redevenue un État dans
toute la force du terme, par la Pologne rentrée dans ses
vraies limites et son territoire historique, par la Ligue
fidèle des États balkaniques et par nos Alliés légalement satisfaits dans leurs justes et exactes revendications, nous pourrons sans crainte envisager l'avenir,
défler toutes les menaces et travailler en paix à remplir notre but principal, c'est-à-dire à accroître la
grandeur et la prospérité de notre France bien-aimée.

Nous savons que les gouvernements anglais, améri-
cain, français, italien et japonais se sont enfin résolus
à donner assistance à l'amiral Koltchak qui marche
si vaillamment contre les Bolchevistes. L'autorité de
l'amiral est reconnue par tous les groupements russes
anti-bolchevistes et par la confédération russe réunie
à Paris. On sait aussi que Koltchak est disposé, une
fois entré à Moscou, à convoquer une Constituante, à
permettre des élections libres pour les zemstvos, à
accepter l'indépendance de la Pologne et de la Finlande,
à adhérer à la Société des Nations, à reconnaître les
dettes de la Russie. Or, du moment que l'amiral suit le
même but politique que celui des Alliés, il est juste que
les Alliés lui accordent le ravitaillement et les muni-
tions nécessaires. Ils ont reçu les assurances les plus
satisfaisantes pour la liberté et la paix du peuple russe
et de ses voisins. Que peut-on demander de plus?...
C'est ce qu'a déclaré notre ministre des Affaires Etrangères à la Chambre le 17 juin et la politique du Gouvernement a été approuvée par 349 voix contre 137.

DEUXIÈME PARTIE

DOCUMENTS DIPLOMATIQUES ET PAPIERS SECRETS RUSSES

CHAPITRE VII

DOCUMENTS DIPLOMATIQUES

Nous reproduisons à la suite de cet Exposé historique, les principales dépêches du *Livre Jaune*, qu'il est de tout intérêt de connaître pour se rendre un compte exact de la marche des négociations entreprises au sujet de la formation de l'Alliance franco-russe ainsi que de son but précis. Nous avons brièvement analysé les pièces qui nous semblaient d'une nature moins importante, mais qu'il fallait cependant signaler. — La table complète des Documents qui suivra ceux que nous publions, donnera l'ensemble de tout ce que contient le *Livre Jaune* de 1918.

C'est le 24 août 1890 que commence la série des dépêches relatives au rapprochement de la France et de la Russie.

N° 1.

M. de Laboulaye, Ambassadeur de France à Saint-Pétersbourg, parle à M. Ribot, Ministre des Affaires étrangères, de la possibilité de_ conclure une convention militaire avec la Russie, prévue par le général de Boisdeffre et le général Obroutcheff.

Saint-Pétersbourg, le 24 août 1890.

« Après avoir passé quinze jours au camp de Krasnoë-Selo et aux manœuvres de Narva, le général de Boisdeffre est à la veille de partir pour rentrer en France. Il dira à Votre Excellence les impressions intéressantes qu'il a recueillies pendant cet utile séjour où il lui a été donné d'assister à la rencontre des deux Empereurs. Mais l'objet le plus important de son voyage, celui pour lequel j'avais désiré qu'un officier général français fût invité aux manœuvres, est celui qui doit frapper surtout l'attention du Gouvernement.

« Le rapprochement de la France et de la Russie qui, il y a trois ans à peine, semblait presque à tous une illusion, un trompe-l'œil par lequel nous nous laissions abuser, est devenu peu à peu assez réel, assez solide, pour qu'une visite à effet comme celle de l'Empereur Guillaume ne soit plus considérée par personne comme capable de l'entamer. Il ne pouvait cependant nous suffire de constater ce résultat platonique; il fallait en tirer les conséquences. Ces conséquences, ce n'était pas sur le terrain politique qu'il convenait de les chercher. Sans parler de la résistance qu'aurait sans doute offert le caractère indépendant d'un Souverain qui tient à sa complète

liberté d'action, il y avait de ce côté deux inconvénients qu'il importait d'éviter. Le premier, c'est
qu'une entente déclarée aurait aussitôt consolidé la
Triple Alliance qui est en voie de s'affaiblir, faute
d'aliment; le second, il faut le dire, c'est que nous
avons intérêt à ne pas révéler un défaut de notre
Constitution qui, par crainte d'un pouvoir exécutif
trop fort, a enlevé au Chef de l'État la prérogative
essentielle de conclure des traités, par conséquent a
privé notre politique des avantages du secret. Restait
le terrain militaire. Celui-là pouvait être abordé.
Après les bons procédés par lesquels nous facilitons
l'armement de l'infanterie russe, il n'y avait plus,
semble-t-il, qu'un pas à faire pour entrer dans la
place. C'est ce pas que, dans mon espoir, la mission
spéciale du général de Boisdeffre pouvait avoir pour
effet de franchir.

« Cette espérance a-t-elle été réalisée dans la mesure
où il était permis de la concevoir? D'après ce que m'a
dit M. de Boisdeffre, je suis porté à le penser. Les
conversations intimes que son ancienne situation
d'Attaché militaire à Saint-Pétersbourg, comme celle
qu'il occupe aujourd'hui, l'ont mis à même d'avoir
presque journellement, tant avec le Ministre de la
Guerre qu'avec le général Obroutcheff, Chef de
l'État-Major général, autorisent à dire qu'il y a
désormais un contact établi entre les deux États-
Majors généraux...

« C'est un assez singulier hasard qui fait que cet
utile résultat ait été obtenu pendant le cours d'une
ambassade civile à Saint-Pétersbourg. Les partisans
d'une ambassade militaire doivent voir qu'il ne faut

pas être trop absolu à cet égard et que nos officiers savent toujours remplir leur tâche, quelle qu'elle soit, en restant dans leur compétence. Qui sait même s'il n'a pas été essentiel, dans cette circonstance, que l'Ambassadeur de la République demeurât, lui aussi, dans son rôle, et ne fût pas directement mêlé à un acte de bonne guerre qui, venant de lui, eût eu l'apparence d'une intrigue diplomatique et eût donné lieu peut-être aux polémiques les plus vives ?

LABOULAYE.

N° 2.

M. Ribot mande à M. de Laboulaye, le 9 mars 1891, que M. de Giers lui fait exprimer l'assurance que l'entente cordiale entre la France et la Russie est la meilleure condition de la paix et que les incidents soulevés par le séjour de l'Impératrice Frédéric à Paris ne seront qu'un léger nuage facile à dissiper. M. de Laboulaye écrit à M. Ribot le 18 juillet 1891 que le renouvellement de la Triple-Alliance ne peut que renforcer l'entente franco-russe.

N° 4.

M. Ribot, répond à M. de Laboulaye, (n° 3) Paris, le 24 juillet 1891.

« J'ai entretenu M. le Président de la République et M. de Freycinet des ouvertures qui vous ont été faites par M. de Giers. La dépêche officielle que je vous envoie par l'entremise de votre frère résume nos impressions. Il nous semble qu'après le renouvellement de la Triple-Alliance, opéré dans les conditions que vous connaissez, nous devons songer à fortifier les garanties que notre entente avec la Russie nous assure en vue du maintien de la paix et d'un certain équilibre des forces en Europe.

« Nous recevons donc dans l'esprit le plus favorable les propositions qui pourront vous être faites. S'il s'agissait dans la pensée du Gouvernement russe de contracter une alliance dans le but de poursuivre en commun certains résultats politiques déterminés à l'avance, nous aurions naturellement à examiner avec attention les suggestions du Cabinet de Pétersbourg. Cet examen pourrait faire naître des questions plus ou moins délicates. Mais, si je me rends bien compte des dispositions de M. de Giers, l'accord qu'il s'agit de conclure devrait se réduire aux termes les plus simples.

« Il nous paraîtrait, quant à nous, suffisant de convenir d'une part que les deux Gouvernements se concerteront sur toute question qui pourrait mettre en cause le maintien de la paix.

« D'autre part, il serait entendu que, si la paix était effectivement menacée par l'initiative d'une des puissances de la Triple-Alliance, la France et la Russie prendraient sans aucun retard les mesures nécessaires pour prévenir toute surprise. En d'autres termes, la France et la Russie se mettraient d'ores et déjà d'accord pour mobiliser simultanément leurs forces, dès qu'un des pays liés par la Triple-Alliance mobiliserait les siennes.

« Les conditions de cette mobilisation simultanée pourraient d'ailleurs être l'objet d'une entente à établir entre les états-majors des deux pays.

« Nous pensons qu'un arrangement conclu dans ces

termes est tout ce que nous pouvons souhaiter dans l'état actuel de l'Europe. Il attesterait tout à la fois nos dispositions pacifiques et la ferme volonté des deux nations amies non seulement de s'entendre, le cas échéant, sur toute question qui viendrait à surgir en Europe, mais encore de se tenir prêtes à repousser toute attaque qui serait tentée contre l'une d'elles.

« Les circonstances n'ont jamais été plus favorables à la conclusion d'un pareil accord. Vous verrez, d'après les conversations que vous aurez avec l'Empereur et avec M. de Giers, s'il est possible d'en arrêter la rédaction avant votre départ. Dans ce cas, vous ne manqueriez pas de me demander, en temps utile, des instructions définitives et les pouvoirs qui vous seraient nécessaires.

N° 5.

Le ministre ajoute que le renouvellement de la Triple-Alliance doit amener les deux gouvernements à envisager l'éventualité d'un rapprochement plus intime et la nécessité de l'opérer, en déclarant qu'il n'avait d'autre but que le maintien de la paix.

Suit un premier projet d'arrangement.

23 juillet 1891.

« Fidèles aux principes qui ont le mieux contribué, de tout temps, à garantir le repos et l'indépendance de l'Europe, la France et la Russie se sont trouvées d'accord pour considérer le maintien de la paix, qui fait l'objet de leurs communs et constants efforts, comme étroitement lié au maintien de l'équilibre entre les forces européennes.

« Cet équilibre, affecté déjà, on ne saurait le nier, par le pacte qui a réuni en faisceau les Puissances du Centre, si pacifiques que soient leurs intentions, menace d'être sérieusement compromis par les conditions dans lesquelles la Triple-Alliance vient d'être renouvelée.

« La prorogation anticipée de ces engagements, qui continuent à être soigneusement tenus secrets, a coïncidé en effet avec certains échanges de vues entre l'Angleterre et l'une des Puissances alliées, dont le caractère n'a pas été nettement défini, mais qui paraissent devoir, dans des cas déterminés, avoir pour conséquence d'assurer à la Triple-Alliance le concours plus ou moins direct de la Grande-Bretagne.

« En présence d'une telle situation, l'attachement aux idées de paix et de modération qui, joint à une évidente communauté d'intérêts et à des sympathies traditionnelles, a été la cause déterminante du rapprochement de la France et de la Russie, devait amener les deux pays à envisager en même temps la nécessité de donner à leurs rapports un caractère plus intime et mieux défini.

« Il ne peut être indifférent, en effet, que l'on sente à l'heure présente en Europe, chez les nations comprises dans le groupement provoqué par l'Allemagne comme chez les peuples qui ont tenu à conserver leur liberté d'action, que les deux Puissances qui réunissent, à elles seules, des forces suffisantes pour contrebalancer les moyens dont dispose la politique mystérieuse de la Triple-Alliance, se trouvent définitivement et formellement unies *en vue de décourager toute atteinte à la paix générale et à l'équilibre* qui, pour elles comme pour tout esprit impartial, en demeure la plus sûre garantie.

« Le moment paraît donc venu pour les deux Gouvernements de rechercher et d'arrêter les conditions dans lesquelles devra s'établir une entente si conforme aux véritables intérêts de l'Europe comme aux exigences de leur situation respective.

« Il leur suffirait, sans doute, pour assurer ce résultat, de convenir des points suivants :

« En raison de l'entente cordiale qui existe entre les deux pays.

« Les Gouvernements se concerteront sur toutes questions qui pourraient mettre en cause le maintien de la paix en Europe.

« Il est d'ailleurs entendu que, si l'une des Puissances de la Triple-Alliance venait à mobiliser ses forces, la France et la Russie, sans avoir besoin de se concerter au préalable, mobiliseraient immédiatement et simultanément les leurs.

N° 6.

M. Ribot invite en conséquence, le 29 juillet, M. de Laboulaye à s'assurer des dispositions définitives du Gouvernement russe.

N° 7.

M. de Laboulaye répond à M. Ribot, de Saint-Pétersbourg, le 3 août 1891.

« Comme il était convenu, j'ai revu ce matin M. de Giers. Je l'ai trouvé très souffrant ; il s'est levé pour me recevoir. Quoique la conversation ait été très courte par suite de cette circonstance, je suis en mesure d'annoncer à Votre Excellence que l'Empereur Alexandre accepte le principe d'un échange de vues entre les deux Gouvernements. Sa Majesté pense que c'est la sanction naturelle de ce qui vient de se passer pendant le séjour de la division française et qu'il en est ainsi jugé en Europe. M. de Giers rédigera en conséquence un projet de lettre qu'il m'adressera après l'avoir montré à l'Empereur.

« Si j'ai bien compris, le désir du Gouvernement russe est de donner un caractère plus général en même temps que plus étendu à notre entente. *Il s'agirait d'assurer le maintien de la paix* sans spécialiser la paix *en Europe.*

« La paix, m'a dit M. de Giers, peut être troublée en Égypte, en Chine par des calculs qui visent cependant la situation en Europe; je ne parle pas, a-t-il ajouté, de la Turquie, puisqu'elle compte au nombre des puissances européennes ».

« De même, le Ministre des Affaires étrangères est d'avis que ce serait trop limiter les services de l'entente que de prévoir seulement le cas où la paix serait menacée par *l'initiative de l'une des Puissances liées par la Triple-Alliance.*

« Je m'empresse de communiquer ces premiers renseignements à Votre Excellence en lui demandant de me faire connaître le plus tôt possible son appréciation. Pour me laisser le temps de m'entendre avec M. de Giers, l'Empereur ne m'admettra à présenter mes lettres de rappel que la veille du jour où il se rendra au camp, c'est-à-dire dimanche ou lundi. Il est probable que le courrier russe qui part demain de Pétersbourg mettra le Baron de Mohrenheim au courant de cette négociation qu'il ignore jusqu'à présent.

Laboulaye

No 9.

M. Ribot se déclare prêt à examiner avec le gouvernement russe les moyens de faire face à toutes les éventualités et M. de Laboulaye lui répond.

Saint-Pétersbourg, le 6 août 1891,

« Je viens d'avoir une nouvelle conversation avec M. de Giers. Il est convenu qu'il m'adressera une lettre dans laquelle, après avoir rappelé nos entretiens, il formulera une sorte de déclaration à laque... nous aurons à répondre. M. de Giers désire m'adresser cette lettre avant mon départ; il l'antidatera, m'a-t-il dit, si cela est nécessaire pour que j'aie la possibilité de lui en accuser réception. Dans cet accusé de réception, je dirai simplement que je vous communiquerai la lettre et que je suis autorisé à annoncer une prochaine réponse de Votre Excellence. En causant, nous sommes peu à peu tombés d'accord sur un texte ainsi conçu : « Afin de définir et de conserver l'entente cordiale qui les unit et désireux de contribuer d'un commun accord au maintien de la paix qui forme l'objet de leurs vœux les plus sincères, les deux Cabinets déclarent qu'ils se concerteront sur toute question de nature à mettre la paix générale en cause.

« Pour le cas où cette paix serait effectivement en danger et spécialement pour celui où l'une des deux parties serait menacée d'une agression, les deux parties aviseront, si elles le jugent nécessaire, au moyen de convenir d'avance des mesures dont la réalisation de cette éventualité imposerait l'adoption immédiate et simultanée aux deux Gouvernements. »

« C'est ce texte qui sera soumis samedi ou dimanche à l'Empereur; si vous voyez quelque modification utile à y introduire, je vous serai reconnaissant de me mettre le plus tôt possible en mesure d'en informer le Ministre des Affaires étrangères.

LABOULAYE.

N° 10.

M. Ribot mande à M. de Freycinet, Président du Conseil, Ministre de la Guerre, le 6 août 1891, que le tsar considère que l'heure est venue d'échanger des vues sur la situation, sinon des signatures, et qu'il convient de se prêter à un examen capable de faciliter l'entrevue sur laquelle le pays compte et que l'Europe attend.

N° 12.

M. Ribot écrit, le 7 août 1891, à M. de Laboulaye que dans le projet de déclaration dont il est question entre les deux Gouvernements, il faudrait dire qu'au cas où la paix serait menacée, les deux parties conviendraient de s'entendre sur les mesures nécessaires à la maintenir et à repouser toute agression. Il mande en même temps à M. de Freycinet que cette déclaration remplacerait le projet de rédaction indiqué.

« Telle quelle, dit-il, la déclaration qu'on nous propose se rapproche tout à fait de ce que nous-mêmes avions considéré comme désirable et suffisant.

« Le Président de la République, à qui j'ai communiqué les télégrammes de M. de Laboulaye, donne son approbation au projet d'entente et souhaite vivement de le voir aboutir.

« J'espère que dans les termes où il se présente vous ne verrez pas d'objection à ce que nous transformions le plus rapidement possible ce projet en une réalité.

« L'opinion du pays l'a ratifié par avance et je ne crois pas qu'elle se trompe en voyant dans l'accord qui vient de se faire un acte d'une longue portée et dont les conséquences peuvent être considérables.

RIBOT.

N° 14.

M. de Laboulaye informe M. Ribot le 9 août, que le tsar est d'accord sur le fond des choses et demande que le baron de Mohrenheim soit appelé à Pétersbourg pour s'en occuper.

N° 15.

M. de Laboulaye confie à M. Ribot, le 10 août, ses impressions en ces termes à la suite d'une audience du Tsar.

Saint-Pétersbourg le 10 août 1891.

« Je rentre de mon audience de congé; l'Empereur qui m'a gardé une demi-heure, m'a répété ce que m'avait dit M. de Giers. Le principe d'une entente avec la France est arrêté, mais la forme à donner à cette entente est à examiner.

« Il ne faut rien précipiter, m'a dit Sa Majesté; ce n'est pas par le télégraphe qu'on peut préciser les termes d'un accord; agir ainsi serait très dangereux. Le baron de Mohrenheim, qui doit être consulté, viendra à Pétersbourg et je pense qu'au mois d'octobre ou de novembre nous verrons plus clair dans la situation. » Sa Majesté pense que l'Angleterre, « qui ne peut pas se brouiller avec la France », regrette déjà la participation qu'elle a prise au renouvellement de la Triple-Alliance ; c'est ainsi que l'Empereur interprète l'appel de notre escadre à Portsmouth.

« Mon impression est que M. de Giers, un peu troublé par la précision que nous voulions donner au second paragraphe de l'échange de vues, a fait ressortir aux yeux de l'Empereur la portée des termes que nous proposions, et que Sa Majesté, qui n'aime pas s'engager à la légère, a préféré prendre le temps de réfléchir et de s'entourer de plus de lumière, mais je persiste à croire que l'accord se fera d'ici à quelques mois en termes plus ou moins accentués suivant les circonstances.

« N'ayant plus à voir ni l'Empereur ni M. de Giers auprès duquel du reste ma parole n'aurait plus d'autorité, je me propose de partir jeudi prochain pour me rendre en Suisse par Moscou, Kieff et Vienne.

LABOULAYE.

N° 16.

M. Ribot informe M. Carnot, Président de la République, le 11 août que la négociation subit un temps d'arrêt et qu'il ne faut d'ailleurs rien précipiter, car il convient que les deux États-Majors s'entendent préalablement.

N° 17.

D'autre part, M. de Mohrenheim mande à M. Ribot, le 27 août, les instructions spéciales du Tsar et les lui confirme par la lettre suivante :

ANNEXE DU N° 17

Lettre de M. de Giers, Ministre des Affaires étrangères de Russie, à M. de Mohrenheim, Ambassadeur de Russie à Paris.

Pétersbourg, le 9/21 août 1891.

« La situation créée en Europe par le renouvellement manifeste de la Triple-Aliance et l'adhésion plus ou moins probable de la Grande-Bretagne aux visées politiques que cette alliance poursuit, a motivé, lors du récent séjour ici de M. de Laboulaye, entre l'ancien Ambassadeur de France et moi, un échange d'idées tendant à définir l'attitude qui, dans les conjonctures actuelles et en présence de certaines éventualités, pourrait le mieux convenir à nos Gouvernements respectifs, lesquels, restés en dehors de toute ligue, n'en sont pas moins sincèrement *désireux d'entourer le maintien de la paix des garanties les plus efficaces.*

« C'est ainsi que nous avons été amenés à formuler les deux points ci-dessous :

« 1° Afin de définir et consacrer l'entente cordiale qui les unit et désireux de contribuer d'un commun accord au maintien de la paix qui forme l'objet de leurs vœux les plus sincères, les deux Gourvernements déclarent qu'ils se concerteront sur toute question de nature à mettre la paix générale en cause ;

« 2° Pour le cas où cette paix serait effectivement en danger et spécialement pour celui où l'une des deux parties serait menacée d'une agression, les deux parties conviennent de s'entendre immédiatement sur les mesures dont la réalisation de cette éventualité imposerait l'adoption simultanée aux deux Gouvernements. »

« Ayant soumis à l'Empereur le fait de cet échange d'idées ainsi que le texte des conclusions qui en étaient résultées, j'ai l'honneur de vous informer aujourd'hui que Sa Majesté a daigné approuver entièrement ces principes d'entente et verrait avec faveur leur adoption par les deux Gouvernements.

« En vous faisant part de ces dispositions souveraines, je vous prie de vouloir bien les porter à la connaissance du Gouvernement français et de me communiquer les résolutions auxquelles, pour sa part, il pourrait s'arrêter.

GIERS.

N° 18.

M. Ribot remercie M. de Mohrenheim de cette communication et estime avec lui que le moment est venu de définir l'attitude des deux gouvernements en face du renouvellement de la Triple-Alliance.

M. de Mohrenheim mande à M. Ribot, de Salies-de-Béarn, le 21 septembre 1891.

« Je ne saurais remettre à mon retour à Paris l'agréable devoir de faire confidentiellement part à Votre Excellence du contenu d'une lettre *très secrète et strictement personnelle* que je viens de recevoir ici aujourd'hui même de Son Excellence M. de Giers, en date de Saint-Pétersbourg, le 4/16 septembre courant.

« Sa Majesté l'Empereur a été très satisfait de l'expédition très secrète que j'ai été dans le cas de dater de Paris, en date du 15/27 août dernier, à la suite des ontretiens que je venais d'avoir avec Votre Excellence et avec Monsieur le Président du Conseil. Sa Majesté trouve que, pour le moment, les bases d'entente formulées et consacrées entre nos deux Gouvernements répondent aux besoins de la situation actuelle, et se réserve de procéder elle-même à l'étude préalable et approfondie de l'importante question militaire après son retour en Russie, conjointement avec ses Ministres de la Guerre et des Affaires étrangères. S. M. l'Empereur continue, comme jusqu'ici, à tenir à ce que le *secret le plus absolu* soit observé sur toute cette affaire.

N° 20.

NOTES DE M. RIBOT.

M. Ribot, dans deux notes à M. Laboulaye, résume ainsi ses conversations avec M. de Giers. — 20 novembre 1891.

« Première visite de M. de Giers. Notre conversation a été courte.

« Il m'a dit que sa santé, si mauvaise qu'elle fût au mois d'août, ne l'a pas empêché de participer à un acte important dont il constate partout les effets profonds et durables. Il a expliqué franchement au Roi d'Italie que le renouvellement de la Triple-Alliance avait rendu nécessaire ce rapprochement ou plutôt cette consécration d'une entente qui, de fait, existait déjà entre les deux pays.

« Je lui ai parlé du mécontentement que l'Empereur d'Allemagne en avait ressenti. *Il m'a répondu que l'Allemagne regrettait de n'avoir pas profité de l'occa-*

sion qui s'offrait à elle d'attaquer la France en 1887. Mais elle ne bougera pas. C'est la conviction du Tsar, et c'est pourquoi il croit que, pour le moment, les bases d'entente posées au mois d'août sont suffisantes, tout en étant prêt à examiner ce qu'il y aurait à y faire pour les compléter au besoin.

« L'impression de M. de Giers sur M. de Rudini est très bonne. C'est un galant homme.

« M. de Giers dit que le Tsar a été très frappé du soin qu'a mis le Gouvernement français à éviter les exagérations après Cronstadt, à faire une politique de réalités et non d'apparences. Du reste la politique de la France est d'une correction à laquelle le monde entier doit rendre hommage.

N° 21.

21 novembre 1891.

« Deuxième conversation avec M. Giers qui a duré une heure et demie.

« Nous avons d'abord envisagé l'attitude à prendre à Constantinople et vis-à-vis de la Bulgarie. J'ai insisté sur les avantages que nous pouvions tirer d'une politique suivie et parfaitement liée, dans nos rapports avec le Sultan.

« M. de Giers a expliqué que la politique de la Russie en Orient ne visait que le maintien du *statu quo*. On se figure, m'a-t-il dit, que nous convoitons Constantinople. Nous pensons au contraire que rien ne serait plus fâcheux pour la Russie que de déplacer son centre de gravité. Que deviendraient nos provinces du Nord et Saint-Péterbourg? Nous désirons que les

Turcs restent préposés à la garde des détroits. Si les
Autrichiens ou les Grecs levaient s'installer à Constantinople, ce serait autre chose. Nous ne demandons
pas plus que ce qui nous a été concédé par le Sultan
pour le passage de nos transports. Notre situation
est devenue plus forte depuis qu'on nous sait décidés
à marcher d'accord,

« J'ai indiqué ce que je savais de l'état d'esprit du
Sultan, de l'effet qu'on produirait sur lui, si on travail-
lait à le convaincre tout à la fois que nous ne voulons
pas toucher à son Empire et que nous pourrions lui
faire beaucoup de mal si lui-même n'avait pas confiance en nous.

« M. de Giers m'a dit que, dès son retour à Saint-
Pétersbourg, il enverrait des instructions à M. de
Nélidoff. Celui-ci devra faire entendre au Sultan que
l'entente franco-russe n'est pas dirigée contre lui,
qu'il peut au contraire y trouver la meilleure garantie
de sécurité, mais qu'il ne doit compter sur nous que
s'il nous aide à déjouer les manœuvres de la Triple-
Alliance[1]. »

« Il aborda ensuite, mais incidemment la question
des Lieux-Saints celle, de l'Égypte et de la Chine où il
recommande la plus grande prudence.

« Abordant la politique générale, M. de Giers est
revenu sur ce qu'il m'avait dit hier de l'impression
profonde causée par le rapprochement de la France et
de la Russie. La situation est changée. Il n'est plus
question de l'hégémonie de l'Allemagne. Le mot de
Caprivi est vrai ; l'équilibre est rétabli en Europe.

1. Voir sur ce grave incident l'*Affaire de Constantinople
et des détroits*, placée à la suite des dépêches du *Livre Jaune*.

« M. de Giers ne croit pas que la Triple-Alliance veuille risquer une guerre. L'Empereur d'Allemagne, l'Empereur d'Autriche et le Roi d'Italie s'en défendent et ils sont sincères.

« Le Roi d'Italie a fait à cet égard les déclarations les plus explicites. Il s'est loué de Rudini.

« Il a parlé avec insistance, comme s'il en était préoccupé, de la nécessité de maintenir le *statu quo* dans la Méditerranée. J'ai expliqué à M. de Giers ce qui s'est passé l'an dernier à propos de la Tripolitaine et je lui ai montré que la France était la nation la plus intéressée au maintien du *statu quo*. »

« M. de Freycinet qui était survenu au cours de l'entretien insista sur la nécessité de convenir d'avance des mesures à prendre en cas d'une agression brusque.

« Quoique la Triple-Alliance paraisse défensive, M. de Giers est convenu que la guerre pouvait éclater par surprise et qu'il serait sage de ne pas se laisser saisir au dépourvu.

« Il a indiqué discrètement la difficulté d'entrer dans trop de détails et s'est retranché derrière son incompétence personnelle et la volonté de l'Empereur de traiter directement avec le Ministre de la Guerre et avec lui-même (M. de Giers) l'affaire de la convention militaire. Mais il a admis comme possible et même désirable un arrangement qui préciserait :

« 1° (Ce qui est déjà acquis). L'obligation des deux pays de se soutenir de toutes leurs forces en cas d'agression ;

« 2° L'obligation de procéder à la mobilisation de leurs armées, si l'Allemagne ou l'Autriche mobilisaient même en l'absence d'une déclaration de guerre ;

« 3° Les dispositions à prendre pour assurer à l'effort militaire des deux pays son maximum d'efficacité.

« M. de Giers nous a dit qu'il était heureux de s'être bien pénétré de nos pensées, qu'il en rendrait compte à l'Empereur dès son retour. M. de Montebello sera mis au courant de notre entretien et chargé de le poursuivre à Saint-Pétersbourg. Un militaire pourra lui être adjoint ultérieurement s'il est nécessaire.

« La pensée de M. de Giers est qu'on peut retarder la guerre, mais il paraît ne pas croire qu'on puisse y échapper un jour ou l'autre. C'est en ce sens qu'il a parlé à l'Empereur. Pour le moment il s'applique à maintenir avec l'Allemagne des rapports tolérables. L'Empereur n'a pas voulu s'arrêter à Berlin, parce qu'il lui est impossible de prendre « un visage composé ». Il était trop irrité contre l'Allemagne pour pouvoir faire des politesses à l'Empereur. Il a préféré ne pas laisser d'équivoque sur ses dispositions.

« Nous avons dit quelques mots de la politique intérieure. J'ai dit à M. de Giers que les oscillations de la politique n'avaient pas, ne pouvaient pas avoir chez nous une grande amplitude. Qu'on prenne les cabinets depuis vingt ans; ils ont, plus ou moins, pratiqué une politique plutôt conservatrice que radicale et, en tout cas, essentiellement pacifique.

« M. de Giers a exprimé le vœu qu'on se rapprochât le plus possible des idées de M. Thiers sur « la République conservatrice ».

« Le Ministre russe m'a vivement félicité de mon dernier discours, qu'il a trouvé habile et digne. Il a ajouté que, dès mon arrivée au Ministère, il avait été frappé de la franchise et de la décision que je mettais dans les affaires. « Cela nous a mis immédiatement en confiance et vous voyez ce qui en est résulté pour le bien des deux pays. »

N° 22.

M. Ribot écrivait à M. Paul Cambon, Ambassadeur de la République à Constantinople. — Paris, le 6 décembre 1891.

« Je vous ai télégraphié que nous avions été satisfaits de nos entretiens avec M. de Giers, et particulièrement des assurances qu'il nous a données en ce qui concerne la politique russe en Orient. Il est nécessaire que j'entre avec vous, sur ce sujet, dans quelques détails.

« J'ai abordé la question en disant à M. de Giers que nulle part plus qu'à Constantinople l'accord de la France et de la Russie n'était susceptible d'avoir d'importants effets. C'est là que notre action commune peut s'exercer avec des résultats presque immédiats, si nous réussissons à convaincre le Sultan que nous sommes bien d'accord et que notre entente n'est pas une menace pour l'Empire ottoman. J'ai fait allusion aux préoccupations du Sultan et j'ai indiqué tout le parti que nous pourrions tirer de son état d'esprit.

« M. de Giers m'a alors déclaré très nettement que l'Empereur de Russie était parfaitement décidé à ne rien entreprendre contre le Sultan. *Nous n'avons aucun intérêt,* m'a-t-il dit, *à nous établir à Constantinople.* Tant que les Turcs s'y maintiendront, nous n'aurons aucune ambition de ce côté. Ce serait pour l'Empire russe une grande aventure que de s'installer sur le Bosphore. Que deviendrait Saint-Pétersbourg ? Le mieux est que les Turcs continuent de garder le Bosphore. Ah ! si d'autres, soit les Autrichiens, soit les Grecs, voulaient prendre leur place, ce serait autre chose..., *mais tenez pour certain que nous ne visons pas à Constantinople*.

« Quant à la liberté des détroits, nous sommes satisfaits de l'arrangement intervenu il y a quelques mois, nous ne demandons pas plus que ce qui nous a été reconnu, c'est-à-dire la faculté de faire passer les transports dans les conditions que vous savez...

« Cette double déclaration a été faite avec un accent de sincérité évidente. Elle a d'ailleurs été reprise, quelques instants après, devant M. de Freycinet qui n'assistait pas au début de l'entretien.

« J'ai constaté naturellement tout ce qu'il y avait de satisfaisant à notre point de vue dans les paroles de M. de Giers et j'ai ajouté que, puisque ni la Russie ni la France n'avaient aucune intention de modifier le *statu quo* en Orient, elles avaient tout intérêt à faire sentir au Sultan qu'il n'avait rien à craindre de leur accord, que même il pourrait y trouver une véritable sécurité pour son indépendance, à condition toutefois de nous témoigner de la confiance... Il serait très important que les Ambassadeurs de Russie et de France à Constantinople [1] reçussent des instructions qui leur permissent de tenir au Sultan un langage identique et de le rassurer, tout en lui laissant entendre que l'attitude de nos deux Gouvernements pouvait se modifier suivant les dispositions que nous trouverions

1. Voir *l'Affaire de Constantinople et des détroits*, placée à la suite des dépêches de ce *Livre Jaune*.

chez le Sultan et le degré de confiance qu'il nous témoignerait par ses actes. M. de Giers est entré pleinement dans ses vues... » et M. Ribot, en résumant ses paroles au sujet de la politique à suivre à Constantinople, ajoutait :

« Je m'en rapporte à vous pour donner à notre politique toute la fermeté dont elle a quelquefois manqué et en même temps pour savoir exactement discerner ce que vous permettront les circonstances et jusqu'à quel point vous pourrez poussez la hardiesse, sans manquer de prudence. »

P. S. — M. de Montebello me télégraphie ce matin de Pétersbourg qu'il a vu M. de Giers. Celui-ci a eu avec le Tsar un long entretien dans lequel il a exposé dans tous les détails leurs conversations qu'il a eues avec nous. L'Empereur en a été très satisfait. Le Ministre des Affaires Étrangères entretiendra bientôt notre Ambassadeur des suites à donner à un accord dont il a pu constater les heureux effets. Il profitera de la présence à Pétersbourg de M. de Nélidoff pour régler d'accord avec lui une dépêche d'instructions détaillées sur la politique du Gouvernement impérial en Orient.

No 23.

M. de Montebello, le nouvel Ambassadeur de France à Saint-Pétersbourg, mandait à M. Ribot, de Saint-Pétersbourg, le 11 décembre 1891 :

« Je vous ai annoncé hier officiellement, par télégraphe, la nouvelle de mon audience. Il me reste à vous donner aujourd'hui mes impressions d'hier et à vous rendre compte d'une conversation que je viens d'avoir avec M. de Giers. On m'avait parlé de la timidité de l'Empereur, mais je n'aurais jamais cru qu'elle pût atteindre à un tel degré. Son embarras était si grand, quand je me suis trouvé devant lui, qu'il lui a fallu quelques instants pour se remettre et engager la conversation. Ce premier moment d'émotion passé, l'Empereur s'est montré plein de bonne grâce pour moi; il m'a parlé du voyage de M. de Giers en France, des relations que mon père à eues avec l'Empereur Alexandre II et de son désir d'entretenir avec moi les mêmes rapports de confiance et d'amitié que son propre père avait entretenus avec le mien. En somme, d'après ce que l'on m'assure, il m'en a dit beaucoup plus qu'il n'en dit généralement en pareilles circonstances. Mais, quoique je me sois permis de lui tendre un peu la perche, il n'a fait aucune allusion aux événements qui se sont passés depuis quelques mois et j'en éprouvais un certain étonnement pour ne pas dire davantage. Ayant aujourd'hui à faire au Ministre des Affaires étrangères la visite d'usage, après la remise des lettres de créance, je me suis fait annoncer à M. de Giers et, bien que ce ne fût pas son jour de réception, il s'est empressé de me recevoir. Je lui ai rendu compte de mon audience de la veille et, comme je lui faisais part du regret que j'avais éprouvé de n'entendre, de la bouche de l'Empereur, aucune allusion à la question qui nous intéresse à un si haut point, M. de Giers m'a répondu qu'il ne fallait point m'en étonner; que la timidité de l'Empereur était telle que, dans une première entrevue, il n'aurait pas osé aborder un sujet de cette importance, mais que

je pouvais me rassurer. L'Empereur attendait mon
arrivée avec impatience, il était heureux que le Gouvernement de la République m'eût choisi pour le
représenter et je ne tarderais pas à avoir des preuves
de sa confiance. « Notre Empereur, a-t-il ajouté,
malgré sa grande timidité, sait, quand il le faut, parler
avec une netteté et une fermeté dont nous sommes
parfois nous-mêmes effrayés. Lorsque le moment sera
venu, vous entendrez vous aussi de sa bouche un
langage dont vous n'aurez pas à vous plaindre. Je
vous attendais un peu aujourd'hui, a-t-il repris, et,
puisque vous avez eu la bonté de venir, laissez-moi
vous dire d'une façon bien exacte ce qui s'est passé
depuis mon retour. Je tiens à ce que vous le fassiez
savoir à M. Ribot et à M. de Freycinet; je l'ai écrit
hier, en quelques mots, à Mohrenheim ; mais
notre Ambassadeur *a parfois des élans de jeunesse
qui lui font dire un peu plus ou un peu moins
qu'il n'est réellement* et je tiens à préciser. En
rendant compte à l'Empereur de mon voyage à
Paris et de l'importante conversation que j'ai eue avec
le Président du Conseil et M. Ribot, j'ai fait connaître
à Sa Majesté tous les sujets que nous avions traités
(questions d'Orient, Lieux-Saints...). Mais je me suis
surtout appliqué à développer le point essentiel de cet
entretien, celui de l'entente entre nos deux pays et
des suites pratiques à donner à cet accord. Je dois
vous dire d'abord que l'Empereur considère comme
un fait accompli cet accord et qu'il en comprend
toutes les conséquences. Je lui ai rendu compte, mot
pour mot, d'après un résumé que j'avais eu soin de
faire à Paris, pendant que tous les détails étaient bien

présents à ma mémoire, du désir exprimé par M. de Freycinet de voir une convention militaire compléter, d'une façon pratique, l'accord déjà virtuellement établi, ainsi que de mes hésitations dont je puis vous faire l'aveu, puisqu'elles ont cédé devant les justes raisonnement de mon interlocuteur. Je lui ai parlé des mesures à prendre en cas de mobilisation de l'armée allemande, en cas d'agression soudaine, et enfin d'une convention à établir au point de vue purement militaire. L'Empereur n'a pas hésité à reconnaître l'utilité de ces arrangements à intervenir, ajoutant toutefois qu'il ne croyait pas qu'il y eût lieu d'y mettre une précipitation qui pourrait n'être pas sans danger; que d'ailleurs les deux premiers points lui semblaient implicitement contenus dans le second paragraphe de la lettre qui consacre à ses yeux l'entente, que cette entente dont personne ne doutait aujourd'hui, bien que la forme n'en fût pas connue, nous assurait, pendant quelque temps au moins, la paix et le loisir de nous concerter; que, d'autre part, il désirait que, pour traiter une question technique, le Gouvernement de la République lui envoyât non pas un officier « subalterne », mais un homme autorisé, compétent, d'un grade supérieur, comme par exemple le général de Miribel ou son second, voulant par là indiquer le général de Boisdeffre. » J'ai fait observer à M. de Giers que je croyais avoir entendu dire que l'Empereur aurait élevé quelques objections contre le choix de cet officier. — « Pas du tout, a répliqué M. de Giers, *tout cela vient de Mohrenheim qui s'est montré froissé de certaines conversations que le général de Boisdeffre aurait eues à Paris avec le général Obrout-*

cheff. Mais les militaires ont quelquefois la tête un peu vive, et je ne vois d'ailleurs aucun inconvénient à ces conversations, tant qu'elles ne deviennent pas trop publiques ; elles peuvent servir à préparer le terrain. Du reste, ils ne sont, ni l'un, ni l'autre, au courant de ce qui s'est passé. Quant à moi, je puis vous assurer que je suis seul ici avec l'Empereur et vous à connaître la vérité. Je vous en préviens pour que vous ne vous laissiez pas prendre malgré vous. Obroutcheff a cherché à me sonder, mais il a perdu sa peine, et j'ai vu bien vite qu'il ne savait rien de précis. D'ailleurs, celui que vous enverrez, dans les conditions requises par l'Empereur, sera le bienvenu, et il aura notre confiance s'il a la vôtre. Nous trouverons un prétexte plausible pour expliquer son voyage et nous verrons si, au contraire, il n'y aurait pas lieu de vous envoyer notre homme d'ici ».

M. de Montebello concluait de cette conversation avec M. de Giers que le Tsar voulait, comme nous, établir enfin les points essentiel d'une Convention militaire et qu'il tenait à avoir recours pour cela à toutes les compétences. M. de Giers paraissait disposé à marcher cette fois d'accord avec nous.

N° 24.

D'autre part, M. de Giers, écrivait à M. de Nélidoff, ambassadeur de Russie, à Constantinople.

Saint-Pétersbourg, le 14 décembre 1891 :

« Notre correspondance diplomatique vous a mis au courant de la situation créée en Europe par les différents événements de l'été dernier et qui s'est manifestée principalement dans le rapprochement entre la Russie et la France.

« Cet important fait historique constitue aujourd'hui un des éléments essentiels de la paix et a eu pour effet immédiat de produire partout un apaisement et un sentiment de sécurité qui a fait défaut à l'Europe depuis bien des années. C'est ainsi qu'il a été apprécié publiquement par les Ministres dirigeants de plusieurs grandes Puissances. C'est également ainsi que l'ont jugé les hommes d'État français avec qui j'ai eu l'occasion d'avoir à Paris des explications aussi franches que fondamentales.

« Ayant pu, au cours de notre échange d'idées, passer en revue les questions politiques à l'ordre du jour, afin d'établir une entente sur la marche à suivre en commun pour assurer et développer les résultats bienfaisants de notre intimité, je crois devoir vous faire connaître les principales conclusions auxquelles nous sommes arrivés.

« La question d'Orient tenant la première place dans les préoccupations des grandes Puissances, grâce à l'état précaire de l'Empire ottoman, c'est sur elle que nous avons de préférence arrêté notre attention.

« La situation de l'Orient est réglée par le traité de Berlin et notre principal soin a été depuis d'y maintenir intact l'ordre de choses créé par cet acte international. N'ayant l'intention d'apporter aucun changement à cette situation, et constatant la même tendance de la part du Cabinet de Paris, nous devons réunir nos efforts pour maintenir le *statu quo* actuel et, dans ce but, assurer au Sultan la liberté de ses décisions et empêcher que d'autres n'exercent sur lui une influence contraire à nos vues. Or, vous nous avez vous-même signalé maintes fois des tentatives que faisaient certaines Puissances de la Triple-Alliance, soutenues par l'Angleterre, pour intimider le Souverain de Turquie et, profitant des accès de peur et de faiblesse auxquels il est malheureusement enclin, l'entraîner à des actes qui seraient de nature à faire sortir la Turquie de la voie d'une stricte neutralité. Vos efforts doivent donc tendre avant tout à rassurer Abdul-Hamid, à lui inspirer du courage, à lui faire comprendre qu'avec le groupement nouveau des forces en Europe, un équilibre sérieux y est rétabli, et que l'union de la Russie et de la France est capable de le garantir désormais de toute possibilité d'agression de la part de l'autre groupe.

Nous savons que d'habiles insinuations ont été et continuent à être faites au Sultan au sujet des prétendues intentions agressives de la Russie et des projets hostiles qu'elle méditerait et préparerait pour attenter à l'intégrité de l'Empire ottoman [1]. Ces suggestions perfides ne restent pas sans effet et maintiennent Abdul-Hamid à notre égard dans un certain sentiment de méfiante réserve qui s'accentue périodiquement et risque parfois d'amener des conséquences fâcheuses. Or, rien n'est plus contraire aux dispositions bien connues de notre Auguste Maître que de vouloir troubler, de quelque côté que cela soit, la paix générale. La Russie ne nourrit aucun projet hostile à l'égard de la Turquie avec laquelle elle a tout intérêt à vivre en paix. Encore moins l'Empereur vou-

1. Voir *Constantinople et l'affaire des Détroits*, placée à la suite des dépêches de ce *Livre Jaune*.

drait-il entreprendre quelque chose qui soit nuisible aux intérêts personnels, à la prospérité du règne ou à la sécurité du Souverain qui dirige actuellement ses destinées et pour lequel Sa Majesté Impériale éprouve des sentiments sincèrement bienveillants et amicaux. Vous êtes donc autorisé de déclarer à l'occasion à Abdul-Hamid qu'aussi longtemps que la Turquie suivra une politique de stricte et loyale neutralité et cherchera à entretenir avec nous des relations amicales, non seulement aucun danger ne saurait lui venir de notre part, mais nous serions même prêts, éventuellement, d'accord avec la France, à l'aider à conjurer ceux qui penseraient la menacer de quelque autre côté.

« Des accusations analogues sont portées parfois aussi contre la France par les Puissances intéressées à troubler la confiance que le Sultan lui témoigne. On attribue au Gouvernement de la République l'intention de s'emparer de la Tripolitaine, et d'autres en profitent peut-être pour préparer sous main la réalisation de vues ambitieuses qu'ils nourrissent sur cette province eux-mêmes. Ayant pu me convaincre par mes entretiens avec les hommes d'État français que, pas plus que nous, le Cabinet de Paris n'a aucune intention ni de troubler la paix en général, ni de porter atteinte à l'intégrité de l'Empire ottoman en particulier, je vous engage, toutes les fois que vous en trouverez l'occasion et aurez remarqué à ce sujet des inquiétudes chez le Padischah, de le rassurer de la manière la plus absolue sur les intentions loyales de la France, tout comme j'ai lieu de croire que le Représentant de la République à

Constantinople se montrera toujours prêt à dissiper
ses suspicions à notre égard... »

Le reste de cette dépêche portait sur les questions de
l'Égypte, de Bulgarie et des Lieux-Saints ce qui importait, c'était de prouver au Sultan, que l'Entente franco-
russe n'avait en vue que la conservation du *statu quo*
légal posé sur les traités.

N° 23.

M. Ribot, commentant la dépêche de M. de Giers,
écrivait à M. Paul Cambon, Ambassadeur de France à
Constantinople, — Paris, le 16 janvier 1892 :

« L'exposé que contient cette importante dépêche
des intentions de l'Empereur Alexandre nous a
permis de constater combien il nous était facile, sans
rien abandonner des principes essentiels de notre
politique orientale, de nous associer aux efforts et de
recevoir le concours de la diplomatie russe à Constantinople.

« Dégagée de toute pensée d'ambition ou d'ingérence
exclusive, la France, dans ses relations avec la
Turquie, n'a jamais eu d'autre objectif que l'affer-
missement des garanties que trouve dans l'existence
de l'Empire ottoman le maintien pacifique de l'équilibre général. De son côté, le Gouvernement russe
témoigne par son langage et son attitude que la
première de ses préoccupations est de veiller au
respect des traités qui mettent à l'abri des compéti-
tions internationales les États du Sultan.

« Assuré déjà de l'amitié traditionnelle de la France,
Abdul Hamid verra, dans l'entente ainsi établie entre

les deux Puissances, une garantie contre l'action intéressée des Cabinets qui, tout en professant ce respect du *statu quo*, ne se sont pas fait scrupule pourtant d'y porter ou d'y tolérer à leur profit les plus graves atteintes. La nouvelle répartition des forces européennes ne peut qu'encourager la Porte ottomane à conserver avec un soin jaloux la liberté d'action qu'elle a reconnue conforme à ses véritables intérêts, à une époque où l'influence de la Russie et celle de la France formaient encore, en s'exerçant isolément, un contrepoids insuffisant à l'action combinée de l'Angleterre et des Puissances de l'Europe centrale. L'esprit éclairé d'Abdul-Hamid sera, nous aimons à le croire, facilement accessible à ces considérations que vous ne négligerez aucune occasion de faire valoir de concert avec M. de Nélidoff. Sa prudence d'ailleurs ne saurait se méprendre sur les conséquences auxquelles l'exposerait une poli-tique de faiblesse et de complaisance pour la Triple-Alliance, politique dont le premier effet, vous ne le laisserez pas davantage ignorer, serait de mettre les Cabinets de Paris et de Saint-Pétersbourg dans l'obli-gation de ne prendre conseil que de leurs intérêts particuliers.

M. Ribot faisait siennes aussi les vues et préoccupations de M. de Giers sur l'Égypte, la Bulgarie et les Lieux-Saints. Il avait la satisfaction d'annoncer à M. Paul Cam-bon que dorénavant une escadre française serait détachée et maintenue dans le Levant, pour établir aux yeux de tous l'exacte portée de l'Entente nouvelle entre les deux Puissances.

Au sujet de l'élaboration de la convention militaire, M. Ribot envoyait le 4 février à M. de Montebello cette note du Général de Miribel dont on saisira toute l'importance :

« *La France et la Russie étant animées d'un égal désir de conserver la paix, la présente note a été rédigée au point de vue exclusif d'une guerre défensive, provoquée par une attaque des forces de la Triple-Alliance contre l'une ou l'autre de ces deux Puissances, ou contre les deux à la fois.*

« La note admet que les deux puissances sont décidées à pratiquer l'une vis-à-vis de l'autre le principe d'une entière réciprocité, c'est-à-dire que, l'une d'elles venant à être attaquée, l'autre se portera à son secours avec tous les moyens d'action dont elle dispose.

« La rapidité étant plus que jamais la condition essentielle du succès, les mesures d'exécution devront être prises dans les deux pays aussitôt que le danger sera connu. Par conséquent, la note suppose que la mobilisation sera simultanée en France et en Russie, et qu'elle suivra de quelques heures la mobilisation des forces de la Triple Alliance.

« Les autres puissances de l'Europe ne paraissant pas devoir prendre une part effective aux hostilités, le calcul des forces ci-après ne porte que sur les cinq pays : Allemagne, Autriche-Hongrie, Italie, France et Russie.

I

« 1° L'Allemagne mettra sur pied, comme troupes de campagne de première ligne :

62 divisions d'infanterie (groupées en corps d'armée à 3 ou à 2 divisions), soutenues presque immédiatement par 11 divisions de landwehr.

Au total : 73 divisions d'infanterie,

9 divisions de cavalerie indépendante,

et 3,564 bouches à feu,

soit 1,550,000 hommes qui seront concentrés sur les frontières vers le quatorzième jour.

Le reste des forces allemandes demeurera sur le territoire au début.

« 2° L'Italie mettra sur pied en première ligne, outre ses troupes alpines, 9 corps d'armée du temps de paix et 4 divisions de milice mobile.

Au total : 22 divisions d'infanterie

(et 22 bataillons de troupes alpines),

2 divisions de cavalerie indépendante,

et 1,092 bouches à feu,

soit 360,000 hommes qui seront concentrés près des Alpes dès le quinzième jour.

Le reste des forces italiennes sera maintenu sur le territoire au début.

« 3° L'Autriche mettra sur pied, en première ligne, 4 corps d'armée du temps de paix à 3 divisions, complétés au pied de guerre.

Au total : 42 divisions d'infanterie,

8 divisions de cavalerie indépendante,

et 1,776 bouches à feu,

soit 900,000 hommes qui seront concentrés sur la frontière russe, dès le seizième jour pour les 10 premiers corps, et du vingtième au vingt-cinquième jours pour les 4 derniers.

Le reste des forces autrichiennes sera maintenu sur le territoire au début, soit pour la surveillance de la Bosnie et de l'Herzégovine, soit pour la garde des places et du territoire.

« Les forces de première ligne de la Triple-Alliance présenteront donc la valeur de :

137 divisions d'infanterie avec leur cavalerie divisionnaire,

19 divisions de cavalerie indépendante,

et 6,432 bouches à feu de campagne,

soit un total de 2,810,000 hommes.

« 4° La France mettra sur pied, en première ligne, à peu près les mêmes forces que l'Allemagne, et, après avoir pourvu à la défense de l'Algérie et de la Tunisie, ainsi qu'à la garde de ses places et de ses côtes, elle disposera de :

75 divisions d'infanterie,

7 divisions de cavalerie indépendante,

et 3,870 bouches à feu,

soit 1,550,000 hommes qui seront concentrés sur les frontières dès le quatorzième jour.

« 5° La Russie mettra sur pied comme troupes de campagne : 48 divisions d'infanterie du temps de paix, renforcées par 21 divisions de réserve.

Après avoir pourvu à la garde de ses diverses frontières, principalement avec des formaio is de réserve, elle pourra disposer de 22 corps d'armée à 3 divisions.

Les forces de première ligne des armées franco-russes présenteront la valeur de :

141 divisions d'infanterie, avec leur cavalerie divisionnaire,

16 divisions de cavalerie indépendante,

80,000 cosaques,

et 7,160 bouches à feu,

soit un total de 3,150,000 hommes.

« On peut donc dire que les forces sont à peu près équivalentes des deux côtés, car, si le nombre est en faveur de la France et de la Russie, la rapidité de concentration est en faveur de la Triple-Alliance.

II

« L'État-Major de l'armée française est pénétré du principe que, dans une lutte pareille, l'essentiel est de poursuivre la destruction de l'ennemi principal. La perte des autres s'ensuit inévitablement. En un mot, l'Allemagne une fois vaincue, les armées franco-russes imposeront leurs volontés à l'Autriche et à l'Italie.

« Dans cet ordre d'idées, la France a tout sacrifié à la lutte contre l'Allemagne. Elle a pris ses dispositions pour ne maintenir devant les 22 divisions italiennes, ainsi que pour la garde de ses possessions africaines et de ses places fortes, que le contingent strictement nécessaire, et, dans son plan de concentration, elle a porté plus des $5/6^{es}$ de ses troupes de première ligne en face des armées allemandes, soit 65 divisions.

« Avec ces 65 divisions, elle attaquera l'Allemagne à fond, de façon que cette puissance ne puisse détourner aucune de ses forces de l'Ouest vers l'Est pour menacer la Russie.

« Si la Russie se place au même point de vue, elle ne laissera devant l'Autriche que les forces qui sont indispensables, et elle portera tout le reste en face de l'Allemagne.

« On ne saurait comparer complètement la situation

de la Russie vis-à-vis de l'Autriche à la situation de la France vis-à-vis de l'Italie. Tandis qu'entre ces deux derniers pays, il existe une frontière naturelle difficile à franchir, la Russie au contraire est peu séparée de l'Autriche; elle a en outre besoin de la battre pour soutenir les Slaves et pour décourager les Polonais. Mais, ceci admis, tout le surplus des forces doit être dirigé sur l'Allemagne.

III

En résumé, la conclusion qui s'impose, à la France aussi bien qu'à la Russie, pour réunir toutes les chances heureuses d'une campagne faite en commun, c'est que, dès le signal des hostilités donné par la Triple-Alliance, les deux puissances dirigent rapidement vers l'Allemagne toutes celles de leurs forces que n'absorbe pas le soin de contenir l'ennemi *secondaire*.

L'importance de cet ennemi secondaire fait seule varier la fraction des forces qu'il convient de distraire.

La France estime qu'elle peut contenir l'Italie avec 1/6 de ses forces, et c'est pourquoi elle peut venir en aide à la Russie, le cas échéant, avec 63 divisions sur 75.

Il n'y a rien d'excessif à admettre que la Russie maîtrisera l'Autriche avec la moitié de ses forces, et qu'elle pourra venir en aide à la France avec l'autre moitié, soit 33 divisions sur 66.

M. de Montebello répondait le 11 juillet à M. Ribot que la note de Miribel posait bien la question, mais deman-

dait à être plus précisée et plus dégagée de certains détails de chiffres. Il lui envoyait en conséquence une
rédaction nouvelle soumise à son approbation.

ANNEXE A LA DÉPÊCHE DE PÉTERSBOURG
DU 11 FÉVRIER 1892.

Projet de modification de la Note Miribel.

La France et la Russie étant animées d'un égal
désir de conserver la paix, la présente note a été
rédigée au point de vue exclusif d'une guerre défensive provoquée par une attaque des forces de la
Triple-Alliance contre l'une ou l'autre de ces deux
Puissances, ou contre les deux à la fois.

Le point de départ des considérations qui suivent
est que la France et la Russie sont décidées à pratiquer l'une vis-à-vis de l'autre le principe d'une sincère réciprocité, c'est-à-dire que, l'une d'elles venant
à être attaquée, l'autre se portera immédiatement à
son secours avec tous ses moyens de lutte disponibles.

« Ce principe admis, la première conclusion qui
s'impose à la Russie aussi bien qu'à la France, pour
ne pas compromettre les chances d'une campagne
faite en commun, c'est que les mesures d'exécution
soient prises dans les deux pays aussitôt que le
danger sera connu. La mobilisation devra donc
commencer, pour s'accomplir, sans interruption,
simultanément en France et en Russie, dès les premières heures de la mobilisation des forces de la
Triple-Alliance. La rapidité étant plus que jamais la
condition essentielle du succès, il importe que la

France ou la Russie ne soient pas exposées, ne fût-ce que pendant quelques jours, à subir isolément une agression combinée permettant à leurs adversaires de remporter, dès le début, des avantages décisifs ou de nature à exercer une influence fâcheuse sur les dispositions des neutres.

I. — Toutefois, cette simultanéité d'entrée en action est loin d'être suffisante pour assurer toutes les chances heureuses. Il n'y a, en effet, qu'à jeter les yeux sur le tableau ci-annexé pour se convaincre que les forces réunies de la France et de la Russie se forment pas un total notablement supérieur à celui des forces de la Triple-Alliance : Allemagne, Autriche, Italie, surtout si l'on y comprend éventuellement la Roumanie.

Dans ces conditions, les forces sont à peu près équivalentes des deux côtés ; car si le nombre est légèrement en faveur de la France et de la Russie, la rapidité de concentration est à l'avantage de la Triple-Alliance. Ce n'est donc que par une combinaison judicieuse de leurs moyens d'action, en vue d'un but commun, que la Russie et la France peuvent se donner des chances de supériorité sur leurs adversaires.

II. — « Le Gouvernement français est pénétré du principe que, dans une pareille lutte, l'essentiel est de poursuivre, avec tous ses moyens disponibles, la destruction de l'ennemi principal ; la perte des autres s'ensuit inévitablement. Cet ennemi est l'Allemagne dont la puissance militaire est à elle seule supérieure à celle de tous ses alliés réunis, et qui est politiquement le pivot, l'âme et le centre de la Triple-Alliance. L'Allemagne une fois vaincue, les armées franco-russes disposeront à leur volonté de l'Autriche et de l'Italie.

« Dans cet ordre d'idées, l'État-Major français a tout sacrifié à la lutte contre l'Allemagne, et, si la Russie venait à être attaquée par la Triple-Alliance, la France ne maintiendrait, devant les 360,000 hommes de l'Italie, que le contingent strictement nécessaire, et porterait plus des 5/6⁰ˢ de ses troupes de première ligne en face des Allemands, soit environ 1,300,000 hommes.

« Avec cette armée, elle attaquera l'Allemagne à fond, de façon que cette puissance ne puisse maintenir qu'une faible partie de ses forces à l'Est contre la Russie.

« Il n'est pas douteux que la situation de la Russie vis-à-vis de l'Autriche ne saurait se comparer complètement à la situation de la France vis-à-vis de l'Italie. Tandis qu'entre ces deux derniers pays il existe une frontière naturelle difficile à franchir, la Russie, au contraire, est peu séparée de l'Autriche; elle a, en outre, besoin de la battre pour soutenir son prestige moral vis-à-vis des nations slaves et de la Roumanie. Toutefois, au nom du principe de réciprocité, il est juste d'admettre que la Russie ne laissera devant l'Autriche que les forces indispensables pour la maîtriser, et qu'elle dirigera, avec le reste de ses moyens disponibles, une action aussi énergique que possible contre l'Allemagne.

« M. de Montebello ajoutait, les 12 et 16 mars, 4 et 23 Mai que le Tsar avait fait approuver la note relative à la Convention militaire et qu'il la prenait pour base de ses études personnelles.

N° 35.

M. Ribot, après avoir mentionné une crise assez grave en Italie, déclarait à M. de Montebello qu'il fallait être vigilant en cas d'un retour de Crispi aux affaires, puis il ajoutait :

Paris, le 23 juin 1892 :

« Je vous envoie une copie des lettres qui ont été échangées entre M. de Mohrenheim et moi le 27 août 1891. Vous vous rendrez compte, en vous reportant aux correspondances que M. de Laboulaye a dû laisser dans les archives, des circonstances dans lesquelles a eu lieu cet échange de déclarations. La rédaction des deux points a été arrêtée à Pétersbourg entre MM. de Giers et de Laboulaye. Le temps manquait pour en discuter les termes. Je me suis borné à demander une modification du deuxième point. Au lieu d'une rédaction qui n'imposait pas aux deux Gouvernements l'obligation actuelle de s'entendre sur les mesures à prendre de concert pour se protéger mutuellement contre une agression, j'ai proposé un amendement dont M. de Giers a parfaitement reconnu la portée et qu'il a d'abord hésité à accepter, parce qu'il y voyait un engagement ferme et précis. C'est évidemment lui qui, au dernier moment, a suggéré à l'Empereur de prendre le temps de réfléchir et de renvoyer la conclusion de l'accord jusqu'après le voyage à Pétersbourg de M. de Mohrenheim. Celui-ci fut mandé par le télégraphe et, à son retour, il m'écrivit la lettre dont vous avez le texte sous les yeux et qui était exactement conforme, en ce qui touche le deuxième point, à la rédaction dont j'avais moi-même indiqué les termes.

« Quand M. de Giers est venu à Paris, il m'a dit que, pour l'Empereur et pour lui, le paragraphe 2 impliquait nettement l'engagement réciproque des deux Gouvernements de se soutenir de toutes leurs forces au cas d'agression contre l'un deux. Il a pourtant reconnu que le texte, improvisé au mois d'août 1891, pouvait être remanié et complété afin de ne laisser prise à aucune équivoque. Il admit également sans difficulté que les deux pays s'obligeassent expressément à mobiliser, sans qu'il fût besoin d'une entente nouvelle, la totalité de leurs forces, au cas de mobilisation des forces de la Triple-Alliance.

« Le seul point réservé était celui de savoir dans quelle mesure les deux pays devraient accentuer leur effort militaire contre l'ennemi principal. C'est ce point qui a fait l'objet essentiel de la note que vous avez remise à l'Empereur au mois de mars de cette année, et dont le principe semble n'avoir soulevé aucune objection.

« Il me paraît essentiel que la convention qui sera prochainement signée, reprenne ces trois points et leur donne une formule aussi claire que possible. Le général Wannowski a parfaitement raison de vouloir que tout soit précis et lumineux dans un pareil arrangement. *Vous aurez raison, sans trop de difficulté, des scrupules et des incertitudes de M. de Giers. C'est un esprit timoré qui craint les engagements trop nets et qui aime les circonlocutions.* L'Empereur ne peut manquer d'être de l'avis de son Ministre de la Guerre ».

M. Ribot remarquait qu'il ne fallait pas perdre de temps et que M. de Montebello devait faire comprendre à M. de Giers qu'au besoin, il devrait s'adresser à l'Empereur pour que tout fût prêt à la fin de juillet. Le général de Boisdeffre était disposé à partir quand on le voudrait.

N° 38.

M. de Montebello, répondait à M. Ribot (Saint-Pétersbourg, le 8 juillet 1892) que pendant l'absence du Tsar, il s'était fréquemment entretenu avec le Ministre de la Guerre et le général Obroutcheff pour arriver à une conclusion aussi prompte que possible.

N° 39.

Et M. Ribot lui mandait (Paris, le 8 juillet 1892) que les deux États-majors étaient pressés de sortir d'une trop longue période d'attente, car la nécessité de la Convention militaire s'imposait plus que jamais. Qu'arriverait-il enfin si, par malheur, la guerre éclatait avant d'avoir établi un plan d'action commun? Est-ce que la politique de deux grands pays pouvait dépendre de la maladie d'un Ministre ou de petits détails d'étiquette? Le ministre aurait pu ajouter : « de la mauvaise volonté ou d'un caprice ministériels ? »

N° 41.

M. de Montebello écrivait à M. Ribot, le 11 juillet 1892, qu'il sentait bien, comme lui, la nécessité d'en finir rapidement et le 16 juillet, il ajoutait :

« Je ne crois pas qu'il y ait eu réellement un projet de Convention militaire remis à l'Empereur ; c'est plutôt un travail préparatoire dont je vous ai déjà donné les lignes principales. Ce que m'a dit le général Obroutcheff indique assez l'ensemble des intentions de l'État-Major russe pour qu'il soit facile d'établir sur ces bases les instructions à donner au général de Boisdeffre. Si, après la conversation que le Ministre de la Guerre aura eue à ce sujet avec l'Empereur, je voyais autre chose à vous dire, je vous le ferais savoir immédiatement, mais, dès à présent, nous connaissons parfaitement, il me semble, les idées de la Russie au point de vue militaire. J'en ai causé avec le commandant Moulin, qui m'a remis la petite note ci-jointe résumant la situation. Maintenant, ou point où nous en sommes, en l'absence du Ministre des Affaires étrangères, et pour perdre le moins de temps possible, ne devons-nous pas chercher le moyen le plus sûr et à la fois le plus net de rendre pratique l'accord intervenu entre la Russie et nous, au mois d'août dernier ?... L'Empereur et les deux Ministres considèrent cet accord comme irrévocable, comme entraînant de part et d'autre un engagement formel ; il s'agit aujourd'hui, par une Convention militaire, d'exécuter ce qui est convenu au deuxième paragraphe. La façon si nette dont l'État-Major russe comprend la mobilisation immédiate et simultanée ne nous laisse aucune inquiétude sur ses intentions à cet égard. »

M. de Montebello concluait de tout ceci que les lettres échangées en Août dernier constituaient un engagement formel, équivalant à un traité. Ce qu'il fallait, c'était une Convention militaire, à laquelle le général de Boisdeffre ne demandait qu'à travailler d'accord avec l'État-Major russe.

A cette dépêche était jointe une note importante du commandant Moulin, Attaché militaire de France à Saint-Pétersbourg. — Saint-Pétersbourg, le 16 juillet 1892 :

« Il résulte des confidences qui ont été faites à

l'Ambassadeur de la République française à Saint-Pétersbourg par le général Wannowsky et par le général Obroutcheff que le Ministre de la Guerre doit présenter à l'Empereur, le jour qui suivra la rentrée de Sa Majesté de Copenhague, c'est-à-dire aujourd'hui, une note relative à une entente militaire entre la France et la Russie, en prévision d'une agression éventuelle de la Triple-Alliance. Ce document a été rédigé par le général Obroutcheff. Il est destiné à éclairer définitivement l'Empereur sur la question en reprenant, du point de vue de l'État-Major russe, les aperçus contenus dans la note que le comte de Montebello avait fait parvenir à sa Majesté au printemps dernier, et qu'elle avait indiquée au général Wannowsky comme devant servir de base à son travail. Le Ministre de la Guerre aurait cru manquer à son devoir de fidèle sujet en donnant connaissance de ce rapport à l'Ambassadeur de la République française avant de l'avoir présenté à Son Maître, et il est probable que ce dernier se réservera de l'étudier à loisir et dans le silence de son cabinet, comme il le fait pour toutes les affaires importantes, et comme il l'a fait notamment pour le document français, avant d'exprimer son opinion même à ses plus intimes. Nous n'avons du reste que de bonnes chances à gagner à cette manière d'opérer. Le général Wannowsky et le général Obroutcheff, tout en étant très favorables à une entente militaire avec la France, ont toujours laissé voir une certaine tendance à se préoccuper un peu plus de l'Autriche, dans la Triple-Alliance, que nous ne voudrions. Ce sont précisément ces tendances, dont nous voulions nous préserver,

WELSCHINGER.   10

qui ont motivé le choix de la voie proposée et
acceptée pour la négociation : celle d'une note mise
directement sous les yeux du Souverain. Il est donc
logique que le travail de l'État-Major russe remonte
par la même filière et nous sommes en droit d'espérer qu'après avoir passé sous les yeux de l'Empereur,
le rapport du Ministre de la Guerre aura reçu, s'il
était nécessaire, ce ton d'équité et de bon sens qui
est le propre du caractère d'Alexandre III, et pourra
par suite servir de point de départ à une entente plus
facile.

<h2 style="text-align:center">N° 43.</h2>

M. de Montebello écrivait à M. Ribot, le 17 juillet, que
M. de Giers, retenu au lit par son état maladif, lui avait dit
attendre la réponse du tsar et que d'autre part il songeait
à se retirer des affaires. Le général Obroutcheff lui avait
dit aussi à lui-même : « Nous avons peut-être plus d'intérêts que vous à être tout prêts et à tout régler d'avance. »

<h2 style="text-align:center">N° 45.</h2>

M. Ribot répondait le 22 juillet à M. de Montebello :

Le terrain est bien préparé pour l'arrivée à Pétersbourg du général de Boisdeffre Vos dernières lettres
et la note du colonel Moulin nous ont donné des
indications précises et intéressantes sur l'état d'esprit
du général Wannowsky et du général Obroutcheff.
Malgré la lenteur que les Russes apportent dans toutes
les affaires, il est évident qu'un travail important a
été fait depuis la remise de la note à l'Empereur.
L'État-Major s'est placé résolument en présence des
questions que nous lui avons posées et il semble dis-

posé à les résoudre dans le sens que nous avons nous-mêmes indiqué.

« Ce n'est pas là toutefois que la préface. Il s'agit maintenant de mettre sur le papier un certain nombre de dispositions aussi courtes et aussi claires que possible. Il y a deux points qui sont acquis :

« La France et la Russie doivent se concerter sur toutes les questions qui peuvent intéresser la paix générale. Elles sont tenues de se prêter leur concours en cas d'agression.

« Ce qu'il faut maintenant obtenir, c'est :

1° La déclaration bien nette que, dans le cas où la Triple-Alliance mobiliserait ses forces, la Russie et la France en feraient autant, sans avoir besoin de se concerter ou de s'avertir ;

2° Que, si la guerre s'ensuit, la Russie mettra sur la frontière allemande toutes ses forces disponibles, déduction faite de ce qui sera indispensable pour tenir tête à l'Autriche.

Ces forces étant évaluées à 700.000 hommes.

3° Que ces forces opposées à l'Allemagne ne se borneront pas à l'observation, mais qu'elles attaqueront à fond, de manière à ne pas permettre aux Allemands de faire la navette et de nous écraser.

« Il est entendu que, de notre côté, nous nous engagerons à mettre sur le Rhin toutes nos forces disponibles, sauf ce qui sera nécessaire pour contenir les Italiens, soit 1.300.000 hommes. »

M. Ribot désirait vivement que tout fût terminé avant la fin de septembre, et le 28 juillet, M. Ribot, informait M. de Montebello, que le général de Boisdeffre, qui lui remettrait cette lettre dès son arrivée à Pétersbourg, avait été muni par M. de Freycinet et par moi d'instructions verbales concernant la mission dont il était chargé.

« Le ministre des Affaires Étrangères joignait à sa lettre le projet de Convention militaire arrêté entre M. de Freycinet et lui. » Le général de Miribel et le général de Boisdeffre avaient l'espoir d'arriver enfin à une prompte conclusion.

ANNEXE A LA DÉPÊCHE DU 28 JUILLET 1892.

N° 47.

: Projet de convention militaire.

« La France et la Russie étant animées d'un égal désir de conserver la paix et n'ayant d'autre but que de parer aux nécessités d'une guerre défensive provoquée par une attaque des forces de la Triple-Alliance contre l'une ou l'autre d'entre elles, leurs Gouvernements ont jugé utile de préciser et de compléter à ce point de vue les arrangements intervenus sous forme de note à la date du 15/27 août 1891.

« En conséquence les Ministres des Affaires Étrangères et de la Guerre des deux pays, autorisés par leurs Gouvernements respectifs, sont convenus des dispositions suivantes :

« 1° Dans le cas où les forces de la Triple-Alliance ou seulement de l'Allemagne viendraient à se mobiliser, la France et la Russie, à la première annonce de l'événement et sans qu'il soit besoin d'un concert préalable, mobiliseront immédiatement et simultanément la totalité de leurs forces et les porteront le plus près possible de leurs frontières.

« 2° Si la France ou la Russie est attaquée effectivement par les forces de la Triple-Alliance ou seulement de l'Allemagne, les deux Puissances dirigeront contre l'Allemagne la totalité des forces qui ne sont pas rigoureusement indispensables sur d'autres points. Ces forces s'engageront à fond et en toute diligence, de manière à ce que l'Allemagne ait à lutter à la fois à l'est ou à l'ouest.

« 3° Dans l'hypothèse la plus favorable, c'est-à-dire dans l'hypothèse où toutes les forces de la Triple-Alliance entreraient en action, la France estime que le chiffre des forces de campagne qu'elle pourra opposer à l'Allemagne sera de 1.300.000 hommes et que ces forces seront concentrées à la frontière le 14ᵉ jour à partir de l'ordre de mobilisation.

« Dans la même hypothèse, la Russie estime que le chiffre des forces de campagne qu'elle pourra opposer à l'Allemagne sera de 800.000 hommes et que ces forces seront concentrées à la frontière le 20ᵉ jour à partir de l'ordre de mobilisation des forces sensiblement égales devant être opposées à l'Autriche.

« 4° La France et la Russie ne conclueront pas la paix séparément avec la Triple-Alliance. Quel que soit le résultat des événements de la guerre, chacune des deux Puissances défendra les intérêts de l'autre comme les siens propres, lors du règlement définitif.

« 5° Les États-Majors des armées des deux pays se concentreront en tout temps pour préparer et faciliter l'exécution des mesures prévues ci-dessus.

« 6° La présente Convention aura la même durée que la Triple-Alliance et se renouvellera de plein droit avec elle.

M. de Montebello informa les 1 et 4 août M. Ribot que le général de Boisdeffre avait été fort gracieusement accueilli à Péterhof par leurs Majestés.

Il ajoutait le 8 août : « L'accord paraît néanmoins au général de Boisdeffre devoir être très difficile à obtenir sur un point, celui du maintien dans les deux premiers articles des mots « ou l'Allemagne seule ». Malgré les observations qu'il a pu présenter, le Ministre de la Guerre et le général Obroutcheff persistent à ne vouloir envisager que la Triple-Alliance en tout ou en partie ; nous sommes donc forcés d'attendre la décision de l'Empereur sur le projet en général et sur le point litigieux en particulier. Pour éclairer pleinement le jugement de l'Empereur, le général de Boisdeffre a tenu à joindre au projet de convention une note contenant sa réponse aux objections sur le point qui nous divise. Ces deux documents seront remis demain matin (9 août) par le Ministre de la Guerre à l'Empereur qui, après les avoir pesés, fera sans aucun doute connaître au camp au général de Boisdeffre sa manière de voir. »

N° 52.

M. Ribot autorisait, le 5 août, le général de Boisdeffre à accepter la rédaction modifiée de l'article premier de la Convention.

N° 53.

Le 10 août, le général de Boisdeffre rendait compte de sa mission en ces termes au Ministère de la Guerre à Paris. — Pétersbourg, le 10 août 1892.

« Aussitôt après m'être mis complètement d'accord

avec M. de Montebello, je suis entré en rapports avec
le général Obroutcheff, chef de l'État-Major général.
Bien que ce soit officiellement avec le Ministre de la
Guerre que je devais traiter (et qu'il soit même, à cet
égard, assez jaloux de ses prérogatives), comme
toutes les questions sont remises ensuite par lui au
chef d'État-Major général, chargé de faire les observations et de préparer les notes pour l'Empereur,
c'est lui surtout qu'il fallait convaincre.

« J'ai donc eu, dès le soir de mon arrivée, un long et
premier entretien avec le général Obroutcheff et j'ai eu
de suite le regret de constater que les choses n'étaient
pas en aussi bonne voie que j'avais lieu de le penser
en quittant Paris.

« Le général a commencé par me dire l'utilité de ne
pas se montrer trop pressé. *Il a ajouté que la maladie
de M. de Giers serait cause de très grands retards,*
que l'article du *Figaro* « Alliance où Flirt », ayant
amené des réponses dans la presse russe, a été du
plus mauvais effet, et que certains en ont profité pour
insinuer à l'Empereur qu'on voulait lui forcer la
main.

« Je lui ai fait observer que tout retard allait à
l'encontre des garanties de la paix que voulait l'Empereur comme nous, que, tant qu'il n'y avait rien de
ferme, l'Allemagne pouvait avoir l'intention de brusquer les choses.

Il a répondu qu'à son avis, *au contraire, ces retards
étaient à l'avantage de la paix ; que, tant qu'ils
n'étaient pas sûrs qu'il y ait une convention signée,
les Allemands, dans l'espoir d'une division, faisaient
les aimables avec eux et avec nous ; tandis qu'une fois*

sûrs de la signature donnée, il se diraient qu'ils n'avaient plus rien à gagner à ce jeu et qu'il n'y avait qu'à marcher.

« Je lui ai répondu que j'étais d'un avis absolument opposé et que, si la crainte seule de la convention les amenait à être plus circonspects, la convention elle-même les rendrait plus pacifiques encore et qu'elle était la seule garantie réelle de la paix.

« Le général a passé alors à la discussion des forces à employer contre l'Allemagne, sortant ses cartes et affirmant que les Allemands porteraient contre la Russie 7 corps d'armée active (les 5 corps de frontière, le 3e corps de Berlin et le 12e) et 3 corps de réserve, savoir : 4 corps actifs et 2 de réserve vers Insterbourg pour écraser l'armée de Vilna ; 3 corps actifs et 1 de réserve au sud de Posen destinés à marcher avec les Autrichiens sur Varsovie, tous concentrés le 7e jour.

« Le général m'a dit : « Pour moi la convention ne devrait avoir que deux articles :

« 1° Mobilisation simultanée des forces de deux Puissances dès que la Triple-Alliance mobilisera ;

« 2° Attaque vigoureuse contre les troupes de la Triple-Alliance, sans fixation d'effectifs et sans répartition de forces. »

« Je lui ai fait observer que *ce n'était pas ce qu'avait approuvé l'Empereur dans la note à lui remise,* et j'ai prié le général de relire cette note.

Il m'a dit « Mais, sans la connaître, on m'avait demandé une note pour la convention et je l'ai faite dans le sens que je vous dis. *Il n'y a pas d'Allemagne, ni d'ennemi principal : il y a les forces de la Triple*

Alliance. Si le gros des forces qui nous menacent est autrichien, il faut marcher contre lui et le battre ; c'est pour nous l'ennemi principal.

Je lui ai répondu : « C'est absolument inexact : *l'ennemi principal est, ipso facto, l'Allemagne ;* supposons qu'elle mette seulement 5 corps contre nous et que l'Italie, au contraire, nous attaque avec 12 corps ce n'en est pas moins contre l'Allemagne que nous marcherions avec toutes nos forces parce que, l'Allemagne battue, ces 12 corps italiens tomberont naturellement. Pour le succès final, *il est plus important de battre les 6 corps allemands que les 12 corps italiens..* Il en est de même pour vous, en ce qui concerne les Autrichiens. »

Je lui ai dit toutes les observations que m'avait suggérées Votre Excellence et que j'ai résumées dans la note ci-dessous :

Note remise par le général de Boisdeffre au général Obroutcheff

« La question d'une mobilisation immédiate, dans le cas d'une attaque isolée soit de l'Autriche, soit de l'Italie contre la Russie ou la France, n'a pas été envisagée dans les instructions données au général de Boisdeffre par son Gouvernement, sans aucun doute parce qu'une attaque de ce genre a été jugée absolument improbable.

« Mais, en admettant, si improbable que cela soit, que cette attaque se produise, le général de Boisdeffre croit devoir faire observer :

1° Que, dans ce cas, la situation étant infiniment

moins grave, les deux Gouvernements auront le temps de se concerter et d'arrêter, d'après l'état général de l'Europe, les mesures à prendre en commun ;

« 2° Que l'Autriche ou l'Italie ne marcheront qu'avec la certitude absolue d'être soutenues à très bref délai par l'Allemagne et qu'alors la présente convention entrera, *ipso facto*, en vigueur ;

« 3° *Qu'il importe de viser l'Allemagne seule, parce qu'elle est l'âme de la Triple-Alliance* et que c'est la seule Puissance qui soit en état d'attaquer simultanément la France et la Russie ;

« 4° Que faire une mobilisation générale contre l'Autriche et l'Italie seules, c'est se donner en Europe le rôle d'agresseurs et se créer une situation difficile vis-à-vis des neutres ; qu'en attendant, au contraire, tout en prenant ses précautions, que ce soit l'Allemagne qui mobilise, *c'est elle qui assume le rôle d'agresseur avec tous ses inconvénients,* tandis que la Russie et la France ont montré jusqu'au bout leur désir de conserver la paix et affirmé leurs intentions de défensive pure.

« Aussi, dans le cas où l'Italie attaquerait la France, cette dernière, pour éviter le rôle d'agresseur, se bornerait à mobiliser les quelques régions strictement nécessaires pour la contenir.

« Il semble qu'il y aurait avantage pour la Russie à agir de même vis-à-vis de l'Autriche, avantage d'autant plus grand que sa mobilisation est relativement lente et que cette attitude expectante lui permettrait de l'avancer. »

Je suis sorti de ce premier entretien avec une

*assez triste impression, et assez inquiet des réti-
cences et des atermoiements entrevus au début,* et
de la ténacité avec laquelle le général Obroutcheff
s'attache à ce qu'on vise la Triple-Alliance en bloc ou
en l'une quelconque de ses parties.

2 août. — Le lendemain, j'étais reçu par le
Ministre de la guerre et *malheureusement les
appréhensions que j'avais ressenties la veille s'y
confirmaient pleinement.*

Après les compliments d'usage, voyant que le
général n'abordait aucunement le but de ma venue,
je lui ai dit combien j'étais heureux d'avoir à traiter
avec lui, dont la sympathie pour la France et la
bienveillance pour moi m'étaient si connues, les
bases de notre convention militaire et je lui ai fait
part de mon espoir de terminer rapidement.

« Le général a paru très embarrassé :

« *Mais pourquoi vouloir signer, disait-il, une convention militaire ? Les conventions signées d'avance n'ont
jamais été exécutées; il suffit de s'entendre entre
honnêtes gens et se donner sa parole. Ce sont seulement
les conventions de ce genre qui ont été exécutées.*

« Je lui ai répondu que l'usage n'était pas tel; que
si honnête qu'on fût, pour éviter les incertitudes, les
oublis ou même les erreurs on était toujours obligé
de rédiger un texte écrit; que, du reste, tel était
l'avis de l'Empereur qui avait approuvé la note à lui
remise et l'échange d'idées et qu'il s'agissait simplement d'en exécuter l'article 2.

« Le général reconnaît seulement que l'Empereur
n'a pas fait d'observations à la note et ne veut pas
conclure que ce soit là une approbation. *Il paraît*

croire qu'en ce moment *l'Empereur est fort peu disposé à voir échanger des signatures. La crainte des indiscrétions les domine.* J'ai dû subir de nouveau des plaintes au sujet de cet article du *Figaro* et répondre, une fois de plus, que les appréciations d'un journal ne nous engageaient en rien, que cet article était passé inaperçu chez nous... J'ai dû également entendre exprimer les *mêmes regrets au sujet de la maladie de M. de Giers dont la collaboration est nécessaire dans une affaire, à leurs yeux, aussi politique que militaire.*

« Mais, lui ai-je dit, la question politique peut être considérée comme résolue. C'est justement sur les principes posés par M. de Giers que nous nous appuyons. C'est lui qui les a dictés, il n'a donc pas besoin d'être consulté. Il peut être malade fort longtemps et il me semble bien naturel que vous preniez la chose en mains ; le gérant intérimaire des Affaires étrangères peut signer pour M. de Giers. Si vous voulez bien, je vous remettrai un projet en vous demandant de le soumettre à l'Empereur avec vos observations, s'il y a lieu. Ce projet pourrait être court et contenir seulement quelques clauses générales, et je lui ai énuméré brièvement les articles que Votre Excellence avait rédigés.

« Le général a voulu encore arguer du côté politique de certains de ces articles, des difficultés qui s'attachent à *la conclusion des traités avec nous, en raison de nos formes constitutionnelles, de la répugnance manifestée par l'Empereur à de nouveaux engagements écrits, de crainte de voir leur divulgation amener un éclat qui, à son sens, précipiterait*

la guerre. Il a insisté sur notre instabilité ministé-
rielle et sur la possibilité de voir un Cabinet nouveau
ne pas accepter les engagements du Cabinet actuel;
car, enfin, quelles que fussent nos affimations, un
traité approuvé par les Chambres engageait seul la
France d'après la constitution... Mais, sur la proposition que je lui fis, si tel était leur désir, de soumettre
aux Chambres le traité, car nous étions gens de bonne
foi et n'avions rien à cacher, il se récria vivement
déclarant que l'Empereur ne redoutait rien tant qu'un
éclat.

La stabilité ministérielle s'impose donc comme un
devoir patriotique; ce sera pour le Gouvernement
russe une de ses sources de confiance, une de ses
garanties les plus fortes.

3 août. — L'Empereur et l'Impératrice ont été,
comme toujours, très aimables. J'ai été invité à
déjeuner et pour toute la journée. Mais Leurs Majestés m'ont principalement dit leur plaisir de me re-
voir, etc., et l'Empereur s'est dit reconnaissant de ma
pensée pour la fête de l'Impératrice. Je n'ai pu
répondre que dans les mêmes conditions, tout ayant
un caractère public et se passant au milieu d'un
nombreux entourage.

Mais, j'ai pu, du moins, causer assez longuement
en particulier avec le général Obroutcheff qui m'a
donné lieu d'espérer que les choses finiraient par
s'arranger.

5 août. — Je n'ai pu avoir un nouvel entretien avec
le général Obroutcheff que le surlendemain.

Je suis revenu de nouveau et avec force sur la
fâcheuse impression que j'avais rapportée de mon

entretien avec le général Wannowsky. Il m'a répété ce qu'il m'avait dit à Péterhof, que nous finirions par mener à bonne fin nos travaux, *mais qu'il fallait y mettre de la patience et ne pas faire le jeu des gens hostiles, etc.*, et commencer par nous entendre tous les deux officieusement sur les points que le Gouvernement français désirerait voir adopter, avant que je n'en parle au général Wannowsky, puisque ce serait à lui que ce dernier remettrait la chose pour l'étudier et faire ses observations.

« Je lui ai alors donné connaissance du projet heureusement préparé par Votre Excellence, car les Russes s'étaient bornés à attendre nos propositions. Le travail présenté par eux à l'Empereur n'était pas un projet, mais une note que Sa Majesté avait prescrit de soumettre à M. de Giers pour avoir son avis avant de se prononcer ».

Le général de Boisdeffre croit devoir insister sur la nécessité d'éviter des retards fâcheux et d'arriver à la prompte signature des conventions :

« Après les deux premiers paragraphes du préambule, nous avons abordé les six articles.

Sur le premier point, nous avons eu une discussion très vive au sujet des mots « *de la Triple-Alliance ou seulement de l'Allemagne* ». *Le général ne veut pas du* « *seulement de l'Allemagne* ». Je lui ai redit toutes les observations que m'avait suggérées Votre Excellence et que j'ai résumées dans la note ci-dessus. Toutes ces raisons n'ont pas ébranlé sa conviction.

Sur le deuxième point, il m'a répété que c'était *l'armée autrichienne qui était pour eux l'ennemi principal et j'ai reproduit mes arguments.* Mais il n'a pas modifié sa manière de voir, tout en reconnaissant que dans l'armée russe nombre de généraux, à commencer par Leer, leur grand tacticien, et par Dragomiroff, pensaient comme nous.

Pour le même motif, il désirerait que, dans l'article 3, on ne leur fixât pas le chiffre de 800.000 hommes.

« Il a acquiescé aux autres articles et exprimé le désir de voir introduire un article 7 spécifiant le secret pour toutes les clauses de la Convention. Il juge cet article indispensable pour diminuer les appréhensions de ceux qui craignent de le voir divulguer, et, pour rassurer l'Empereur, comme tel avait été l'avis de M. de Montebello, j'ai ajouté au crayon, sous réserve de votre approbation, l'article suivant :

Article 7. — « Toutes les clauses ci-dessus seront tenues rigoureusement secrètes ».

« J'ai ajouté aussi deux articles au sujet des renseignements à se communiquer réciproquement sur les armées de la Triple-Alliance et sur les voies et moyens de correspondre en temps de guerre.

« Après notre discussion des articles du projet, le général Obroutcheff réfléchit quelques instants puis me dit :

« Quand vous aurez remis votre projet au général Wannowsky, il me le remettra aussitôt pour avoir mon avis. Eh bien, je vais vous dire franchement ce que je répondrai. Malgré tout ce que vous m'avez dit, *je ne puis modifier ma manière de voir en ce qui concerne l'Allemagne.* J'accepterais à la rigueur tous vos articles, toute votre rédaction, sauf en ce qui concerne « seulement de l'Allemagne ». Je ne puis décidément pas l'admettre et je ne l'admettrai jamais. »

« Je lui ai dit que de mon côté je ne pouvais pas davantage y renoncer.

Maintenant il me reste à attendre que le Ministre de la Guerre me donne la nouvelle audience que je lui ai demandée.

6 août. — J'ai eu aujourd'hui un nouvel entretien de trois heures avec le général Obroutcheff.

« Le général, appliquant sans plus attendre l'article par lequel les deux États-Majors doivent se communiquer ce qu'ils savent sur les plans de la Triple-Alliance, m'a communiqué, avec la plus grande confiance, le dernier plan austro-allemand qu'il a réussi à se procurer, avec des indications très importantes en ce qui concerne la date de concentration des Allemands soit sur leur frontière, soit par conséquent sur la nôtre... »

Il convenait de faire attention à une concentration de l'ennemi plus rapide qu'on ne le supposait.

« 8 août. — J'ai pu avoir le 8 août un entretien d'une heure avec le Ministre de la Guerre que j'ai trouvé cette fois dans des dispositions beaucoup meilleures et tout à fait cordiales.

« Le général a abordé ensuite le projet et m'a demandé de lui communiquer nos propositions.

Après en avoir pris attentivement connaissance, le général m'a dit qu'il pouvait me faire part, de suite, de plusieurs objections, et de suite il *m'a dit qu'il ne pouvait admettre la clause de l'Allemagne seule. Notre conviction absolue, m'a-t-il dit, est que nous serons attaqués d'abord par l'Autriche aidée de l'Italie et peut-être aussi de la Roumanie. L'Allemagne se tiendra prête à intervenir au moment choisi par elle, mais elle n'attaquera jamais la première.* Vous me dites de faire dans ce cas une mobilisation partielle, mais cela nous est absolument impossible parce que les troupes que nous accumulons en Pologne viennent de tous les points de l'Empire et sont mélangées. En dehors de cette impossibilité, nous nous exposerions en faisant une mobilisation partielle à de trop grands dangers avec cette menace d'une attaque rapide de l'Allemagne.

« Mon Gouvernement, ai-je répondu, n'avait pas envisagé l'éventualité d'une attaque isolée de l'Autriche ou de l'Italie, sans doute parce qu'une attaque de ce genre avait été jugée absolument improbable. Du reste, le général Obroutcheff m'ayant laissé prévoir une objection de ce genre, j'ai résumé dans une note les raisons qui, à mon sens, militent en faveur de la rédaction adoptée par mon Gouvernement. Et j'ai soumis an général Wannowsky, avec les développements qu'elle comporte, la note dont Votre Excellence a lu le texte.

« Quand il eut pris connaissance de cette note, je lui dis que je comptais lui demander de soumettre à l'Empereur le projet de convention, mais que, puisqu'il élevait des objections, je le priais de vouloir bien remettre en même temps à Sa Majesté cette note destinée à justifier notre manière de voir...

« Je reconnais cette nécessité, m'a répondu le Ministre; mais, vous savez, *l'Empereur est souverain maître et l'on ne peut préjuger de sa décision.*

WELSCHINGER. 11

« Oui, lui ai-je dit, mais il ne la prendra qu'après avoir consulté ses conseillers, et, si Votre Excellence veut bien (et elle le fera, j'en suis sûr) appuyer une demande aussi fondée, l'Empereur ne saurait, je crois, s'y refuser.

« Le général m'a dit alors qu'il ferait son possible. Maintenant il y a une chose qui m'inquiète, a-t-il ajouté, et c'est la suivante : une fois que vous aurez une convention signée, *ne voudrez-vous pas précipiter les choses et faire la guerre ?*

J'ai affirmé que non, que notre Gouvernement était aussi pacifique que l'Empereur et que le préambule de la convention exprimait nos sentiments de la façon la plus complète, la plus nette et la plus sincère. *La France désire et veut la paix.*

« *Mais vous avez chez vous, a repris le général, un parti qui ne veut pas de l'Alliance russe.* J'ai répondu que, s'il y avait une chose en France sur laquelle il n'y eût qu'une voix et sur laquelle l'accord fût unanime, *c'était l'Alliance russe ;* et que le sentiment de toute la nation à cet égard était manifeste et se portait garant de nos affirmations.

« Le général a alors exprimé de nouveau la crainte que les Allemands *ne précipitassent la guerre quand ils sauraient que l'accord est complet,* et il trouve l'armement de l'armée russe bien en retard pour cette éventualité.

Je lui ai répondu par les mêmes arguments que j'avais déjà donnés au général Obroutcheff. Comme conclusion, le général s'est engagé à remettre à l'Empereur le projet et la note et il m'a promis de faire tous ses efforts pour aboutir le plus tôt possible.

Nous allons y travailler de concert à Krasnoë-Selo, a-t-il ajouté; au camp, nous serons ensemble et côte à côte, et l'Empereur nous y fera, sans aucun doute, connaître sa décision.

9 août. — «J'ai dîné aujourd'hui chez le Ministre de la Guerre qui m'a annoncé qu'il avait remis le projet à l'Empereur et qu'à *partir d'aujourd'hui le général Obroutcheff était désigné pour traiter avec moi.* L'Empereur l'avait aussi chargé de me dire qu'il n'avait pu encore me recevoir en audience particulière mais qu'il le ferait dès le début du camp.

« Nous n'avons pu causer que quelques instants; mais j'ai compris qu'ils comptaient proposer d'ajourner les deux articles spécialement politiques (durée de la convention et paix indivisible) et de maintenir absolument le bloc de la Triple Alliance.

« En résumé, je puis espérer maintenant que le projet préparé par Votre Excellence sera accepté dans son ensemble, mais deux points restent très douteux :

1º Les Russes ne semblent vouloir à aucun prix de la clause visant l'Allemagne seule dans les deux premiers articles.

« Votre Excellence appréciera si l'examen éventuel de cette concession ne se présente pas dès maintenant au Gouvernement de la République française pour que la question puisse être résolue sans retard lorsque le Gouvernement russe fera connaître officiellement sa réponse, si l'Empereur, malgré nos raisons, persiste à partager l'avis de ses conseillers militaires.

N° 54.

Le général de Boisdeffre envoyait, le 10 août, au Ministre de la Guerre, à Paris, le rapport spécial relatif au dernier plan austro-allemand contre la Russie :

En quelques mots, le nouveau plan adopté par la Triple-Alliance serait celui-ci :

« Les *Allemands* concentrent :

« 1° A *Insterbourg*, 4 corps actifs prêts du 5° au 7° jour et 2 corps de réserve pour marcher sur Vilna (soit au total 220.000 hommes) ;

« 2° Au sud de Posen (sur la demande expresse de l'État-major autrichien), 3 corps actifs prêts du 4° au 6° jour et 1 corps de réserve pour marcher sur Varsovie (soit au total 182.000 hommes).

« Les *Autrichiens* forment trois armées :

« La 1re à *Cracovie*, composée de 5 corps actifs prêts du 5° au 17° jour et de 4 divisions de landwehr pour marcher également sur Varsovie par la rive gauche de la Vistule (soit au total 300.000 hommes).

« La 2° à *Iaroslaw*, composée de 5 corps actifs, prêts du 6° au 12° jour, de 3 divisions de landwehr et de 1 division de honved pour marcher sur Siedletz par la voie gauche de la Vistule, de concert avec la 3° armée (soit au total 273.000 hommes).

« La 3° armée formée à *Lemberg*, comprenant 3 corps actifs, prêts du 5° au 12° jour, de 1 division de landwehr et de 2 divisions de honved (soit au total 168.000 hommes).

« Soit au total marchant sur Varsovie, Siedletz : 924.000 hommes.

« Pour observer et contenir les Russes du côté de Kief, les *Italiens* mettent à la disposition de l'Autriche 3 corps actifs qui débarquent aux environs de Lemberg du 16e au 20e jour (soit au total 95.000 hommes).

« C'est sur la vigueur avec laquelle Dragomiroff s'acquittera de cette mission de confiance que repose le principal espoir de l'État-Major russe d'ouvrir à Gourko la route de Berlin à Breslau.

« Le mouvement de l'armée du Sud-Ouest, le long du versant nord des Carpathes, après avoir fait lâcher prise aux Autrichiens, couvrir le flanc gauche de Gourko jusqu'au haut Oder et sera lui-même éclairé à grande distance, au Sud, aux débouchés de la Hongrie, par 4 corps de cavalerie.

« Ces derniers ne seront, il est vrai, complets que vers le 30e jour, mais ils seront précédés dès le début par la 2e division mixte de Cosaques et les premiers régiments de Cosaques débarqués qui inonderont la Galicie et les Carpathes dans leur partie la plus accessible, sur les derrières de l'armée autrichienne.

« D'autre part, l'armée du Niémen, dégagée de l'étreinte de l'armée d'Insterbourg qui sera obligée de reculer, si Gourko fait tête avec succès aux Autrichiens, ou restée maîtresse de ses mouvements dans l'hypothèse où elle ne serait pas vivement attaquée dès le début, marchera franchement vers l'Ouest, pour s'aligner sur Gourko, et couvrir son flanc droit, dès qu'il se portera dans la direction de Breslau. Elle détachera une ou plusieurs divisions de réserve vers Kœnisgsberg pour l'observer, poussera jusqu'à la Vistule, la franchira un peu au nord de Thorn en un

point favorable, reconnu d'avance, et se rabattra alors
plus au sud, en coupant les communications de cette
place avec Bromberg et le centre de l'Empire allemand.

II

« Si nous pouvons accepter, dans une large mesure,
les hypothèses concernant ces projets d'opérations
militaires proprement dites, telles que les Russes les
prévoient, nous ne saurions, je crois, agir de même
quant aux dates qu'ils assignent à l'achèvement de la
concentration des Allemands et à leur marche en
avant, et nous avons le devoir de les soumettre au
plus sérieux contrôle.

« J'ai fait observer au chef d'État-Major général qu'il
me paraissait impossible que la concentration des
corps allemands fût réalisée dans les limites de temps
fixées par lui.

« Les Allemands ne feront pas la mobilisation théo-
rique que vous escomptez, m'a répondu le général
Obroutcheff; ils procéderont par ordres d'appels individuels lancés à l'avance et sans bruit, comme ils
l'avaient fait en 1875, et tous leurs effectifs seront
complétés avant même la publication de leur décret
de mobilisation.

« Leur régime politique, les facilités que leur donne
leur organisation militaire peuvent leur faire gagner
certainement plusieurs jours sur votre mobilisation.
Vous comptez qu'ils seront entièrement concentrés
le 12° jour dans le cas d'une mobilisation normale.
Admettez qu'ils gagnent deux ou trois jours avec la
manière de procéder que je vous indique et qu'ils

emploieront certainement. Vous voici déjà ramenés au 10ᵉ ou 9ᵉ jour. Déduisez le temps nécessaire au transport de tous les convois, et vous vous rapprochez de cette date du 7ᵉ jour pour la concentration de tous les corps combattants, date que nous indiquent nos renseignements de la sûreté desquels nous n'avons aucunement lieu de douter.

« En résumé, le général Obroutcheff compte que les Allemands, grâce au progrès qu'ils auraient faits et aux mesures exceptionnelles qu'ils peuvent prendre, mettront en moyenne 3 jours pour leur mobilisation et 3 jours pour la concentration des éléments combattants sur la frontière.

« A tort ou à raison, le général Obroutcheff est absolument convaincu de ce qu'il avance et nous engage à y prêter la plus sérieuse attention.

« Il voudrait voir notre concentration s'opérer moins près de la frontière et surtout se commencer plus tôt pour se poursuivre avec plus de rapidité.

« Augmentez donc votre matériel roulant, dit-il, et tâchez de vous rapprocher sur ce point des Allemands. Comment pouvez-vous hésiter sur ce point capital, vous qui êtes si riches !»

« Le procédé des Allemands d'amener les combattants dans les convois lui paraît tout à fait à imiter, puisqu'on a sur la frontière des magasins de concentration et qu'on peut tout préparer pour assurer l'alimentation des troupes au moyen de vivres amenés directement par les voies ferrées.

« Ainsi que je l'ai dit plus haut, je crois que l'État-Major russe, sous l'empire de ses appréhensions, s'est laissé entraîner à des calculs vraiment trop hâtifs.

Mais ces affirmations à cet égard ont été si fermes que j'aurais cru manquer à mon devoir en ne le signalant pas particulièrement à Votre Excellence.

N° 57.

M. de Montebello informait M. Ribot de l'adoption du projet de Convention militaire en ces termes. — Saint-Pétersbourg, le 10 août 1892 :

« Le général de Boisdeffre a vu aujourd'hui le général Obroutcheff, délégué par l'Empereur pour discuter le projet de convention.

Après une longue discussion, le texte suivant a été proposé :

« La France et la Russie, étant animées d'un égal désir de conserver la paix et n'ayant d'autre but que de parer aux nécessités d'une guerre défensive, provoquée par une attaque des forces de la Triple-Alliance contre l'une ou l'autre d'entre elles, sont convenues des dispositions suivantes :

Art. 1er. — Si la France est attaquée par l'Allemagne ou par l'Italie soutenue par l'Allemagne, la Russie emploiera toutes ses forces disponibles pour attaquer l'Allemagne.

« Si la Russie est attaquée par l'Allemagne ou par l'Autriche, soutenue par l'Allemagne, la France emploiera toutes ses forces disponibles pour combattre l'Allemagne.

« Art. 2. — Dans le cas où les forces de la Triple-Alliance ou d'une des Puissances qui en font partie viendraient à se mobiliser, la France et la Russie, à la première annonce de l'événement et sans qu'il soit

besoin d'un concert préalable, mobiliseront immédiatement et simultanément la totalité de leurs forces
et les porteront le plus près possible de leurs frontières.

« ART. 3. — Les forces disponibles qui doivent être
employées contre l'Allemagne seront, du côté de la
France de 1.300.000 hommes, du côté de la Russie de
700.000 à 800.000 hommes. Ces forces s'engageront à
fond et en toute diligence, de manière que l'Allemagne
ait à lutter à la fois à l'Est et à l'Ouest.

« ART. 4. — Les États-Majors des armées des deux
pays se concerteront en tout temps pour préparer et
faciliter l'exécution des mesures prévues ci-dessus.
Ils se communiqueront, dès le temps de paix, tous
les renseignements, relatifs aux armements de la
Triple-Alliance, qui sont ou parviendraient à leur
connaissance.

« Les voies et moyens de correspondre en temps de
guerre seront étudiés et prévus d'avance.

« ART. 5. — La France et la Russie ne concluront
pas la paix séparément avec la Triple-Alliance.

« ART. 6 — La présente convention aura la même
durée que la Triple-Alliance.

« ART. 7. — Toutes les clauses énumérées ci-dessus seront tenues rigoureusement secrètes ».

<h3 style="text-align:center">N° 58.</h3>

M. de Montebello informait M. Ribot, le 10 août, que
le général Obroutcheff considérait comme de la dernière
importance de cacher la Convention à la Triple-Alliance,
pour lui laisser croire qu'il n'y avait pas encore entre la
France et la Russie un accord définitif et l'empêcher de
oubler d'activité.

N° 59.

M. Ribot répondait à M. de Montebello ; — Paris, le 11 août 1892 :

« J'ai reçu vos deux télégrammes.

« En ce qui me concerne, je ne vois pas d'autre changement à demander que la suppression des mots « avec la Triple-Alliance » dans le paragraphe 5.

« Je n'ai pas d'objection à ce que le général signe le projet, sous cette réserve que les Ministres signeront l'instrument définitif.

« Toutefois, avant d'autoriser au nom du Gouvernement le général de Boisdeffre, je crois préférable d'attendre la réponse de M. de Freycinet qui m'arrivera demain ».

Il ne fallait pas cependant abandonner notre terrain avant de connaître l'effet de la note rédigée par notre envoyé.

M. Ribot mandait à M. de Freycinet, au sujet de la Convention militaire. — Paris, le 12 août 1892 :

« Quand je vous ai écrit avant-hier, je n'avais pas reçu les deux télégrammes dont je vous envoie copie. Vous verrez, en les lisant que le général de Boisdeffre croit avoir peu de chances de faire revenir l'Empereur sur l'avis qu'il a déjà exprimé et qui est conforme à celui du Ministre de la Guerre.

« Un pas important a été fait, puisque le général Obroutcheff, délégué spécialement par l'Empereur, s'est mis d'accord *ad referendum* sur un texte complet avec notre envoyé.

« Le texte nous donne satisfaction sur tous les points,

sauf sur l'article 2. La divergence de vues se réduit à ceci : nous voudrions demeurer libres dans le cas où l'Allemagne resterait tranquille. Le Ministère de la Guerre russe admet que la France ne doit prendre part à la lutte que si l'Allemagne, ou l'Autriche soutenue par l'Allemagne, attaque la Russie. Mais il demande que la France mobilise, si la Triple-Alliance, ou *une des Puissances* qui la constituent, vient à mobiliser.

« Il ne me semble pas que cette divergence soit assez grave pour rendre l'accord impossible. Je persiste à penser que, la Russie et l'Autriche venant à se déclarer la guerre ou seulement à mobiliser leurs forces, ni la France ni l'Allemagne ne seraient libres de se tenir en dehors du conflit et j'ajoute que nous n'y aurions pas, quant à nous, intérêt.

<h3 style="text-align:center">N° 63.</h3>

M. de Montebello écrivait à M. Ribot. — Saint-Pétersbourg, le 13 août :

« Il est convenu avec le général Obroutcheff que, selon votre désir, les mots « avec la *Triple-Alliance* », qui terminent le paragraphe 5, seront supprimés, dans le projet qui va être soumis à l'Empereur.

« Les signatures du général de Boisdeffre et du général Obroutcheff, n'ayant d'autre but que d'inspirer plus de confiance à l'Empereur, n'engagent en rien la procédure à venir. Le général de Boisdeffre a du reste déjà insisté à plusieurs reprises pour la signature des Ministres sur l'instrument définitif. Mais rien ne peut être fixé à ce sujet, tant que l'Empereur n'aura pas donné son approbation au projet et indiqué ses vues sur la procédure à suivre.

N° 67.

M. Ribot et M. de Freycinet se décidaient, le 13 août, à accepter le projet, comme l'indiquait le général de Boisdeffre. Mais M. de Montebello apprenait à M. Ribot, le 16 août, que le Tsar avait encore des objections à faire..

« Une occasion favorable s'étant présentée avant que votre télégramme me fût parvenu, le Ministre de la Guerre a soumis hier matin à l'Empereur le projet sans qu'il fût signé.

« L'Empereur tout en l'approuvant dans son ensemble, a jugé que certains articles avaient un caractère trop politique pour que le Ministre des Affaires étrangères ne fût pas consulté.

« A cet effet, il a envoyé le général Obroutcheff en Finlande pour s'entretenir avec M. de Giers.

« Si l'accord se fait entre eux, le général de Boisdeffre pourra prochainement avoir un entretien décisif avec l'Empereur.

« Sa Majesté désirait que le séjour de notre général ne se prolongeât pas après la levée du camp, afin d'éviter tout commentaire.

« L'Empereur tient au secret de la façon la plus absolue. Il ferait de la divulgation des clauses de la convention un cas de nullité. Le général Obroutcheff ne devant revenir de Finlande que dans la soirée au plus tôt, je ne pourrai vous donner de nouvelles que mercredi ou jeudi.

N° 69.

M. de Montebello ajoutait le 17 août : « Le général Obroutcheff a vu M. de Giers qui trouve le projet bon et l'approuve d'une manière générale. Toutefois, en raison de son état de faiblesse, il a demandé à l'examiner à tête reposée.

« Et le 19 août, le général de Boisdeffre a été reçu par l'Empereur. L'entrevue a été pleine de cordialité. L'Empereur lui a déclaré immédiatement « avoir lu, relu, étudié le projet de convention et l'approuver pleinement dans son ensemble ». En raison des articles politiques qu'il contient. Sa Majesté désire encore qu'il soit examiné par M. de Giers.

« Sa plus grande préoccupation est d'en voir garder le secret. En attendant l'échange de ratifications officielles qui se fera soit par la signature des Ministres sur l'acte même, soit par la confirmation de cet acte moyennant lettres autographes échangées entre les Ministres, le général de Boisdeffre a, sur la demande du général Obroutcheff, signé avec lui deux exemplaires du projet qui a été soumis à l'Empereur. Le Ministre de la Guerre a transmis par lettre autographe au général de Boisdeffre un de ces exemplaires en lui faisant connaître que « l'Empereur avait donné son approbation à l'ensemble dudit projet ». Nous avons ainsi une base officielle pour la convention définitive.

« En résumé, je suis très satisfait : nous sommes arrivés à un résultat inespéré avec une rapidité surprenante. Je n'osais pas l'espérer. Je dois en cette circonstance rendre entière justice au général de

Boisdeffre dont l'action, pleine de tact et de fermeté, a contribué à l'heureuse issue d'une négociation dont nous avons ensemble et avec le plus confiant accord poursuivi le succès. Nous pouvons avoir toute confiance dans la loyauté de l'Empereur, et je vais m'occuper maintenant de donner la dernière forme à notre œuvre.

N° 71.

Le général de Boisdeffre envoyait le 18 août, ce nouveau rapport au Ministre de la Guerre à Paris. — « 12 août. — Arrivé au camp le jeudi, j'ai assisté le lendemain 12 août, à la grande parade ; et l'Empereur, comme témoignage de considération toute particulière pour la France, m'a placé à sa gauche pendant le défilé. Au déjeuner qui a suivi, j'ai été également placé à côté de l'Impératrice.

« La conversation n'a roulé que sur des sujets de circonstance et relatifs aux troupes passées en revue,

« En rentrant chez moi, j'ai trouvé une lettre de l'Ambassadeur me faisant connaître que M. le Ministre des Affaires étrangères ne réclamait qu'un seul changement au projet de convention modifié. Il désirait la suppression des mots « avec la Triple-Alliance » dans l'article 5. Il voulait également attendre l'approbation de M. le Ministre de la Guerre, avant de pousser plus loin les choses. Au reçu de cette lettre, je me suis rendu immédiatement chez le général Obroutcheff. Je lui ai fait part du désir de M. le Ministre des Affaires étrangères, et, pour lever ses hésitations, je lui ai fait observer que, si l'on demandait la suppression des mots « avec la Triple-Alliance », c'était évidemment dans l'intention de se réserver la possibilité, le cas échéant et après s'être mis d'accord, de traiter avec l'un des alliés belligérants, pour reporter toutes ses forces contre les autres.

«Devant ces observations, le général Obroutcheff a consenti à la suppression demandée.

15 août. — «Dès le lendemain lundi, j'avais une conversation avec le général Wannowsky dont j'ai rendu compte immédiatement à M. le comte de Montebello en lui demandant de vouloir bien en télégraphier le résumé au Gouvernement.

« Le général Wannowsky s'est montré on ne peut plus affable et cordial.

« Il m'a dit avoir lu le projet à l'Empereur, qui s'en était montré satisfait, mais trouve que plusieurs articles ont un caractère politique sur lesquels il veut absolument consulter M. de Giers.

« Sa Majesté désirait ajouter un nouvel article : que, si nous provoquions la guerre, le traité serait nul. Le général lui a fait observer *qu'il était conclu pour une guerre défensive*, et Sa Majesté a renoncé à son idée.

« L'Empereur avait craint aussi beaucoup la divulgation qui, à ses yeux, entraînerait partout de nouveaux armements.

« *Le secret est pour lui une condition* sine qua non. Il en ferait un cas de nullité.

« En ce moment, la situation est toute d'attente jusqu'au retour du général Obroutcheff.

Le 17 août Obroutcheff priait M. de Boisdeffre de lui donner deux expéditions du projet de Convention militaire dont voici le texte :

PROJET DE CONVENTION MILITAIRE

« La France et la Russie, animées d'un égal désir de conserver la paix, et n'ayant d'autre but que de parer aux nécessités d'une guerre défensive, provoquée par une attaque des forces de la Triple-Alliance contre l'une ou l'autre d'entre elles, sont convenues des dispositions suivantes :

« 1° Si la France est attaquée par l'Allemagne, ou par l'Italie soutenue par l'Allemagne, la Russie emploiera toutes ses forces disponibles pour attaquer l'Allemagne.

« Si la Russie est attaquée par l'Allemagne, ou par l'Autriche soutenue par l'Allemagne, la France emploiera toutes ses forces disponibles pour combattre l'Allemagne.

« 2° Dans le cas où les forces de la Triple-Alliance, ou d'une des Puissances qui en font partie, viendraient à se mobiliser, la France et la Russie, à la première annonce de l'événement, et sans qu'il soit besoin d'un concert préalable, mobiliseront immédiatement et simultanément la totalité de leurs forces, et les porteront le plus près possible de leurs frontières.

« 3° Les forces disponibles qui doivent être employées contre l'Allemagne seront, du côté de la France, de 1.300.000 hommes, du côté de la Russie, de 700.000 à 800.000 hommes.

« Ces forces s'engageront à fond, en toute diligence, de manière que l'Allemagne ait à lutter, à la fois, à l'Est et à l'Ouest.

« 4° Les États-Majors des Armées des deux pays se

concerteront en tout temps pour préparer et faciliter l'exécution des mesures prévues ci-dessus.

« Ils se communiqueront, dès le temps de paix, tous les renseignements relatifs aux armées de la Triple Alliance qui sont ou parviendront à leur connaissance.

« Les voies et moyens de correspondre en temps de guerre seront étudiés et prévus d'avance.

« 5° La France et la Russie ne concluront pas la paix séparément.

« 6° La présente Convention aura la même durée que la Triple-Alliance.

« 7° Toutes les clauses énumérées ci-dessus seront tenues rigoureusement secrètes.

Signature du Ministre.

L'Aide de Camp général,   *Le Général de Division,*
Chef de l'État-Major général,   *Conseiller d'État,*
Signé : OBROUTCHEFF.   *Sous-Chef d'État-Major*
                               de l'Armée.

                       Signé : BOISDEFFRE [1].

18 août. — « A 11 heures, j'ai été reçu par l'Empereur, Sa Majesté m'a déclaré immédiatement qu'elle avait lu, relu et étudié le projet de convention, qu'elle lui donnait pleinement son approbation dans son ensemble qu'elle remerciait le Gouvernement français d'avoir accepté les quelques changements de rédaction qu'elle avait fait demander.

1. Ce document est conservé dans une enveloppe portant cette annotation autographe : « La convention militaire est acceptée par la lettre de M. de Giers à M. de Montebello donnant force de traité à cette Convention. — (Signé : Félix FAURE), 15 octobre. » — (V. la pièce n° 91.)

«Sa Majesté a ajouté que la convention contenait, à son avis, quelques articles politiques qu'elle désirait voir examiner par le Ministre des Affaires étrangères ; qu'il y aurait, peut-être, par suite, quelques changements de mots à apporter, mais insignifiants. Enfin, Sa Majesté a répété que ce projet lui donnait entière satisfaction et que tout lui paraissait réglé au mieux de l'intérêt des deux pays.

« Je n'ai pas cru nécessaire de reprendre la défense du premier texte ; puisque le nouveau texte avait reçu l'approbation du Gouvernement. J'ai seulement dit à l'Empereur que le Gouvernement français avait voulu une fois de plus, par cette concession, lui témoigner toute sa confiance.

« L'Empereur n'a pas manqué de me parler de sa grande préoccupation de nous voir garder le secret le plus absolu. « Je voudrais bien, m'a-t-il dit, que la convention fût examinée seulement par M. le Président de la République et M. Ribot en qui j'ai toute confiance, s'entendant avec M. de Freycinet. Je crains, si on la discute en Conseil des Ministres, que, fatalement, elle ne devienne bien vite publique, et alors pour moi le traité est annulé. »

« J'ai répondu à Sa Majesté que je m'empresserais de faire part, bien entend, de son désir instant et que le Gouvernement ferait, j'en suis sûr, tout son possible pour s'y conformer. Mais j'ai fait observer que notre régime parlementaire ne permettait pas de se soustraire à certaines règles, et que, si le Conseil des Ministres était consulté, comme je le croyais nécessaire, il fallait voir surtout dans ce fait une preuve de la loyauté et de la sûreté de nos engagements, puisque nous tenons à les entourer de toutes les garanties. »

« J'ai ajouté que quant à exiger l'annulation de la convention, si son existence venait à être connue, c'était inadmissible. Lorsque tout un pays désire ce traité, il est naturellement disposé à considérer au moindre indice son désir comme réalisé; et quand ce pays a la liberté de la presse qui reflète forcément l'opinion générale, il est bien difficile que, même ne reposant sur rien, des affirmations ne se fassent pas jour.

« Sa Majesté sait bien comme moi, ai-je ajouté, que des articles de ce genre sont inspirés journellement par des agents des Gouvernements hostiles, désireux de nous susciter des difficultés et de jeter le trouble et la désunion dans nos rapports; exemple : les derniers articles parus au sujet de ma mission et que M. Ribot, après enquête, avait découvert être inspirés par M. de Blowitz. »

« A l'appui de ma thèse, j'ai pu encore dire que la Triple-Alliance avait pu garder ses clauses secrètes pendant près de dix ans, mais que l'existence du traité avait été connue de suite dans l'Europe entière.

« J'ai enfin exposé à Sa Majesté que le pays, si franchement partisan de l'alliance russe, ne comprendrait pas que le Ministère (dont une des forces était précisément qu'on le sût attaché à cette alliance et inspirant toute confiance à l'Empire) se déclarât impuissant à la réaliser. Puisque Sa Majesté a confiance dans nos Ministres et désire ardemment leur maintien au pouvoir, comme étant pour elle sa meilleure garantie, un des plus sûrs moyens de les y garder, c'est tout au moins de ne pas nier l'existence de l'entente franco-russe.

« L'Empereur n'a pas hésité à convenir de la justesse de ces observations. « Évidemment, m'a-t-il dit tout le monde saura qu'il y a entente entre nous. Mais je demande au moins, que le Gouvernement, lui, garde le secret de cette convention militaire. »

« L'Empereur en est venu à me parler de son désir de paix.

« Je lui ai fait remarquer de suite que nous étions pacifiques au moins autant que Sa Majesté.

« Je le sais, m'a-t-il répondu, vous l'avez prouvé depuis vingt-deux ans. Je crois du reste qu'en ce moment la paix n'est pas menacée. L'Empereur d'Allemagne a assez de ses embarras intérieurs. L'Angleterre va, je pense, avoir également les siens. »

« Du reste, avec notre convention, j'estime que notre situation sera bonne. Mais je désirerais bien avoir encore au moins deux ans de paix. Car il nous faut achever notre armement, nos chemins de fer, et nous refaire de la disette et du choléra. Enfin, il faut espérer que la paix pourra se maintenir encore longtemps, et souhaitons-le. »

« L'Empereur m'a parlé ensuite de la mobilisation au sujet de l'article 2.

« Je lui ai fait remarquer que la mobilisation c'était la déclaration de guerre ; que mobiliser c'était obliger son voisin à en faire autant ; que la mobilisation entraînait l'exécution des transports stratégiques et de la concentration.

« Sans cela, laisser mobiliser un million d'hommes sur sa frontière, sans en faire simultanément autant, c'était s'interdire toute possibilité de bouger ensuite, et se placer dans la situation d'un individu qui, ayant un pistolet dans sa poche, laisserait son voisin lui en mettre un armé sur le front sans tirer le sien.

« C'est bien comme cela que je le comprends », m'a répondu l'Empereur.

« L'entretien s'est encore prolongé quelque peu. Je passe sous silence les paroles de bienveillance pouvant me concerner personnellement et mes remerciements pour les distinctions accordées à la Mission. Mais je tiens à faire connaître que l'Empereur m'a dit combien il se félicitait de la manière d'agir du Gouvernement de la République vis-à-vis de la Russie, et combien il était touché de voir en toutes circonstances se manifester notre volonté de lui être agréable.

« En résumé, je crois qu'on peut considérer le projet de convention comme adopté d'une manière ferme et définitive et qu'il sera transformé à brève échéance en convention militaire, signée par les Ministres.

« Jusque-là, bien qu'il ne nous lie pas d'une façon officielle, je suis convaincu que l'Empereur, dans sa pensée, se considère d'ores et déjà comme engagé; et le Gouvernement peut avoir confiance absolue dans un souverain dont l'honnêteté est proverbiale.

« J'ajoute que mon sentiment est que, si l'Empereur désire le maintien de la paix, il ne redoute pas autrement la guerre, du moins avec l'alliance de la France... »

Le général de Boisdeffre considérait sa mission comme terminée et comptait quitter Saint-Pétersbourg le 20 août, après l'audience publique d'adieux donnée par le Tsar à la mission française.

N° 72.

M. Ribot adressait ses félicitations le 19 août à M. de Montebello, et au général de Boisdeffre pour avoir mené à bien cette négociation compliquée, et le 27 août disait que le projet avait reçu l'approbation du Président de la République qui attachait un grand prix à ce que tout fût terminé dans le plus bref délai.

N° 73.

Cependant, M. Ribot ajoutait dans une lettre à M. de Montebello, le 27 août 1892 :

« Je vous ai télégraphié, ce matin, que M. le Président de la République avait approuvé l'ensemble du projet de convention, sous réserve de quelques changements de rédaction.

« M. Carnot a vu, dès le soir de son arrivée à Paris, le général de Boisdeffre. Il a reçu de lui les explications les plus complètes et a pris connaissance des rapports où le général a retracé toutes les phases et les résultats de sa mission. Il a eu ensuite de longues conversations avec M. de Freycinet et avec moi. Nous avons mûrement pesé tous les termes de la Convention.

« Trois points — dont l'un tout à fait secondaire — ont appelé particulièrement notre attention.

« a) Le paragraphe 2 du projet est ainsi conçu :

« Dans le cas où les forces de la Triple-Alliance ou d'une des Puissances qui en font partie viendraient à se mobiliser, la France et la Russie, à la première annonce de l'événement, etc. »

« Il ne paraît pas douteux que, dans la pensée des négociateurs, ce texte ne vise que le cas d'une mobilisation générale pouvant constituer, de la part de la Triple-Alliance ou d'un des États qui la composent, une menace d'agression contre la Russie ou contre la France. Si l'Autriche, à l'occasion de quelque incident dans les Balkans, prenait certaines mesures de précaution en mobilisant deux ou trois corps d'armée, il serait évidemment excessif et contraire à nos intérêts communs de nous obliger à porter immédiatement la totalité de nos forces le plus près possible de la frontière. Ce n'est que dans le cas où, soit l'Allemagne, soit l'Autriche ou l'Italie, même isolément, procéderait à une mobilisation de l'ensemble de ses forces que la Russie et la France pourraient être justifiées de mettre immédiatement, et sans concert préalable, sur le pied de guerre toutes leurs forces disponibles. La gravité d'une pareille mesure est telle qu'on ne saurait prendre trop de précaution, pour écarter toute obscurité dans l'article qui s'y réfère.

« Le général de Boisdeffre est convaincu qu'il n'eût rencontré aucune objection s'il avait proposé le texte suivant dont nous serions quant à nous satisfaits :

« Dans le cas où la Triple-Alliance ou l'une des Puissances qui en font partie viendrait à opérer la mobilisation générale de ses forces, la France et la Russie, etc. »

« b) Le paragraphe 3 porte que « les forces disponibles qui doivent être employées contre l'Allemagne sont, du côté de la France, de 1.300.000 hommes, du côté de la Russie de 7 à 800.000 hommes... »

« M. de Freycinet demande qu'on mette :

« Les forces disponibles qui doivent être employées

contre l'Allemagne sont, du côté de la France, de 1.200.000 à 1.300.000 hommes... »

c) Le paragraphe 7 est ainsi libellé :

« Toutes les clauses énumérées ci-dessus seront tenues rigoureusement secrètes. »

« Il a paru à M. le Président de la République que cette rédaction serait de nature à soulever quelques objections, au point de vue constitutionnel.

« En principe, le Président de la République ne peut pas conclure de traités *secrets*, c'est-à-dire devant être soustraits au contrôle du Parlement, même après que la sécurité ou l'intérêt de l'État aurait cessé de justifier le refus de les communiquer.

« Ce que veut l'Empereur, c'est que le traité ne puisse être publié ou divulgué sans son consentement. Il nous semble qu'on donnerait satisfaction au désir de l'Empereur et aux scrupules légitimes du Président de la République en rédigeant ainsi le paragraphe 7 :

« Les clauses énumérées ci-dessus ne pourront être divulguées qu'avec le consentement des deux parties. »

N° 76.

Le général de Boisdeffre mandait à M. Ribot, de Paris, le 1er septembre :

J'ai l'honneur d'adresser ci-joint à Votre Excellence le compte rendu de la mission du capitaine Pauffin de Saint-Morel auprès du général Obroutcheff.

BOISDEFFRE.

Le capitaine Pauffin de Saint-Morel, qui avait été chargé d'une mission spéciale auprès du général Obroutcheff au sujet des modifications que demandait le gouver-

nement français dans le projet de la Convention, écrivait
à M. Ribot le 29 août 1892 :

« J'ai remis au général Obroutcheff, dès mon arrivée
à Dax, la lettre que vous m'aviez chargé de lui porter.

« Après l'avoir lue et relue, avec la plus grande
attention, le général s'est exprimé ainsi :

« Comment ces demandes se produisent-elles
aujourd'hui? N'est-on pas content à Paris?

« Pourquoi n'a-t-on pas demandé ces changements
à Pétersbourg? Le texte du projet a été, alors,
communiqué en entier au Gouvernement à Paris;
c'est à ce moment qu'il aurait dû faire ses propositions. Mais, aujourd'hui, remettre les choses en
question, cela présente bien des difficultés.

« Les modifications demandées me paraissent, en
elles-mêmes, à première vue, peu de chose. Nous
nous serions certainement entendus à leur sujet.
Mais, maintenant, je n'existe plus ; il n'y a plus de
délégué pour traiter.

« Ce qu'on demande à l'article 3, — mettre de
1.2000.000 à 1.300.000 hommes au lieu d'arrêter
ferme de 1.300.000, — c'est très juste. On n'impose
pas de chiffre à la Russie, c'est tout naturel de faire
la même chose pour la France. D'ailleurs, mon avis
est qu'on n'aurait jamais dû parler de chiffres. Je ne
fais donc aucune opposition.

« A l'article 2, on demande d'introduire le mot
« totale » pour la mobilisation des forces des puissances de la Triple-Alliance. Je ne vois pas nettement la nécessité de ce changement : la prochaine
guerre sera terrible, et ne sera pas engagée à la
légère; chacun utilisera toutes ses ressources dès le

début. Jamais l'Autriche ne se mobilisera partielle-
ment. Il n'y aurait donc que l'Italie qui pourrait faire
une mobilisation partielle — pour les affaires de
Tunisie? Alors le changement proposé ne me semble
pas à l'avantage de la France. — Soit.

« Quant à l'article 7, la modification demandée est
bien grave : avoir supprimé entièrement le mot
« secret » est extrêmement délicat. — Comment
l'avoir fait sans m'en parler? Je comprends l'intention du Gouvernement français; nous aurions pu
arranger les choses et tourner la difficulté. Maintenant que tout est communiqué à Pétersbourg, cela
devient plus difficile. M. de Giers, malheureusement,
n'y est pas, — ce qui complique encore les choses,
— et je crains bien qu'on ne lui envoie pas le projet
à Aix.

Tout cela mérite qu'on y réfléchisse longuement.
Le général de Boisdeffre me dit que vous êtes à ma
disposition; je vous donnerai demain soir ma réponse.

30 août 1892.

« Le général Obroutcheff, me prenant à part après
le déjeuner, me dit :

« J'ai passé la nuit à réfléchir à la question, j'ai
pesé chaque mot; et voici ma réponse :

« J'écris quelques lignes au général de Boisdeffre,
pour lui dire que, mon bras me faisant souffrir, je
vous utilise comme secrétaire.

« Et le général m'a dicté ce qui suit :

« 1° Étant en congé, je n'ai pas de mission de
pouvoir traiter avec le général de Boisdeffre. Aussi,

je suis forcé de transmettre tout ce qu'il m'a adressé au général Wannowsky.

« 2° Mon opinion privée, c'est que les changements qu'on veut porter sur les articles 2 et 3 sont tout à fait admissibles.

« Quant au nouvel article 7, il sort complètement de ma compétence.

« Vous pourrez ajouter quelques explications verbales au général de Boisdeffre :

« La démarche de M. de Montebello auprès du général Wannowsky est des plus dangereuses; il aurait été nécessaire que mon avis lui parvînt au préalable ; il est tout à fait regrettable qu'on l'ait déjà avisé directement. Si, par hasard, cela n'était pas encore fait, dites bien que c'est très important d'arrêter cette communication.

« Il manque dans tout cela l'homme qui aurait dû prendre en main la direction de toute cette affaire : M. de Giers n'étant pas là, tout devient plus difficile et plus dangereux.

« Pour l'article 7, celui du secret, il faut bien savoir que c'est celui auquel l'Empereur tient le plus ; c'est celui qui a déterminé son approbation.

« Il faut se mettre un peu à la place de l'Empereur : ce qu'il voudrait, — lui — ce serait trouver un homme avec qui il pût traiter, seul à seul, et sans que cela se sût. Or, chez vous, il y a le Conseil des Ministres; cela fait déjà beaucoup de monde au courant; demain, ces Ministres peuvent redevenir simples députés ou sénateurs, emportant le secret dans la vie privée; et d'autres les remplacent. Voilà l'écueil aux yeux de l'Empereur ; son appréhension est donc déjà très forte. C'est le mot « secret » qui, finalement, le décide; et voilà qu'aujourd'hui on supprime complètement ce mot ; il ne figure plus du tout; et, à vrai dire, ce n'est pas une modification de l'article 7 qu'on propose, c'est un article entièrement nouveau. Dans ces conditions, je puis craindre pour l'assentiment de l'Empereur.

« Le Général serait plutôt d'avis de chercher une rédaction, *dans le sens suivant,* qui, peut-être, concilierait tout :

« Les clauses ci-dessus ne pourront être divulguées sans le consentement des deux Parties.

« Le secret sera tenu rigoureusement sur toutes dispositions militaires arrêtées par la présente Convention. »

N° 77.

M. Ribot écrivait à M. de Montebello, le 1er septembre 1892 :

« Il est bien entendu que nous ne faisons pas d'objection à ce que les clauses militaires de la convention soient qualifiées de clauses *secrètes.* Si la convention était purement militaire, il n'y aurait aucune difficulté, car il est de l'essence de ces sortes d'arrangements de n'être jamais communiqués aux Chambres. C'est pour la partie politique de la convention que M. le Président de la République éprouverait des scrupules à s'engager en secret, dans des termes qui sembleraient exclure le contrôle des Chambres en tout état de cause et à toute époque. Au fond, il ne faut pas exagérer la portée du changement de rédaction. C'est une question de formule.

Le général Obroutcheff s'en est rendu compte, puisqu'il reconnaît que le résultat sera le même dans les deux cas.

N° 79.

M. Ribot, qui venait d'avoir une entrevue avec M. de Giers à Aix-les-Bains, en informait ainsi M. de Montebello le 7 septembre :

« Je m'attendais à trouver le Ministre russe dans l'état que vous m'avez décrit, à peu près incapable de soutenir une conversation sérieuse. M. de Mohrenheim m'avait également prévenu que M. de Giers nous recevrait dans son lit. Quand nous sommes arrivés, M. de Freycinet et moi, à la villa Nicoulaud, M. de Giers nous attendait, étendu sur une chaise longue dans son salon. Il a paru très satisfait de nous voir. L'Ambassadeur était présent. Au début, l'entretien n'a porté que sur la santé de M. de Giers, sur ses projets, etc., mais je me suis rapproché du Ministre, pendant que M. de Freycinet s'occupait de faire parler M. de Mohrenheim. J'ai pu ainsi échanger avec M. de Giers quelques propos intéresssants.

« L'Empereur, m'a dit M. de Giers, a bien voulu me consulter sur l'affaire que vous connaissez. J'étais très malade, quand le général Obroutcheff est venu en Finlande. Il m'était impossible d'examiner les articles du projet. On ne m'en a pas d'ailleurs laissé le texte. J'en ai seulement entendu la lecture que m'a faite le Général. Tout de suite, j'ai donné mon approbation. Je reste convaincu que nous avons fait l'année dernière une grande chose. Il s'agit maintenant de régler des détails, d'exécuter l'article 2 de notre arrangement. Je n'ai aucune objection, bien au contraire: Seulement, je voudrais avoir sous les yeux le texte du projet, l'examiner à loisir. En une demi-heure, tout peut maintenant être fini. »

« J'ai répondu que nous n'étions pas moins convaincus que M. de Giers de l'importance de ce qui a été fait l'année dernière, et qu'après l'approbation donnée par l'Empereur au projet signé par les deux Chefs d'État-Major, nous considérions l'œuvre comme étant accomplie. Ce qui reste à régler n'est plus qu'une question de forme. J'ai indiqué en quelques mots les changements de rédaction qui nous paraissent désirables et j'ai insisté sur l'inconvénient qu'il y aurait à laisser en suspens durant plusieurs mois la signature définitive. Sans aucun doute, les deux Gouvernements ont donné leur parole; mais sait-on quels incidents peuvent se produire dans le Parlement et quels nouveaux retards peuvent en résulter ?

« C'est ce que nous craignons toujours, a répliqué M. de Giers ; nous avons toujours peur qu'en France il n'y ait des changements dans le Ministère. Cela nous a longtemps arrêtés. Heureusement, la politique est devenue plus calme et plus stable. Nous apprécierons beaucoup la manière dont les affaires sont dirigées. Il ne me semble pas que vous soyez à la veille d'une nouvelle crise. La République est maintenant inébranlable. Il n'y a pour ainsi dire plus de monarchistes. M. de Breteuil, que j'ai connu à Pétersbourg, et que je tiens pour un homme d'esprit, vient de montrer qu'il a l'esprit de comprendre que tout est fini pour son parti.

« Tout est bien fini en effet, ai-je repris, pour la monarchie. Nous sommes sortis des grandes crises qui accompagnent toujours les grands changements. La France est maintenant assurée de la tranquillité et de la stabilité. Les Ministres peuvent passer, le fond de la politique restera le même.

« Je l'espère, m'a dit M. de Giers ; je ne vois pas de grosses difficultés pour vous. *Le Pape a rendu à la République un grand service en invitant les catholiques à ne plus la combattre. Léon XIII est un homme de beaucoup d'esprit. Il voit les choses de haut ; j'ai pour lui beaucoup d'admiration.*

« L'Europe, a poursuivi mon interlocuteur, est également paisible. Je ne vois pas qu'il y ait d'inquiétude nulle part. L'Allemagne sait à quoi s'en tenir sur les liens qui existent entre la Russie et la France. J'ai été sincère avec Caprivi, je lui ai dit que nous avions rétabli l'équilibre en Europe en nous unissant. Il a eu la loyauté de le reconnaître dans le discours qu'il a prononcé au mois de septembre de l'année dernière. L'Allemagne sait bien qu'elle n'arrivera pas à nous séparer. Elle n'en est que plus pacifique. Nous aussi, nous voulons la paix. On dit quelquefois à l'Empereur que la France ne songe qu'à l'entraîner dans une guerre de revanche. Cela n'est pas vrai, pas plus que le projet qu'on nous prête parfois en France de vouloir chercher des aventures dans les Balkans. Ce qui se passe en Bulgarie est abominable ; mais nous ne ferons pas la guerre, à moins qu'on ne nous attaque. L'Empereur est arrivé à se convaincre que la Russie n'a aucun intérêt à suivre en Orient une politique entreprenante. Il n'a pas toujours été aussi sage. Quand il n'était que Grand-Duc, c'est lui qui était à la tête du mouvement, qui envoyait des agents russes en Roumanie, en Bulgarie, etc. Il a reconnu que nous avions commis des fautes, que nous avions été trop ardents et aussi trop exigeants vis-à-vis des petits peuples que nous avions aidés à s'émanciper. La main de la Russie a été parfois lourde et maladroite. Soyez sûr que nous ne cherchons pas des complications, que nous sommes sincèrement pacifiques. »

« Revenant à l'arrangement de l'année dernière, M. de Giers m'a dit qu'il ne regrettait rien de ce qu'il avait fait, qu'il croyait avoir rendu un grand service à son pays. Je lui ai dit que, pressé par l'heure du départ du Président, je ne pouvais entreprendre avec lui l'examen des détails du projet de convention, mais que M. de Freycinet pourrait le faire après mon départ; ce à quoi M. de Giers s'est montré disposé.

« Je lui ai demandé dans quelle mesure M. de Mohrenheim avait été mis dans la confidence. Il m'a répondu qu'il *avait dit à l'Ambassadeur d'une manière générale qu'on s'était mis d'accord à Pétersbourg sur un projet de convention dont lui-même ne connaissait pas tous les détails.*

« L'Empereur est le maître, m'a dit en terminant M. de Giers. Vous pouvez compter absolument sur lui. Rien ne changera sa résolution. »

N° 80.

M. Ribot mandait à M. de Giers, le 31 octobre 1892 :

« Voulez-vous me permettre de vous dire combien nous avons été heureux d'apprendre que le climat de la Méditerranée vous avait été favorable et que vous aviez déjà repris — autant que cela vous est possible à distance — la direction des Affaires étrangères?

« Nous n'avons pas en ce moment de sujet particulier de préoccupation. Tout est tranquille en Europe.

« Nous ne saurions toutefois nous endormir dans une trop complète sécurité, quand nous voyons l'Allemagne se préparer à augmenter dans une proportion si considérable les cadres et les effectifs de son armée. On ne dissimule pas, dans l'exposé des motifs du projet de loi, que c'est contre la Russie et la France que cet immense effort est dirigé.

« Vous ne serez pas étonné que je me sois demandé si le moment ne serait pas venu de donner suite au projet qui a été élaboré à Pétersbourg, au mois d'août dernier, et que l'Empereur a bien voulu approuver dans son ensemble.

« Un trop long retard pourrait n'être pas sans de sérieux inconvénients. Chez nous, en vertu de la Constitution, le Président de la République ne peut rien faire que par ses Ministres, et ceux-ci sont toujours exposés à quitter le pouvoir au moment où on s'y attend le moins. Sans aucun doute, nos successeurs seraient tout disposés à reprendre de nos mains l'œuvre inachevée; mais serons-nous sûrs qu'ils en approuveraient tous les détails, qu'il ne faudrait pas recommencer des pourparlers toujours délicats? Et puis, quel danger, au point de vue du secret que vous jugez comme nous indispensable, dans la nécessité de soumettre le projet à un nouvel examen en Conseil des Ministres! »

N° 81.

ANNEXE A LA LETTRE DE M. DE MOHRENHEIM.

M. de Giers répondit à M. Ribot, de Monte-Carlo, le 5 novembre 1892 :

« Je vous remercie sincèrement de votre aimable lettre du 31 octobre, ainsi que de l'intérêt que vous voulez bien prendre à ma santé.

« Je vais en effet beaucoup mieux, mais pas au point où vous sembleriez le croire, car je ne puis encore me mouvoir librement et suis même obligé de recourir à une plume étrangère pour vous adresser ces lignes.

« C'est à tort que vous pensez que j'ai repris déjà la gestion des affaires étrangères.

« Il est vrai que, de temps à autre, on profite de l'envoi des courriers pour Paris pour me tenir au courant des questions du jour et de la situation politique générale; mais c'est à en prendre connaissance que mon rôle se borne pour le moment. Il ne saurait en être autrement tant que je me trouve à l'étranger et ne puis recevoir les ordres de l'Empereur.

« Pour ce qui concerne spécialement le projet qui a été élaboré au mois d'août dernier, Sa Majesté a daigné, comme vous le savez, faire prendre l'avis du Ministère, dont je suis le titulaire, sur ses clauses politiques. Il n'en résulterait pourtant pas que, dans les circonstances où je me trouve, je puisse dès à présent en faire l'objet de délibération avec M. de Montebello. D'ailleurs ce qui a déjà été fait jusqu'ici a une grande valeur; les événements ne sauraient nous prendre au dépourvu; et, *au moment donné, il ne sera rien de plus facile, comme vous le dites avec pleine justesse, que d'amener une entente définitive sur les détails, pourvu que l'accord si heureusement rétabli entre nos deux pays soit maintenu.*

GIERS.

APRÈS UN ARRÊT DES NÉGOCIATIONS
RELATIVES À LA CONCLUSION
DE LA CONVENTION MILITAIRE

M. de Montebello écrivait à M. Develle, Ministre des Affaires étrangères de Saint-Pétersbourg, le 20 mai 1893.

« Quoique rien ne nous permette encore aujourd'hui de reprendre, pour leur donner une forme définitive, les négociations de l'automne dernier relatives à notre convention militaire avec la Russie, il serait nécessaire d'être prêts, pour le cas où, en raison des événements qui peuvent se produire en Allemagne ou de toute autre éventualité, la Russie laisserait entrevoir la possibilité de consacrer par un acte authentique le projet signé par les deux chefs d'État-Major. Pour le moment, nous n'avons qu'à attendre; mais les événements peuvent faire naître une occasion favorable, et ce jour-là, il est indispensable que, sans avoir besoin d'en référer de nouveau à Paris pour les détails, je me trouve en mesure, soit de faire connaître que nous approuvons sans restriction le projet de l'automne dernier, soit d'indiquer les modifications que le Gouvernement français désirerait voir apporter à ce projet, avant sa sanction définitive.

« L'Empereur avait donné son approbation entière au projet signé par le général de Boisdeffre et le général Obroutcheff; il avait déclaré que ce projet lui *donnait pleine satisfaction*, et ce n'est *qu'après* qu'il nous est venu à l'idée de demander certaines modifications. L'Empereur ayant déjà quitté Pétersbourg quand les instructions me sont parvenues, son chef d'État-Major se trouvant en France, M. de Giers étant également parti, dans un état de santé qui ne lui permettait de suivre aucune négociation, les pourparlers n'ont pu être engagés, et je considère comme un grand bonheur pour nous qu'il en ait été ainsi. Quoi qu'il en soit, nous sommes aujourd'hui parfaitement libres, aucune négociation n'ayant heureusement été entamée sur le sujet délicat des modifications demandées par nous.

« Il est inutile d'insister, étant donné le caractère de l'Empereur, sur l'intérêt qu'il y aurait à réduire au strict indispensable les modifications à proposer et sur les chances plus grandes et plus rapides de succès que donnerait une acceptation pure et simple du projet déjà approuvé par l'Empereur et par M. de Giers. Il y a donc lieu d'examiner si les modifications que nous avons eu l'intention de demander au mois de septembre dernier ne pourraient pas être réduites ou simplifiées, et de méditer, à ce propos, les paroles que le général Obroutcheff a dictées lui-même et qui se trouvent énoncées dans la lettre de M. Ribot du 1er septembre. Il y a également lieu de se reporter à l'entrevue d'Aix-les-Bains dont M. Ribot me rend compte par sa lettre du 7 septembre. Ces deux documents éclairent la situation du jour le plus vrai et font ressortir, de la façon la plus nette et la plus péremptoire, les intentions de l'Empereur et la manière de voir de ses conseillers.

« Vous trouverez dans le dossier un tableau indiquant les modifications que nous voulions introduire dans le projet de convention; *a priori*, le changement proposé à l'article 3 ne paraît pas avoir grande importance.

Il serait peut-être encore préférable de conserver, sans aucun changement, le projet qui est entre nos mains, signé par les deux Chefs d'État-Major et qui constitue, en fait, un acte d'une importance incontestable dont nous ne devons pas nous dessaisir, et de chercher, par un échange de lettres explicatives, à donner aux articles 2, 3 et 7 une interprétation conforme à nos vues. Ce procédé me semblerait offrir l'avantage d'arriver plus simplement à la ratification pure et simple d'un acte déjà approuvé par les Russes, et nous donnerait, d'autre part, satisfaction pour l'interprétation de certains articles.

« Il faudrait d'avance, arrêter, d'une façon bien précise nos décisions sur ces différents points, en ne perdant pas de vue cette idée que, moins le projet définitif sera modifié, plus nous aurons de facilités à le faire consacrer sous une forme définitive. La signature des deux Chefs d'État-Major a été donnée avec l'approbation des deux Gouvernements dont ils étaient les délégués. Elle n'engage pas absolument, il est vrai, les deux pays ; *mais le projet de convention militaire est la suite d'un arrangement consacré, quelques mois avant, par échange de lettres entre deux Ministres agissant au nom de leurs Gouvernements, et que l'on considère ici comme engageant la Russie dans les lignes générales qui y sont posées.* « M. de Giers me l'a dit, à maintes reprises, il l'a nettement répété à M. Ribot, et la convention militaire prévue dans cet arrangement n'en est que le corollaire indispensable pour sa mise à exécution pratique. Il ne manque donc que bien peu de chose pour que tout soit complet et parfait. Les circonstances ont empêché la conclusion définitive, l'automne dernier ; elles ont encore ajourné, depuis, le moment favorable pour conclure ; mais ce moment peut se représenter : un événement, aujourd'hui encore imprévu, pourrait faire naître l'occasion et nous devons être prêts.

N° 84.

M. de Montebello mandait ensuite à M. Develle, le 27 juin 1893.

« Je me propose, sans avoir à entamer des nouvelles négociations, de profiter de la première occasion favorable, pour demander purement et simplement la transformation en acte définitif du projet signé par les deux chefs d'État-Major et déjà approuvé par l'Empereur. Une fois la chose faite, nous causerons de l'interprétation à donner à certains articles, et cela pourra se faire par échange de lettres, si on le juge nécessaire.

La plus importante des modifications qui avaient été demandées touche à l'article 7 relatif au secret des stipulations. Elle a en effet pour but de couvrir la responsabilité du Président de la République. Si donc, nous renonçons à introduire cette modification dans l'acte principal, il est cependant utile de chercher à atteindre le but. Au moment où la convention devra être exécutée, c'est-à-dire à la veille d'une mobilisation, il sera nécessaire que le Gouvernement fasse une déclaration aux Chambres. Il est évident, d'autre part, que le texte même de la convention ne peut être rendu public. Les articles relatifs aux effectifs des armées et à leur répartition, en face des différents adversaires, doivent au contraire, alors, rester plus que jamais secrets. Il y aurait donc lieu de déterminer d'avance, et d'accord avec la Russie, la partie de la convention qui pourrait être, sans danger, l'objet de la communication en question. La teneur de cette communication pourrait dans l'ordre d'idées où nous nous sommes placés être avantageusement rédigée en dehors de la convention, de façon à ne contenir que ce qu'elle doit renfermer pour mettre à couvert le Président de la République, sans rien divulguer qui ne soit absolument indispensable ; elle pourrait en même temps insister sur le caractère pacifique du traité, dans le but de bien établir vis-à-vis de l'Europe le rôle « *d'attaquées* » qu'auraient la France et la Russie, point très essentiel au moment de l'exécution.

« Je suis persuadé que l'Empereur nous saura gré de cette précaution, qui ne peut que le rassurer ; il comprendra parfaitement que nous ne pouvons pas entrer en campagne sans faire connaître au pays les bases

de notre accord et sera sensible au procédé que nous
lui proposerons de fixer d'avance avec lui les points
qui peuvent être divulgués.

N° 85.

M. de Montebello ajoutait, le 29 juillet 1893 :

« Nous devons toujours avoir présente à l'esprit la
conclusion parfaite de notre projet de convention et
observer d'ici là, autant que possible, certains engagements pris de part et d'autre dans ce projet. Il en
est un d'après lequel nous devons nous faire part
réciproquement des renseignements que nous pouvons recueillir sur les forces des armées de la Triple-
Alliance. Or, aujourd'hui, par suite du vote de la nouvelle loi militaire allemande, les forces se trouvent
être singulièrement modifiées en Allemagne. L'impression a été plus grande ici, mais, d'après les conversations que le commandant Moulin a eues au
camp avec quelques officiers russes, il paraît qu'on
se fait encore des illusions sur la véritable portée de
la loi nouvelle. Il me semble que nous pourrions aujourd'hui profiter de la circonstance pour faire tenir
à l'Empereur une note émanant de notre État-Major
général, dans laquelle seraient exposées, d'après
notre manière de voir, toutes les conséquences de
l'accroissement de la puissance militaire allemande,
ainsi que les facilités que donne à l'Allemagne la
nouvelle loi, pour accélérer les dispositions d'entrée
en campagne.

Nous avons déjà pu apprécier les avantages d'une
action directe sur l'Empereur de Russie. C'est en effet

la note que nous lui avons fait remettre en mars 1892,
qui a servi de base aux rédactions de notre projet de
Convention.

N° 87.

M. Develle répondait à M. de Montebello. — Paris, le
17 août 1893 :

« Suivant le désir que vous m'avez exprimé, j'ai
prié M. le Ministre de la Guerre de me mettre à même
de vous fournir une note exposant les conséquences
que paraît devoir entraîner la nouvelle organisation
militaire allemande ainsi que les conclusions que
notre État-Major se croit autorisé à formuler, en vue
de certaines éventualités.

« Vous trouverez ci-incluse avec la lettre qui l'accompagnait la note préparée par le général de Miribel
dont je n'ai pas à vous signaler le caractère strictement confidentiel; je ne puis que m'en remettre à
vous du soin d'utiliser ce document, dont M. le Président de la République a eu connaissance, dans les
conditions et à l'heure que vous jugerez les plus
opportunes.

Note du général de Miribel. — Paris, le 8 août 1893 :

« Vous avez bien voulu me communiquer une lettre
de notre Ambassadeur à Saint-Pétersbourg.

« M. le comte de Montebello pense qu'il y aurait
actuellement un intérêt capital à soumettre à Sa
Majesté l'Empereur de Russie, ou tout au moins au
Chancelier de l'Empire, une note faisant ressortir
l'augmentation considérable de forces que l'Alle-

magne va retirer de sa nouvelle loi militaire.

« Si cette note parvenait à frapper l'esprit de l'Empereur, peut-être donnerait-il des ordres pour que l'on terminât immédiatement toutes les formalités qui restent encore à accomplir pour rendre absolument indestructible l'alliance des deux pays.

NOTE

« En vertu des conventions militaires existant entre la France et la Russie, les États-Majors des deux Armées doivent se prévenir des modifications qui viendraient à se produire dans les forces de la Triple-Alliance, et des conséquences que ces modifications pourraient entraîner.

« La nouvelle loi militaire allemande a renforcé d'une manière considérable l'état militaire de cette Puissance.

« Quoique cette loi soit aussi bien connue en Russie qu'en France, il semble toutefois qu'il y ait intérêt à se mettre d'accord sur ses conséquences, et en particulier sur ses conséquences immédiates.

L'Armée allemande va se trouver augmentée dès le temps de paix de :

    1.800 officiers ;

    70.000 sous-officiers et soldats [1].

« Cette augmentation va permettre à l'Allemagne de créer :

    173 demi-quatrièmes bataillons ;

    63 batteries d'artillerie de campagne ;

1. Ce chiffre n'est qu'une moyenne et peut être plus ou moins fort, suivant les moments de l'année.

26 batteries d'artillerie à pied ;

14 compagnies de pionniers ;

9 compagnies de troupes de chemin de fer, etc.

« Mais elle lui permettra surtout de renforcer considérablement l'effectif des unités existantes, et en particulier celui de l'infanterie.

« Le nombre des hommes qui passeront chaque année sous les drapeaux étant plus considérable, les réserves augmenteront également, et l'Allemagne qui dispose actuellement de *2.800.000* hommes complètement instruits, disposera dans vingt-cinq ans de *4.300.000* hommes bien instruits, et que les formations nouvelles aideront à bien encadrer.

« Cette augmentation des forces allemandes est donc un danger redoutable pour l'avenir, mais le danger est bien redoutable encore pour le présent, si nous ne trouvons pas le moyen d'y parer. C'est là surtout ce qu'il importe de ne pas perdre de vue.

N° 88.

M. de Montebello mandait à M. Develle, le 7 septembre 1893 :

« Les incidents d'Aigues-Mortes et leur contre-coup en Italie, les grandes manœuvres allemandes, la présence du prince de Naples à ces manœuvres, m'ont fourni l'occasion d'avoir avec M. de Giers une conversation sur la situation en général et j'ai profité de la circonstance pour lui remettre la note dont vous m'avez envoyé le projet préparé par le général de Miribel. J'ai cru devoir faire à ce projet quelques modifications de forme, qui m'ont paru nécessaires pour rendre la note plus concise et plus frappante. J'ai mandé à M. de Giers de le faire parvenir à l'Empereur qui aurait certainement intérêt à connaître les appréciations de notre État-Major sur les conséquences de la nouvelle loi militaire allemande. J'ai ajouté que cette communication était en exécution d'un des articles du projet de Convention militaire approuvé l'an dernier par l'Empereur et que, dans les circonstances actuelles, il me semblait qu'il y avait plus d'intérêt que jamais à bien nous entendre. M. de Giers m'a promis d'envoyer cette note à l'Empereur; il a ajouté, toutefois, qu'il désirait la montrer au Ministre de la Guerre pour ne pas faire de secret avec lui. Au moment où je l'ai quitté, il m'a encore assuré qu'il ne manquerait pas de l'envoyer à l'Empereur à Copenhague. Nous avançons ainsi doucement peut-être, mais sûrement au but. Le principal, depuis près de deux ans, était de ne pas faire de faux pas, et je crois que nous n'en avons fait aucun. Nous avons cependant failli en faire un, l'année dernière, en cherchant à rouvrir les pourparlers pour des modifications à apporter au projet de Convention déjà approuvé par l'Empereur. L'absence du tsar et la dispersion des Ministres compétents ont heureusement rendu ces démarches impossibles, et je suis convaincu que, débarrassés comme nous le sommes de la préoccupation de ces modifications à apporter au projet de Convention, et des négociations qu'elles auraient entraînées, après la visite de l'escadre russe à Toulon, et grâce au bon effet produit ici par le sens général de nos élections, nous arriverons tout naturellement, l'hiver prochain, à la régularisation d'un projet que nous pouvons déjà considérer comme adopté par l'Empereur, et auquel il ne manque, pour être définitif, qu'une simple question de forme. L'Empereur a toujours agi, depuis un an, en vue de l'exécution de cette Convention. Le travail de concentration de ses forces militaires vers les frontières d'Allemagne et d'Autriche s'est poursuivi avec une régularité qui ne s'est pas un instant démentie; les armements continuent; il est question, pour compenser l'augmentation des forces allemandes, d'augmenter aussi l'effectif russe. L'État-Major est de cet avis, et travaille dans ce sens; le Ministre des Finances aura besoin d'être poussé pour fournir l'argent nécessaire, mais on l'aura. Dès aujourd'hui, la Russie a fait de la Pologne un vaste camp retranché dans lequel se trouvent, casernés ou cantonnés, plus de 650.000 hommes tout près de la frontière, et des troupes d'approche, presque aussi considérables, sont prêtes à former en peu de temps une armée redoutable en force et qualités. C'est ce qui explique le calme de l'Empereur qui est parti pour Copenhague sans appréhension. Je sais d'autre part, par le général Obroutcheff, qu'à divers reprises. l'Empereur a inscrit de sa main, en marge des rapports de son Ministre de la Guerre sur les mouvement des troupes russes, des notes dans lesquelles il mettait dans les calculs de l'État-Major russe l'évaluation des forces françaises.

« La pièce que j'ai remise hier à M. de Giers rencontre précisément le courant d'idées du tsar et elle ne peut qu'avoir une bonne impression sur lui. Je suis donc heureux d'avoir pu la remettre avant mon départ. Si elle ne produit pas immédiatement l'effet définitif que nous désirons, elle entretiendra au moins l'échange de vues entre nous et rendra plus naturelle encore la solution, quand le moment sera venu.

« Je crois, mon cher Ministre, avoir fait tout ce que je pouvais faire; le moment m'a paru bon et je l'ai saisi. Nous verrons à continuer plus tard; il ne faut pas montrer trop d'impatience. Nous n'avons vraiment pas à nous plaindre de ce que nous avons fait depuis trois mois. L'annonce de la visite de l'Escadre russe arrivant on ne peut mieux à point, notre Convention commerciale, et surtout le sentiment qui a dicté tout cela, sont des faits bien rassurants.

Cette lettre était suivie de la copie de la note destinée à l'Empereur et confiée à M. de Giers, le 5 septembre 1893.

« Par un article de projet de convention militaire arrêté au mois d'août 1892 entre le général Obroutcheff et le général de Boisdeffre avec l'approbation de Sa Majesté l'Empereur de Russie, les États-Majors russe et français se sont engagés à se prévenir mutuellement des modifications dans les forces de la Triple-Alliance qui parviendraient à leur connaissance.

« Or, l'Allemagne vient d'adopter une loi militaire d'une portée considérable, mais dont les conséquences peuvent prêter à interprétation; et l'État-Major français se considère comme obligé à communiquer à l'État-Major russe sa manière de voir sur la situation nouvelle et les dangers à prévoir, surtout en ce qui concerne un avenir immédiat.

« Ainsi donc, l'Allemagne va non seulement pouvoir créer des unités nouvelles (énumérées dans le projet de loi) qui accroîtront sa force sur le pied de guerre et faciliteront le mécanisme de sa mobilisation déjà très rapide naguère ; mais encore elle pourra augmenter considérablement l'effectif des unités existantes, notamment dans l'infanterie où les compagnies seront portées à 160 et 170 hommes sur le pied de paix, ce qui rendra la mobilisation de cette arme pour ainsi dire instantanée.

« En effet, les hommes qui seront renvoyés dans leurs foyers après deux ans de service dans l'infanterie (en moyenne 80 par compagnie), resteront néanmoins encore un an à la disposition des commandants de régiments avant de passer dans la réserve. Par conséquent, à tout moment, sans que l'ordre de mobilisation ait été donné, et sur une simple convocation de leurs anciens chefs, ils pourront reprendre leurs places à côté de leurs camarades dans les rangs qu'ils viennent de quitter. Avec le recrutement régional de l'Allemagne et les faibles distances à franchir par ces hommes pour rejoindre leurs compagnies, il ne faudra guère plus de vingt-quatre heures pour mettre toute l'infanterie sur le pied de guerre et porter ainsi l'effectif de l'armée, même avant le premier jour de la mobilisation légalement décrétée, au chiffre de 800.000 hommes.

« C'est pour l'Allemagne, avec les moyens de transport d'une puissance exceptionnelle dont elle dispose, une augmentation de force offensive bien propre, au début d'une guerre, à donner plus de cœur à ses alliés.

« C'est là que gît le grand danger pour nous dé la nouvelle loi militaire allemande, dont le comte Caprivi a dit lui-même (séance du 7 juillet) que « le renforcement qu'elle apporterait à la puissance militaire de l'Allemagne aura un effet immédiat », et qu' « il pouvait affirmer qu'un mois après son adoption, l'armée allemande entrerait en campagne dans des conditions tout autres que sous le régime précédent ».

« Confiant dans la clairvoyance de l'État-Major russe pour prendre les mesures de précaution dictées par cette menace constante d'une agression inopinée, l'État-Major français ne négligera rien de son côté pour augmenter ses forces et pour améliorer leur mode d'action. Déjà, en prévision de la nouvelle loi allemande, la France a renforcé considérablement ses cadres. Tous ses efforts seront faits maintenant par le Gouvernement pour obtenir le renforcement des effectifs du pied de paix.

Aujourd'hui que la rapidité avec laquelle l'Allemagne peut entrer en campagne exclut plus que jamais toute possibilité de se concerter au dernier moment, l'accord qui s'est établi l'année dernière entre les États-Majors russe et français, devient un gage encore plus précieux pour le maintien de la paix et le salut des deux pays, qui en seront d'autant plus assurés que cet accord restera plus parfait et ne laissera place à aucune hésitation au moment du besoin.

N° 90.

M. de Montebello écrivait à M. Casimir-Périer, Président du Conseil, Ministre des Affaires étrangères, le 17 décembre 1893 :

« J'ai été reçu hier à Gatchina par Sa Majesté l'Empereur à qui j'ai remis, avec la lettre qui l'accompagnait, le grand cordon de la Légion d'Honneur, que le Président de la République a récemment conférée à S. A. I. le Grand-Duc Paul, frère de Sa Majesté.

« L'Empereur répondra directement à M. Carnot et m'a chargé, en attendant, de lui faire savoir combien il était touché de cette attention et surtout de la forme dans laquelle le Président de la République faisait parvenir à son frère cette distinction dont il appréciait toute la valeur.

« L'Empereur a tenu à donner à cette audience, qu'il m'avait de lui-même accordée sans aucune demande de ma part, un caractère absolument privé.

« Sa Majesté a voulu me dire, dès mon arrivée, combien elle avait été frappée et profondément touchée de l'accueil fait aux officiers de la marine russe lors de leur visite en France ; et c'est dans les termes les plus gracieux qu'elle m'a chargé de remercier le Président de la République et la France tout entière. Je suis heureux de pouvoir me faire l'interprète de ces sentiments et de l'accent de sympathie et de sincérité avec lesquels il m'ont été exprimés.

« Je savais d'avance, » m'a dit l'Empereur, « que nos marins recevraient en France un bon et chaleureux accueil ; mais je ne m'attendais pas, et tout le monde en a été frappé comme moi, à une expression de sentiments aussi enthousiaste et en même temps aussi discrète, aussi pleine de sagesse et de mesure, sans une seule note discordante, sans le moindre de ces incidents dont un Gouvernement, quel qu'il soit, ne saurait répondre dans des manifestations populaires de ce genre ; et, croyez-le bien, l'effet de ces démonstrations pacifiques et spontanées a été immense. Devant une semblable manifestation de deux grands pays se sentant attirés spontanément l'un vers l'autre, personne n'osera bouger. J'entends parler souvent de ces idées de revanche qui existeraient chez vous et dont on veut faire une menace. Mais je n'en vois nulle part la justification.

« *Vous ne seriez pas de bons patriotes, vous ne seriez pas Français, si vous ne conserviez pas la pensée que le jour viendra où vous pourrez rentrer en possession de vos provinces perdues ;* mais entre ce sentiment trop naturel et l'idée d'une provocation pour arriver à le réaliser, d'une *revanche* en un mot, il y a loin ; et vous avez maintes fois prouvé, vous venez de le montrer encore, que vous voulez la paix avant tout et que vous saurez attendre avec dignité.

« Nos voisins n'ont pas été contents ; ils ont essayé, au début, de plaisanter ; *mais ils ont bien vite reconnu que la plaisanterie n'était pas de saison.* L'Ambassadeur d'Allemagne, les envoyés extraordinaires qui ont été chargés de représenter leur souverain aux obsèques du maréchal de Mac-Mahon, ont traversé une foule immense sans qu'un seul mot ait pu les choquer ; et c'est là un grand honneur à rendre à votre population, une preuve de tact et de sagesse qui nous a vivement frappés. Tout cela se passait au lendemain des manœuvres allemandes à Metz, après la présence à ces manœuvres du jeune prince de Naples. »

« Votre Majesté croit-elle », ai-je dit « que le

roi d'Italie soit en ces circonstances à blâmer ».

« Non, » a repris l'Empereur, « le roi Humbert avait promis quelque temps d'avance, *sans savoir où auraient lieu ces manœuvres. Mais de la part de l'Allemagne, c'est un manque de tact inqualifiable.* »

L'empereur m'a dit ensuite qu'il avait été heureux de pouvoir saluer le drapeau français à bord de l'« *Isly* » et, il m'a montré, dans son cabinet même, un tableau représentant notre bâtiment et qu'il conservait comme un souvenir précieux. Il m'a demandé, en même temps, si j'avais remarqué dans le salon qui précédait son cabinet, des esquisses qu'il avait commandées de l'entrée des navires russes à Toulon et qu'il tenait à faire exécuter par quelques-uns des meilleurs peintres de ce pays. Il m'a dit également qu'il avait accepté avec reconnaissance certains objets qui lui avaient été personnellement offerts et m'a montré, entre autres, un drapeau mi-partie russe et français qui lui était parvenu avec une adresse de la part de la société des « Anciens Combattants ». J'ignore ce que peut être cette société, ni comment ce drapeau est parvenu ; mais sa Majesté le garde dans son cabinet même et s'est plu à me le montrer.

« Parlant ensuite de plus récents événements, l'Empereur m'a dit combien il admirait l'attitude du Président de la Chambre et de la Chambre tout entière lors de l'odieux attentat dont le monde avait ressenti un profond sentiment d'horreur et d'indignation. *Il m'a fait ressentir en termes très vifs et très frappants combien il rendait hommage au calme chevaleresque de M. Dupuy.*

Ce qui frappe surtout l'Empereur, j'ai pu souvent m'en rendre compte, et il m'a encore hier fait sentir cette disposition d'esprit, *c'est cette instabilité dans les Ministères qui depuis quelques années se succèdent en France, surtout en ce qui concerne les porte-feuilles des Affaires étrangères et de la Guerre qui l'intéressent plus directement;* elle est de nature à le toucher plus qu'aucun autre souverain, lui qui s'attache à conserver ses Ministres, même au delà des limites où les forces leur permettent de remplir efficacement leurs fonctions. Je me suis efforcé de lui faire entendre, — et je crois, d'après la façon dont il m'a encouragé à parler, avoir produit quelque impression sur lui, — que nous avions dû suivre depuis quelques années une évolution qui ne pouvait se produire sans certaines secousses, sans des hésitations faciles à concevoir; mais que je croyais que nous touchions au but vers lequel aspirait le sentiment de la grande majorité des Français; que le Cabinet, que nous avions aujourd'qui, avait déjà donné des preuves de sa fermeté et de son énergie, et que Sa Majesté pouvait reconnaître par les derniers votes de la Chambre *qu'il tendait enfin à s'établir chez nous une majorité imposante en faveur d'un Gouvernement qui représentait les véritables volontés de notre pays.*

« L'Empereur m'a écouté avec la plus grande attention, m'interrompant parfois pour m'adresser quelques questions qui m'ont permis d'insister davantage sur certains points que je sentais de nature à le frapper et sur lesquels j'ai appuyé tout particulièrement pour le convaincre. Je puis vous assurer que j'ai fait tous

mes efforts pour profiter de l'occasion si rare qui se
présentait à moi, sachant combien est important
auprès de l'Empereur Alexandre l'influence d'une
action directe et d'un langage sincèrement convaincu.

N° 91.

Quelques jours après le 10 décembre, M. de Montebello,
mandait à Casimir Périer :

« Je reçois à l'instant la lettre de M. de Giers m'infor-
mant qu'après avoir pris les ordres de l'Empereur, il
est chargé de me faire savoir que le projet de Convention militaire, approuvé déjà en principe par Sa
Majesté et signé par les deux Chefs d'État-Major, *est
définitivement adopté*. Je n'ai pas encore envoyé ma
réponse. Je la ferai en paraphrasant la lettre de
M. de Giers et en constatant d'après elle l'accord intervenu entre nos deux Gouvernements. Les choses
se sont passées autrement que nous l'avions prévu,
et ce sont les Russes qui ont pris l'initiative. Je n'ai
pas le temps de vous raconter les phases très intéressantes par lesquelles je suis passé depuis mon
retour ; je les ai indiqués à M. Nisard qui pourra vous
montrer ma lettre. L'Empereur a, jusqu'au dernier
moment, suivi mathématiquement son programme ;
si vous relisez aujourd'hui ce projet de Convention
militaire qui se relie étroitement aux lettres échangées lors de la visite de Cronstadt, vous y verrez un
ensemble bien complet et en ce qui concerne la
Convention militaire en particulier, une netteté et
une précision qui ne laissent rien à désirer. Je vais
tâcher de voir le général Obroutcheff avant d'expé-

dier mon courrier, et j'aurai peut-être encore le temps d'ajouter un mot pour vous donner ses dernières appréciations. Je l'ai vu hier soir et il était radieux d'avoir enfin atteint le but. Il a déjà préparé en exécution de la Convention des renseignements qu'il doit envoyer à notre État-Major, et m'a parlé de la nécessité de combiner dès à présent un mode de correspondances télégraphiques entre nous en évitant le transit par l'Allemagne. Je suis bien heureux, mon cher Président, d'avoir pu terminer cette importante question qui nous donne aujourd'hui sécurité absolue.

M. de Giers informait aussi M. de Montebello, de l'acceptation officielle de la Convention militaire, le 15/27 décembre 1893 :

Très-secrète.

« Après avoir examiné, d'ordre Suprême, le projet de Convention militaire élaboré par les États-majors russe et français en août 1892, et en avoir soumis mon appréciation à l'Empereur, je me fais un devoir d'informer Votre Excellence, que le texte de cet arrangement, tel qu'il a été approuvé en principe par Sa Majesté et signé par MM. l'Aide de Camp général Obroutcheff et le général de division de Boisdeffre, *peut être considéré désormais comme ayant été définitivement adopté dans sa forme actuelle.* — Les deux États-Majors auront ainsi la faculté de se concerter en tout temps et de se communiquer réciproquement tous les renseignements qui pourraient leur être utiles.

GIERS.

N° 92.

M. de Montebello constate le 23 décembre 1893 —
4 janvier 1894 que le Président de la République et le
gouvernement français approuvent la Convention militaire.

N° 93.

Dix ans après, le comte de Mouravieff, Ministre des
Affaires Étrangères en Russie, confirmait à M. Delcassé, Ministre des Affaires étrangères, les intentions
formelles du gouvernement russe de rester fidèle à ses
engagements avec la France. — Saint-Pétersbourg, le
28 juillet/9 août 1899.

« Les quelques jours que Votre Excellence vient de
passer parmi nous Lui auront permis, je l'espère, de
constater une fois de plus la solidité des liens de vive
et invariable amitié qui unissent la Russie à la France.

Afin de donner une nouvelle expression à ces sentiments et de répondre au désir que Vous avez
exprimé à Sa Majesté, l'Empereur a daigné m'autoriser, Monsieur le Ministre, à Vous proposer, entre
nous, un échange de lettres destinées à établir que :

« Le Gouvernement Impérial de Russie et le Gouvernement de la République Française, toujours soucieux du maintien de la paix générale et de l'équilibre
entre les forces européennes.

« *Confirment l'arrangement diplomatique formulé
dans la lettre du 9/21 août 1891 de M. de Giers, celle
du 15/27 août 1891 du Baron de Mohrenheim et la
lettre responsive de M. Ribot, portant également la date
du 15/27 août 1891*[1].

1. Voir l'Annexe du n° 17.

Ils décident *que le projet de convention militaire* qui en a été le complément et qui se trouve mentionné dans la lettre de M. de Giers du 15/27 décembre 1893 et celle de M. le Comte de Montebello du 23 décembre 1893/4 janvier 1894, *demeurera en vigueur autant que l'accord diplomatique conclu pour la sauvegarde des intérêts communs et permanents des deux pays.*

Le secret le plus absolu quant à la teneur et à l'existence même desdits arrangements devra être scrupuleusement observé de part et d'autre.

N° 94.

M. Delcassé répondait en ces termes à la lettre du Comte Mouravieff. — Saint-Pétersbourg, 28 juillet-9 août 1899.

Monsieur le Ministre,

« Dimanche dernier, quand, avec son agrément, j'eus exposé à Sa Majesté l'Empereur mon opinion sur l'utilité de confirmer notre arrangement diplomatique du mois d'août 1891 et de fixer à la Convention militaire qui le suivit la même durée qu'à cet arrangement, Sa Majesté voulut bien me déclarer que ses propres sentiments répondaient parfaitement aux vues du Gouvernement de la République.

« Par votre lettre de ce matin, vous me faites l'honneur de m'informer qu'il a plu à Sa Majesté l'Empereur d'approuver la formule suivante qui a, d'autre part, l'entière adhésion du Président de la République et du Gouvernement français et sur laquelle l'entente s'était préablement établie entre Votre Excellence et moi :

« Le Gouvernement de la République française et le Gouvernement impérial de la Russie, toujours soucieux du maintien de la paix générale et de l'équilibre entre les forces européennes.

« Confirment l'arrangement diplomatique formulé dans la lettre du 9-21 août 1891 de M. de Giers, celle du 15-27 août 1891 du Baron Mohrenheim et la lettre responsive de M. Ribot portant également la date du 15-27 août 1891 [1].

« Ils décident que le projet de Convention militaire, qui en a été le complément, et qui est mentionné dans la lettre de M. de Giers du 15-27 décembre 1893 et celle de M. le Comte de Montebello du 23 décembre 1893-4 janvier 1894 demeurera en vigueur autant que l'accord diplomatique conclu pour la sauvegarde des intérêts communs et permanents des deux pays.

« Le secret le plus absolu, quant à la teneur et à l'existence même desdits arrangements, devra être scrupuleusement observé de part et d'autre. »

Je me félicite, Monsieur le Ministre, que ces quelques jours passés à Saint-Pétersbourg m'aient permis de constater une fois de plus la solidité des liens de vive et invariable amitié qui unissent la France et la Russie, et je vous prie d'agréer la nouvelle assurance de ma haute considération.

<h2 style="text-align:center">N° 95.</h2>

Voici comment M. Delcassé rendait compte le 12 août 1899 à M. Loubet, Président de la République, de sa mission en Russie :

1. Voir l'Annexe du n° 17.

« Monsieur le Président,

« Votre Excellence sait dans quelle pensée je suis allé à Saint-Pétersbourg. Nos arrangements avec la Russie sont de deux sortes : un accord diplomatique général, formulé dans les lettres des 9-21 août 1891 et 15-27 août 1891, signées de Giers, Mohrenheim et Ribot, et qui stipule que les deux Gouvernements se concerteront à propos de toute question susceptible de mettre en cause la paix de l'Europe; et une convention militaire du 23 décembre 1893-1 janvier 1894, qui vise une agression d'une des puissances de la Triple-Alliance et dont la durée est limitée à la durée même de la Triple-Alliance.

« Mais qu'arriverait-il si la Triple-Alliance venait à se dissoudre autrement que par la volonté de tous ses membres; si, par exemple, l'Empereur François-Joseph, qui semble par moment le seul trait d'union entre des races rivales et même ennemies, subitement disparaissait; si l'Autriche était menacée d'une dislocation que, peut-être, on souhaite ailleurs; que, peut-être, on favoriserait et dont, en tout cas, on pourrait être amené à vouloir tirer parti? Quel sujet plus capable de compromettre la paix générale et de rompre l'équilibre entre les forces européennes? Et quel sujet aussi mériterait davantage de trouver la France et la Russie, non seulement unies dans un même dessein, mais prêtes encore pour son exécution?

« Or, c'est justement à l'heure précise où la convention militaire devrait jouer, qu'elle aurait cessé d'exister : née de la Triple-Alliance, elle s'évanouirait avec elle. Il y avait là une lacune qui n'avait pas cessé de me préoccuper depuis mon arrivée au Ministère des Affaires Étrangères ; et mon ferme propos était de ne rien négliger pour la combler. L'approbation que j'ai obtenue de votre patriotisme élevé et prévoyant, a été pour moi un puissant soutien. Sûr de recevoir de l'Empereur Nicolas un accueil bienveillant, j'ai décidé de rendre au Comte Mouravieff, avec lequel je me suis trouvé en complète communauté de vues, la visite qu'il m'avait faite à Paris au mois d'octobre précédent. Arrivé vendredi soir, 4 août, à Saint-Pétersbourg, j'étais invité à déjeuner, dimanche à Péterhof, chez Leurs Majestés. Après le déjeuner, l'Empereur m'a fait entrer dans son cabinet de travail : tout d'abord, il a bien voulu me dire l'estime et la sympathie que ma conduite pendant la dernière crise franco-anglaise lui avaient inspirées. Nous avons examiné les différentes questions qui s'étaient posées au cours de l'année et la situation générale du monde. Abordant alors les rapports de la France et de la Russie, j'ai exposé à l'Empereur toute ma pensée et mon appréhension que l'alliance ne se trouvât désarmée, quand surgirait un de ces événements en vue desquels elle a précisément été formée : « Puisque notre accord du mois d'août 1891 s'étend à toutes les questions importantes, Votre Majesté n'est-Elle pas d'avis que la Convention militaire de 1894, qui est l'instrument d'exécution de cet accord, doit durer autant que lui, c'est-à-dire autant que resteront solidaires les intérêts généraux et permanents de nos deux nations ; et ne juge-t-Elle pas aussi que l'œuvre de l'Empereur Alexandre III et du Président Carnot ne peut que gagner à recevoir la confirmation de Votre Majesté et du nouveau Président de la République française? »

« L'Empereur m'a affirmé que tel était son sentiment; qu'il tenait essentiellement à persévérer dans la voie tracée par son père et à resserrer les liens noués pour le bien commun de la France et de la Russie. A ce moment, j'ai pris la liberté de soumettre à l'Empereur un projet de déclaration que j'avais rédigé le matin même. L'arrangement de 1891 y est solennellement confirmé; mais la portée en est, en outre, singulièrement étendue; tandis qu'en 1891 les deux Gouvernemènts ne se disent soucieux que du maintien de la paix générale, mon projet porte qu'ils se préoccupent tout autant « du maintien de l'équilibre entre les forces européennes ».

Enfin en rattachant la Convention militaire à l'arrangemènt diplomatique, le projet lui assure la même durée.

L'Empereur a trouvé que j'avais rendu exactement sa pensée; il a appelé le Comte Mouravieff à qui, sur le désir de Sa Majesté, j'ai donné lecture de la déclaration. L'entente existait déjà entre le Ministre des Affaires étrangères et moi sur les bases mêmes du projet. Il fut décidé que le nouvel arrangement, dont la teneur et même l'existence resteraient absolument secrètes, serait constaté sous forme de lettres que nous échangerions, le Comte Mouravieff et moi. C'est ce qui a été fait, mercredi matin, jour de mon départ de Saint-Pétersbourg.

DELCASSÉ.

N° 96.

A la Convention militaire devait naturellement s'ajouter une Convention navale. M. Georges Louis, Ambassadeur de France à Saint-Pétersbourg, en informait ainsi M. Raymond Poincaré, Président du Conseil, Ministre des Affaires étrangères. — Saint-Pétersbourg, le 6 février 1912.

« Le Ministre de la Marine m'a dit ce soir qu'il était autorisé à me faire savoir officiellement que l'Empereur verrait avec satisfaction s'établir entre les États-Majors de la Marine française et de la Marine russe des rapports directs semblables à ceux qui existent depuis 1892 entre les États-Majors de la Guerre des deux pays. L'Amiral m'a fait cette communication en termes très chaleureux. Il a ajouté que M. Sazonoff me la renouvellerait à titre officiel.

N° 97.

Et M. Raymond Poincaré écrivait à M. Delcassé, Ministre de la Marine. — Paris, le 6 février 1912 :

« L'Ambassadeur de la République à Pétersbourg me télégraphie que le Ministre de la Marine russe est venu lui déclarer officiellement que « l'Empereur verrait avec satisfaction s'établir entre les États-Majors de la Marine française et de la Marine russe des rapports directs semblables à ceux qui existent depuis 1892 entre les États-Majors de la Guerre des deux pays ». Le Ministre de l'Empereur s'est acquitté de cette déclaration en termes très chaleureux ; il a ajouté que le Ministre des Affaires étrangères, M. Sazonoff, la renouvellerait par une communication officielle à notre Représentant.

« En ce qui me concerne, je ne vois que des avantages à l'innovation qui nous est proposée. Je vous serais obligé de me faire connaître d'urgence votre sentiment à cet égard.

R. POINCARÉ.

N° 98.

M. Delcassé, s'empressait de répondre à M. Raymond Poincaré. — Paris, le 10 février 1912 :

« Par lettre en date du 6 février, vous avez bien voulu me donner connaissance du télégramme envoyé par notre ambassadeur à Saint-Pétersbourg qui vous a informé de la démarche officielle par laquelle le Ministre de la Marine russe lui a fait connaitre que l'Empereur verrait avec satisfaction s'établir, entre les États-Majors de la Marine française et de la Marine russe, des rapports directs semblables à ceux qui existent depuis 1892 entre les États-Majors de la Guerre des deux pays.

« En me faisant savoir, en même temps, l'intention qu'avait le Ministre des Affaires étrangères, M. Sazonoff, de renouveler, par une communication officielle, une démarche que vous ne voyez qu'avantages à accueillir favorablement, vous me demandez de vous faire connaitre d'urgence mon sentiment sur cette question.

« Pour répondre à votre désir, je m'empresse de vous faire savoir que je ne vois, ainsi que vous-même, qu'intérêt à l'innovation qui nous est proposée.

« J'avais d'ailleurs été pressenti à ce sujet, il y a quelques mois, par l'Attaché naval de Russie et j'avais fait entendre au Capitaine de vaisseau Kartzow qu'il serait bon que le Gouvernement impérial en prît l'initiative : c'est ce qu'il vient de faire.

« Nous ne pouvons donc qu'accueillir favorablement les propositions officielles qui nous seront faites à cet égard par le Gouvernement impérial. Dès que ces propositions seront formulées, mon Département étudiera les moyens d'y satisfaire en s'inspirant des conditions dans lesquelles sont établis actuellement les rapports existant entre les États-Majors de la Guerre des deux pays.

N° 100.

M. Georges Louis, mandait à M. Raymond Poincaré, le 8 avril 1912 :

« Le Ministre de la Marine est venu me dire qu'il était maintenant convenu entre son Département et celui de la Marine française que leurs Chefs d'État-Major entreraient en communication l'un avec l'autre comme leurs Collègues de la Guerre. Il en est très satisfait. Le Prince de Lieven, Chef d'État-Major de la Marine russe, se rendra prochainement à Paris. L'Amiral Grigorovitch m'a en outre renouvelé ses remerciements pour la remise de la Croix de Saint-Wladimir qui est arrivé à Sébastopol où il l'a montrée à l'Empereur.

GEORGES LOUIS.

Suivait le texte de projet de convention navale [1].

« ARTICLE PREMIER. — Les forces navales de la France et de la Russie coopéreront dans toutes les éventua-

1. L'original de ce document est au Ministère de la Marine.

lités où l'alliance prévoit et stipule l'action combinée des armées de terre.

« ART. 2. — La coopération des forces navales sera préparée dès le temps de paix.

« A cet effet, les Chefs d'État-Major de l'une et l'autre Marines sont dès maintenant autorisés à correspondre directement, à échanger tous renseignements, à étudier toutes hypothèses de guerre, à concerter tous programmes stratégiques.

« ART. 3. — Les Chefs d'État-Major de l'une et l'autre Marines conféreront en personne, une fois l'an au moins; ils dresseront procès-verbal de leurs conférences.

« ART. 4. — Pour la durée, l'efficience et le secret, la présente Convention est assimilée à la Convention militaire du 17 août 1892 et aux accords subséquents.

« Paris, le 16 juillet 1912.

<table>
<tr><td>Le Chef d'État-Major général
de la Marine française,
Signé : AUBERT.
Le Ministre de la Marine,
Signé : M. DELCASSÉ.</td><td>Le Chef d'État-Major
de la Marine impériale russe,
Signé : PRINCE LIEVEN.
Le Ministre de la Marine,
Signé : J. GRIGOROVITCH.</td></tr>
</table>

Enfin à ces Conventions venait s'ajouter une autre Convention pour l'échange de renseignements entre la Marine Russe et la Marine Française, rédigée en ces termes :

« A la suite d'un échange de vues survenu dans le courant du mois de juillet 1912, entre M. le Vice-Amiral, Prince Lieven, Chef d'État-Major général de la Marine impériale russe, et M. le Vice-Amiral Aubert, Chef d'État-Major général de la Marine française, les décisions de principe qui suivent ont été arrêtées entre les deux conférents :

« 1° A partir du 1/14 septembre 1912, le Chef d'État-Major général de la Marine française échangeront tous renseignements sur leurs marines respectives et, régulièrement tous les mois, par écrit, les renseignements que ces deux pays pourront se procurer; le télégraphe chiffré pourra être employé en certains cas urgents ;

« 2° Pour éviter toute indiscrétion ou toute divulgation relative à ces renseignements, il est indispensable d'adopter le procédé de transmission suivant :

« Toute demande de renseignements sur la Marine française, intéressant la Marine russe, sera adressée par l'Attaché naval russe à Paris au Chef d'État-Major général de la Marine française; et, réciproquement, toute demande de renseignements sur la Marine russe, intéressant la Marine française, sera adressée par l'Attaché naval français à Saint-Pétersbourg au Chef d'État-Major général de la Marine russe.

« Ce procédé sera exclusif de tout autre : on ne pourra donc pas, en principe, demander directement aux Attachés navals des renseignements sur leur propre Marine.

Paris, le 16 juillet 1912.

<table>
<tr><td>Le Chef d'État-Major général de la Marine française,
Signé : AUBERT.</td><td>Le Chef d'État-Major général de la Marine russe,
Signé : PRINCE LIEVEN.</td></tr>
</table>

N° 105.

Cette convention navale parut inquiéter les Austro-Allemands, et M. Briand, Ministre par intérim des affaires étrangères, crut devoir envoyer cette dépêche à nos agents à Saint-Pétersbourg, Londres, Vienne, Berlin, Rome, Constantinople, Munich, Saint-Sébastien, Copenhague, Stockholm. — Paris, le 10 août 1912 :

« Les chargés d'Affaires d'Allemagne et d'Autriche-Hongrie ont entretenu mon Département, incidemment et à titre tout officieux, de la vive impression qu'a produite, sur l'opinion publique de leur pays, la révélation de la Convention navale que la France aurait conclue récemment avec la Russie.

« A l'un comme à l'autre, il a été déclaré que, dans ses rapports avec ses partenaires de la Triple-Entente, le Gouvernement de la République est toujours resté attaché aux principes traditionnels de sa politique, c'est-à-dire le maintien de l'équilibre européen.

« Quant à la Convention navale, sans en reconnaître explicitement l'existence, il a été répondu que certains problèmes nouveaux, qui s'imposent à l'attention des Chancelleries européennes, comportent des corollaires stratégiques dont les États-Majors des armées et des marines alliées ont nécessairement à s'occuper.

BRIAND.

N° 106.

M. Sazonoff, Ministre des Affaires étrangères de Russie, confirma ainsi à M. Raymond Poincaré, les sentiments de camaraderie sincères établis entre les deux Marines. — Saint-Pétersbourg, le 2/15 août 1912 :

« Le projet de Convention navale, élaboré et signé le 16 juillet a. c. à Paris par les Chefs d'État-Major des Marines française et russe, a été examiné par le

Gouvernement impérial et soumis, avec avis favorable, à Sa Majesté l'Empereur, qui a daigné lui accorder son approbation.

« Les flottes des deux pays ont eu déjà plus d'une fois l'occasion de se prouver mutuellement leurs sentiments de camaraderie. La Convention actuelle, venant compléter les engagements militaires qui existent entre la France et la Russie depuis vingt ans, établit désormais entre les deux Marines un contact permanent et régulier.

« Je me félicite tout particulièrement, Monsieur le Président du Conseil, de voir cette Convention devenir exécutoire précisément au moment où Votre Excellence se trouve parmi nous.

N° 107.

M. Raymond Poincaré, répondit à M. Sazonoff. — Saint-Pétersbourg, le 3/16 août 1912 :

« Je m'empresse d'accuser réception à Votre Excellence de la lettre qu'Elle a bien voulu m'adresser et par laquelle Elle m'informe que le projet de Convention navale, élaboré et signé le 16 juillet a. c. à Paris par les Chefs d'État-Major des Marines russe et française, a été examiné par le Gouvernement impérial et soumis avec avis favorable à Sa Majesté l'Empereur qui a daigné lui accorder son approbation.

« Comme vous le rappelez, les flottes des deux pays ont eu déjà plus d'une fois l'occasion de se témoigner leurs sentiments de camaraderie. La Convention actuelle vient heureusement compléter la Convention militaire qui existe entre les deux pays depuis le 23 décembre 1893/4 janvier 1894, et qui, aux termes des lettres échangées les 28 juillet/9 août 1899, entre M. le Comte Mouravieff et M. Delcassé, doit demeurer en vigueur autant que l'accord diplomatique conclu, les 15/27 août 1891, pour la sauvegarde des intérêts communs de la Russie et de la France. Cette Convention établit désormais entre nos deux Marines un contact permanent et régulier et j'ai l'honneur de vous informer que le Gouvernement de la République lui accorde son approbation.

« Je me félicite tout particulièrement de voir cet acte consacré par les deux Gouvernements pendant mon séjour en Russie. »

C'est sur ces assurances cordiales que se termine la publication des pièces du *Livre Jaune* de 1918.

CHAPITRE VIII

TABLE DES DÉPÈCHES ET NOTES DU LIVRE JAUNE DE 1918 [1]

ORIGINES DE L'ALLIANCE

CHAPITRE PREMIER

PREMIERS ÉCHANGES DE LETTRES

1. — M. de Laboulaye, Saint-Pétersbourg, 24 août 1890. — Voyage du général de Boisdeffre.

2. — M. Ribot, Paris, 9 mars 1891. — Communication d'une dépèche de M. de Giers à M. de Mohrenheim.

3. — M. de Laboulaye, Saint-Pétersbourg, 18 juillet 1891. — Accession indirecte de l'Angleterre à la Triple-Alliance.

4. — M. Ribot, Paris, 24 juillet 1891. — Vues sur les conditions d'un arrangement.

5. — M. Ribot, Paris, 24 juillet 1891. — Même sujet. — Premier projet d'arrangement.

6. — M. Ribot, Paris, 29 juillet 1891. — Opportunité de

1. N.-B. — Cette table donne l'indication précise de toutes les dépèches et notes contenues dans le *Livre Jaune*.

saisir l'occasion de s'assurer des dispositions définitives de la Russie.

7. — M. de Laboulaye, Saint-Pétersbourg, 5 août 1891. — M. de Giers annonce que l'Empereur accepte le principe d'un échange de vues. Conséquence du séjour de la division navale française.

8. — M. Ribot, Paris, 6 août 1891. — Le Gouvernement français est prêt à examiner la question.

9. — M. de Laboulaye, Saint-Pétersbourg, 6 août 1891. — Projet d'échange de lettres.

10. — M. Ribot, Paris, 6 août 1891. — M. Ribot donne connaissance à M. de Freycinet des instructions qu'il envoie à M. de Laboulaye. (V. n° 8.)

11. — M. Ribot, Paris, 7 août 1891. — Légère modification au projet.

12. — M. Ribot, Paris, 7 août 1891. — Le Président de la République approuve le projet d'entente.

13. — M. de Laboulaye, Saint-Pétersbourg, 8 août 1891. — Vues de M. de Giers sur les modifications proposées.

14. — M. de Laboulaye, Saint-Pétersbourg, 9 août 1891. — M. de Mohrenheim appelé à Saint-Pétersbourg.

15. — M. de Laboulaye, Saint-Pétersbourg, 10 août 1891. — L'Ambassadeur rend compte de son audience de congé.

16. — M. Ribot, Paris, 11 août 1891. — M. Ribot met le Président de la République au courant de l'état des négociations.

17. — M. de Mohrenheim, Paris, 15/27 août 1891. — M. de Mohrenheim communique les instructions de M. de Giers, précisant l'entente entre la France et la Russie.

18. — M. Ribot, Paris, 27 août 1891. — Réponse à la lettre précédente.

19. — M. de Mohrenheim, Salies-de-Béarn, 21 septembre 1891. — L'Ambassadeur de Russie rend compte d'une lettre qu'il a reçue de M. de Giers. Le Tsar est très satisfait.

20. — Note de M. Ribot, Paris, 20 novembre 1891. — Première conversation avec M. de Giers.

21. — Note de M. Ribot, Paris, 21 novembre 1891. —

ÉLABORATION DE LA CONVENTION MILITAIRE

CHAPITRE II

35. — M. Ribot, Paris, 23 juin 1892. — Envoi des lettres échangées avec M. de Mohrenheim le 27 août 1891. Objets politiques auxquels doit répondre la Convention militaire.

36. — M. Ribot, Paris, 1er juillet 1892. — Nécessité d'être fixé sur les intentions de l'Empereur.

37. — M. de Montebello, Saint-Pétersbourg, 8 juillet 1892. — Le général de Boisdeffre devrait arriver quelques jours avant les manœuvres.

38. — M. de Montebello, Saint-Pétersbourg, 8 juillet 1892. — États des négociations. Dispositions de l'État-Major russe.

39. — M. Ribot, Paris, 8 juillet 1892. — Nécessité de hâter la négociation.

40. — M. Ribot, Paris, 9 juillet 1892. — Demande de hâter la communication du projet afin d'arrêter les instructions au général de Boisdeffre.

41. — M. de Montebello, Saint-Pétersbourg, 11 juillet 1892. — Réponse au précédent. L'Empereur va rentrer.

42. — M. de Montebello, Saint-Pétersbourg, 16 juillet 1892. — Envoi d'une note du commandant Moulin commentant la note russe relative à la Convention militaire.

43. — M. de Montebello, Saint-Pétersbourg, 17 juillet 1892. — Maladie de M. de Giers. L'Empereur a chargé le Ministre de la Guerre d'inviter le général de Boisdeffre et deux autres officiers français.

44. — M. de Montebello, Saint-Pétersbourg, 19 juillet 1892. — Attitude de l'Empereur.

45. — M. Ribot, Paris, 22 juillet 1892. — Au sujet du voyage du général de Boisdeffre.

46. — M. de Freycinet, Paris, 22 juillet 1892. — Désignation du général de Boisdeffre et de deux officiers.

47. — M. Ribot, Paris, 28 juillet 1892. — Mission du général de Boisdeffre. Premier projet de convention militaire.

48. — M. de Montebello, Saint-Pétersbourg, 31 juillet 1892. — Le général de Boisdeffre sera reçu par l'Impératrice le jour de sa fête.

70. — M. de Montebello, Saint-Pétersbourg, 17 août 1892. — Le général de Boisdeffre reçu par l'Empereur qui approuve le projet de Convention dans son ensemble, mais réserve l'examen de M. de Giers.

71. — Le général de Boisdeffre, Saint-Pétersbourg, 18 août 1892. — Rapport contenant le projet définitif de Convention militaire.

72. — M. Ribot, Beuzeval, 19 août 1892. — Félicitations à M. de Montebello et au général de Boisdeffre.

73. — M. Ribot, Paris, 20 août 1892. — Observations possibles de M. de Freycinet sur des détails de rédaction.

74. — M. Ribot, Paris, 27 août 1892. — Approbation du Président de la République, sauf quelques changements de rédaction.

75. — M. Ribot, Paris, 27 août 1892. — Modifications à obtenir. — Nécessité de presser la négociation.

76. — Le général de Boisdeffre, 1er septembre 1892. — Compte rendu de la mission du capitaine Pauffin de Saint-Morel auprès du général Obroutcheff.

77. — M. Ribot, Paris, 1er septembre 1892. — Envoi du compte rendu du capitaine Pauffin de Saint-Morel.

78. — M. de Montebello, Saint-Pétersbourg, 4 septembre 1892. — Ajournement de la négociation pendant l'absence de l'Empereur.

79. — M. Ribot, Paris, 7 septembre 1892. — Conversation avec M. de Giers.

80. — M. Ribot, Paris, 31 octobre 1892. — Lettre à M. de Giers, le moment est venu d'aboutir.

81. — M. de Mohrenheim, Paris, novembre 1892. — Envoi d'une lettre de M. de Giers, du 5 novembre 1892.

CONCLUSION DE LA CONVENTION MILITAIRE.

CHAPITRE III

82. — M. de Montebello, Saint-Pétersbourg, 20 mai 1893. — Observations, dans l'éventualité de la reprise

LA CONVENTION NAVALE.

CHAPITRE IV

les États-Majors des marines russe et française des rapports semblables à ceux qui existent entre les États-Majors des armées de terre.

97. — M. Raymond Poincaré, Paris, 6 février 1912. — Même sujet.

98. — M. Delcassé, Paris, 10 février 1912. — Même sujet.

99. — M. Raymond Poincaré, 12 février 1912. — Même sujet.

100. — M. Georges Louis, Saint-Pétersbourg 8 avril 1912. — Même sujet.

101. — M. Raymond Poincaré, Paris, 9 avril 1912. — Même sujet.

102. — M. Raymond Poincaré. — Paris, 16 juillet 1912. — Projet de Convention.

103. — M. Raymond Poincaré, Paris 16 juillet 1912. — pour Convention l'échange des renseignements entre la Marine russe et la Marine française.

104. — M. Georges Louis, Saint-Pétersbourg, 27 juillet 1912. — Le Tsar est très satisfait.

105. — M. Briand, Paris, 10 août 1912. — Conversation avec les Chargés d'Affaires d'Allemagne et d'Autriche-Hongrie.

106. — M. Sazonoff, Saint-Pétersbourg, 2/15 août 1912. — L'Empereur approuve la Convention navale

107. — M. Raymond Poincaré, Saint-Pétersbourg 3/16 août 1912. — Le Gouvernement Français approuve la Convention navale.

CHAPITRE IX

LA DIVULGATION
DES PAPIERS SECRETS RUSSES.

I

LE TRAITÉ SECRET DU 27 JANVIER 1917
ENTRE LA FRANCE ET LA RUSSIE

Le 12 février 1917, une Délégation diplomatique des Alliés arrivait à Moscou. Elle était composée de lord Milner, de M. Doumergue, ancien ministre, du général de Castelnau et de M. Schialoja. Elle fut accueillie avec empressement par le ministre Tchernekov. Dans un discours très net, M. Doumergue déclara que l'Allemagne, malgré tous ses efforts. ne pourrait diviser les Alliés. Quant à la Russie, qui semblait avoir oublié son rêve séculaire de la mer Noire, elle allait en obtenir la réalisation et pourrait désormais communiquer directement avec ses Alliés. Ce serait la condition *sine qua non* de la paix, car la Turquie devait être chassée irrévocablement de l'Europe, et la Ville de Constantinople deviendrait le Tsargrad russe. La mission fut reçue ensuite par le Tsar qui reconnut la nécessité de rendre toute l'Alsace-Lorraine à la France, avec le bassin de la Sarre et le protectorat de la rive gauche du Rhin, en même temps que la liberté complète à la Russie sur la frontière occidentale.

Le 6 mars, le prince Galitzine, qui occupait alors les fonctions de premier ministre, remercia M Doumergue et la mission interalliée de leurs bonnes paroles, et se dit certain de voir l'union intime des Alliés et de la Russie triompher de la résistance de leurs adversaires. Le Dr Pekrovski, ministre des Affaires Étrangères, affirma que cette union hâterait l'heure de la Victoire et une paix durable.

On sait quels événements amenèrent la chute du Tsar et de son gouvernement. Si Nicolas II eût été bien conseillé, il eût certainement pu se montrer un excellent souverain. Mais mal inspiré par l'impératrice Alexandra qui obéissait aux folles suggestions du pope Raspoutine ; n'écoutant pas les sages avis du grand-duc Nicolas, des généraux Brousselov et Rouski ; ne voulant pas modifier son entourage aussi perfide que médiocre et résistant aux réformes nécessaires, il dut abdiquer en faveur de son frère, le grand-duc Michel Alexandrovitch. Il reconnaissait, au dernier moment, qu'il fallait gouverner d'accord avec la Douma. C'était le dénouement fatal d'une longue crise, pendant laquelle le pouvoir impérial était resté despotique et voulait que le Tsar restât souverain temporel et messager de Dieu. Grâce à la faiblesse de ce Gouvernement, l'incapacité était maîtresse de tout et l'Allemagne soudoyait aussi bien les ministres et les fonctionnaires que la Presse, lesquels empêchaient la guerre de donner tous ses fruits. Des hommes comme Soukhomlinov, Rennenkampf, Seydemann, Suvers et Stürn, notoirement germanophiles, trompaient la nation et les Alliés. Contre eux s'étaient élevés le prince Lvof et le grand-duc Michel qui voulaient, avec une Constituante, l'amnistie des délits politiques et religieux, la liberté de la parole et de la presse, la liberté des associations et le droit de grève, l'abolition des privilèges, le remplacement de la Police par une milice nationale, les élections communales sur la base du suffrage universel, etc...

Les événements les plus graves se précipitèrent. Le grand-duc Michel refusa le pouvoir suprême. Un gouvernement provisoire succéda au Tsar Nicolas II, avec le prince Lvof pour président. En face de ce gouvernement se dressa un Conseil de soldats et d'ouvriers dans le palais de Tauride, sous forme de Soviet. On sait comment le parti de la Révolution, quelque temps dirigé par Kérensky, céda la place au Soviétisme le plus accentué, c'est-à-dire à l'anarchie.

Au nombre des actes anormaux commis par le gouvernement révolutionnaire, il faut à propos du sujet traité par nous dans ce livre, mentionner la divulgation, par les commissaires du peuple russe, des documents secrets, traités et dépêches qui n'auraient dû être régulièrement publiés qu'avec l'assentiment des signataires et des intéressés. Informé par lui et par des révélations venues de divers côtés, de l'existence de prétendus plans annexionnistes formés par les Alliés, le Chancelier de l'Empire allemand, M. Michaëlis, crut pouvoir réunir chez lui, le 29 juillet 1917, une cinquantaine de journalistes allemands et leur fit la communication suivante

« Ce n'est pas pour vous démontrer combien j'estime la haute importance politique de la Presse et combien je cherche à assurer une colloboration constante entre elle et le gouvernement impérial que je vous ai invités à venir me faire visite. Mon invitation était motivée par un événement caractéristique et tangible : le discours prononcé par M. Lloyd George le 27 juillet, à Queens Hall, à Londres. Ce discours et les débats qui se sont déroulés ces jours derniers devant le Parlement anglais ont de nouveau prouvé, d'une façon absolument convaincante, que l'Angleterre ne veut pas d'une paix de conciliation et d'entente, mais qu'elle vise à infliger à l'Allemagne une défaite écrasante qui nous livrerait à une dictature arbitraire de nos ennemis.

« S'il en était besoin, le discours de sir Edward Carson nous en apporterait encore une confirmation par sa déclaration formelle, suivant laquelle l'Allemagne doit retirer ses armées derrière le Rhin avant que toute négociation puisse commencer. Il est vrai que M. Bonar Law a atténué cette déclaration, lorsque, répondant au député King, il a fait ressortir que le point de vue du gouvernement anglais signifiait que si l'Allemagne désire la paix, il est nécessaire qu'elle se déclare prête à évacuer les territoires occupés.

« Nous avons cependant aujourd'hui les preuves que les gouvernements ennemis sont d'accord avec les déclarations si imprudentes de sir Carson. Nul d'entre vous n'ignore que les indications répandues depuis des semaines dans le *Berner Tagwacht* du 19 février, relatives à l'adhésion signifiée par l'Angleterre à la Russie au sujet des plans annexionnistes de la République française, sont demeurées jusqu'à ce jour sans démenti. Ces indications ne pouvaient mieux tomber, car il sera important de prouver au monde quelles peuvent être les causes de la continuation de cette guerre sanglante. Nous possédons aujourd'hui les preuves formelles des plans annexionnistes de nos ennemis, et je fais allusion ici aux comptes rendus *d'un témoin oculaire et auriculaire des séances secrètes de la Chambre française, les 1er et 2 juin 1917.*

« Je demande publiquement au gouvernement français s'il conteste que MM. Briand et Ribot, *dans la séance à laquelle prirent part MM. Moutet et Cachin, retour de Russie, aient attesté le fait que peu, avant la révolution russe, le gouvernement français avait, avec le gouvernement du tsar, arrêté de larges plans annexionnistes, avec ce même gouvernement tsariste* que M. Lloyd George désignait dans son dernier discours comme une autocratie étroite et vile. Je demande s'il est vrai que l'ambassadeur français, M. Paléologue, reçut, *le 27 janvier 1917, pleins pouvoirs du gouvernement français pour signer un traité avec la Russie qui avait été préparé dans des pourparlers entre M. Doumergue et le tsar.* Est-il exact ou non que le président de la République française, sur la proposition de M. Berthelot, ait donné son autorisation, sans consulter M. Briand, et que ce dernier l'a ensuite approuvé? *Ce traité assurait à la France des territoires résultant de guerres de conquêtes antérieures aux frontières de 1790*, comprenant par conséquent l'Alsace-Lorraine, plus le bassin de la Sarre et d'importantes modifications au gré de la France sur la rive gauche du Rhin.

« M. Terestchenko, après avoir pris le gouvernail en Russie, n'a-t-il pas formulé des protestations contre les plans de conquêtes de la France, qui s'étendaient même en Turquie, sur la Syrie! N'a-t-il pas encore, poussé par sa conscience patriotique, déclaré que la Russie nouvelle, si elle apprenait les buts de guerre de la France, ne serait plus disposée à participer plus longtemps à la lutte? Le voyage de M. Thomas en Russie n'avait-il pas, avant tout pour but, comme il y a réussi du reste, de dissiper les scrupules de conscience de M. Terestchenko?

« Le gouvernement français ne pourra rien nier de tout cela. Il devra avouer également, au moins d'une manière tacite, que M. Briand a été violemment attaqué au cours des séances secrètes de la Chambre; que M. Ribot, après s'y être refusé tout d'abord, a dû finalement, sur la demande de M. Renaudel, *donner connaissance du traité secret avec la Russie;* que M. Briand, dans les débats qui ont suivi, a jeté le masque et déclaré que la Russie révolutionnaire devait tenir les promesses faites par le tsar.

« Il est caractéristique également que M. Moutet, d'après son propre aveu, questionné en Russie sur le fait de savoir si l'Alsace-Lorraine constituait le seul obstacle à la conclusion de la paix, a déclaré qu'il ne pouvait pas répondre à une question ainsi posée.

« Les vœux du délégué Cachin jettent une vive lumière sur l'état d'esprit des Russes. *M. Cachin a révélé que les représentants de la Russie, au cours de pourparlers avec les délégués français, ont déclaré qu'ils ne désiraient aucunement l'annexion de Constantinople, cette ville n'étant pas russe.* La même opinion était partagée par les délégués de l'armée russe.

« Sans tenir compte de ces preuves très claires de l'op-

position du peuple russe à la politique d'expansion,
M. Ribot, au cours des débats aux séances secrètes de la Chambre, s'est refusé à modifier les plans de conquête de la
France. Il s'est basé pour cela, notamment sur le fait que
de *grands avantages territoriaux auraient été promis également à l'Italie*. Pour ne pas dévoiler le caractère de
conquête de ses revendications concernant la rive gauche
du Rhin, M. Ribot a recouru finalement à une ruse d'avocat en parlant de la nécessité prétendue de la création
d'un État tampon. Mais l'opposition a réfuté cette thèse et
elle s'est écriée : « C'est honteux ! »

« Il faut souligner aussi particulièrement que, répondant
à un discours pacifique de M. Augagneur, M. Ribot a fait
savoir que, de l'avis des généraux russes, leur armée
n'avait jamais été aussi prête qu'en ce moment. Ici, on
voit au grand jour ce que M. Ribot tient tant à cacher,
c'est-à-dire son désir de voir le peuple russe *se saigner
encore pour les plans annexionnistes*.

« La presse ennemie s'est efforcée d'interpréter mon premier discours au Reichstag, en ce sens que j'aurais accepté
la résolution votée par la majorité de l'Assemblée, seulement en faisant des réserves mal déguisées au sujet de
desseins annexionnistes de l'Allemagne. Je dois protester
contre cette manière d'induire le public en erreur. Il va
sans dire que mes déclarations étaient faites sous la présomption que l'ennemi, lui aussi abandonnait tout plan
de conquête. Or, ce que je viens de vous révéler montre
que telles ne sont pas les dispositions de nos adversaires.

« Le gouvernement français avait, on le voit, toutes les
raisons de réunir la Chambre à huis-clos, les 1er et 2 juin.
Les événements que l'on connaît aujourd'hui, prouvent
clairement que ce n'est pas nous, mais les puissances
ennemies qui sont responsables de la continuation de la
guerre. Ils prouvent que ce n'est pas nous, mais nos ennemis qui sont inspirés par l'esprit de conquête, et la conscience de la justice de notre guerre défensive ne cessera
pas de nous fortifier nous-mêmes et de rendre plus énergiques nos résolutions. »

Cette manœuvre perfide et grossière avait commencé en Suisse dans le courant du mois de juin 1917. La *Berner Tagwacht* avait donné à ses lecteurs ce résumé, plus ou moins exact, de la délibération du Comité secret tenu à la Chambre des députés les 1er et 2 juin, où il était fait allusion à la mission interalliée présidée par M. Doumergue et venue en Russie en février. Quel était le témoin oculaire et auriculaire dont parlait M. Michaëlis ?... On ne l'a jamais su. Il y a eu une tentative d'enquête au Palais-Bourbon sur les indiscrétions commises au sujet du Comité secret et à peine en train, elle s'arrêta net. Toujours est-il que l'article de la *Berner Tagwacht* fut reproduit par la *Gazette de Cologne* qui l'arrangea à sa manière et qui, le 25 juillet, revint avec acrimonie sur les soi-disant buts de guerre des Alliés dans un article venimeux, intitulé « *La volonté de destruction de nos ennemis.* »

Aux allégations du chancelier de Michaëlis, le Président du Conseil des ministres du Gouvernement français, M. Alexandre Ribot, répondit le 31 juillet :

« Messieurs,

« Le chancelier allemand s'est permis de demander publiquement au Gouvernement français de déclarer si, dans le Comité secret du 1er juin dernier, il n'avait pas été donné connaissance à la Chambre des députés d'un traité secret conclu à la veille de la Révolution russe, et par lequel le tsar s'engageait à appuyer nos prétentions sur les territoires allemands de la rive gauche du Rhin.

« Il y a toutefois de grosses inexactitudes et de véritables mensonges dans la version du chancelier, notamment en ce qui concerne le rôle qu'il attribue au Président de la République d'avoir donné l'ordre de signer un traité en dehors de M. Briand. Les Chambres savent comment les choses se sont passées.

« M. Doumergue, à la suite de ses conversations avec le tsar, a demandé et a obtenu de M. Briand l'autorisation de prendre acte de la promesse du tsar *d'appuyer notre revendication de l'Alsace-Lorraine* qui nous a été arrachée par la violence et de nous laisser libres de chercher des garanties contre une nouvelle agression, non pas en annexant à la France *les territoires de la rive gauche du Rhin, mais en faisant au besoin de ces territoires un État autonome qui nous protégerait, ainsi que la Belgique contre une invasion d'outre-Rhin.* Nous n'avons jamais songé à faire ce qu'a fait en 1871 M. de Bismarck.

« Nous avons donc le droit d'opposer un démenti à l'allégation du chancelier, qui connaît évidemment les lettres échangées en février 1917, à Pétrograd, et qui s'est permis d'en falsifier le sens, comme a fait le plus illustre de ses prédécesseurs pour la dépêche d'Ems.

« Le jour où le gouvernement russe consentira à publier ces lettres, nous n'y ferons pas d'objection.

« Mais le chancelier s'est gardé de rien dire de la déclaration que j'ai faite le 21 mars et où j'ai répudié au nom de la France toute politique de conquête et d'annexion par la force.

« Il a volontairement oublié le langage que j'ai tenu le 22 mai à la Chambre des députés, en disant que « nous étions prêts à entrer en conversation avec la Russie sur le but de guerre, et si le peuple allemand, à qui nous ne contestons pas le droit de vivre et de se développer pacifiquement, comprenait que nous voulons une paix fondée sur le droit des peuples, la conclusion de la paix en serait singulièrement facilitée. »

« Enfin, il a passé sous silence l'ordre du jour, voté à l'unanimité, à la suite du Comité secret du 1er au 5 juin dernier. En appuyant cet ordre du jour, je disais :

« Nous ne poursuivons pas une politique de conquête et d'asservissemenent; ce n'est pas là la politique française, cela a pu être une politique dont nous avons subi, nous, les atteintes, le coup funeste.

« Oui, nous avons gémi sous l'oppression de cette politique, il y a quarante-cinq ans, et la revanche que nous voulons prendre aujourd'hui, ce n'est pas la revanche de l'oppression, c'est la revanche qui consiste à traduire dans le droit des peuples les idées de justice, de liberté et d'équilibre qui sont celles de la France.

« Ne nous laissons pas décevoir par les formules dont les inventeurs aujourd'hui se dissimulent et se cachent. Nous connaissons bien leurs desseins. Ils voudraient égarer les démocraties du monde ; ils voudraient leur faire croire que nous sommes des gens, qui cherchent des conquêtes.

« Non ! Nous cherchons la justice et le droit ; nous voulons reprendre ces provinces qui n'ont jamais cessé d'être françaises. Elles l'étaient, de par leur volonté, car elles se sont données à la France. Au cours de la grande Révolution, en 1790, elles sont venues à la fête de la Fédération apporter leur adhésion à la France.

« Depuis, elles ont vécu la vie de la France ; elles ont été une part de la France et quand elles nous ont été arrachées nous avons senti qu'il manquait quelque chose à ce noble pays de France. Il faut qu'elles reviennent à la France, parce qu'elles lui appartiennent, parce qu'elles n'appartiennent pas à ceux qui les ont prises, non par la persuasion comme nous l'avons fait, mais par la violence, par le dur droit de guerre que nous répudions.

« Nous ne voulons pas de ces annexions violentes ; nous voulons simplement la reconstitution de ce qui nous appartient. »

Et quels étaient les termes de l'ordre du jour :

« Contresignant la protestation unanime qu'en 1871 firent entendre à l'Assemblée nationale les représentants de l'Alsace-Lorraine, malgré elle arrachée à la France, la Chambre déclare attendre de la guerre, qui a été imposée à l'Europe par l'agression de l'Allemagne impérialiste, avec la libération des territoires envahis, *le retour de l'Alsace-Lorraine à la mère patrie et la juste réparation des dommages.*

« Éloignée de toute pensée de conquête et d'asservissement des populations étrangères, elle compte que l'effort des armées de la République et des armées alliées permettra, le militarisme prussien abattu, l'obtenir des garanties durables de paix et d'indépendance pour les peuples, grands et petits, dans une organisation dès maintenant réparée de la Société des Nations. »

« Qu'on ose dire maintenant au monde que nous voulons des annexions!... C'est une manœuvre trop grossière pour que personne s'y trompe et particulièrement les masses démocratiques du peuple russe, qu'on cherche vainement à séparer de leurs alliés en les trompant sur les vrais sentiments de la démocratie française.

« Que veut le chancelier? Il cherche à dissimuler l'embarras qu'il éprouve à définir les buts de guerre de l'Allemagne, les conditions auxquelles elle ferait la paix.

« Il cherche surtout à détourner l'attention de la terrible responsabilité qui pèse sur la conscience de l'empereur d'Allemagne et de ses conseillers.

« C'est au lendemain de la publication des décisions prises le 5 juillet, dans un Conseil tenu à Potsdam où furent envisagées toutes les conséquences de l'ultimatum à envoyer à la Serbie, d'où devait sortir la guerre que le chancelier essaye cette diversion.

« Il y a quelque impudence, quand on a de pareilles responsabilités, à nous demander compte de nos intentions.

« Aussi bien, n'est-ce pas à l'Allemagne que nous nous adressons, mais à tous ceux qui, témoins ou acteurs de cette lutte que nous soutenons depuis trois ans, savent ce qu'il y a au fond de l'âme du peuple français d'attachement profond aux principes de justice, au respect du droit des peuples et, je puis le dire au risque de n'être pas compris de nos ennemis, de véritable générosité. »

Il résulte du discours de M. Ribot qu'il n'a eu qu'à citer ses propres paroles et les textes officiels pour réduire à néant les accusations d'un ennemi sans foi ni loi. Le chancelier Michaëlis a pu égaler l'impudence de Bismarck, mais sans en avoir l'habileté. Passer les textes décisifs sous silence, ce n'est pas les empêcher d'exister. Ce politicien s'est vu infliger un autre démenti accablant de la part du secrétaire d'État anglais M. Balfour, qui a exposé, en témoin impartial et en historien sincère, comment l'Angleterre avait pris les armes sans d'autres vues que de défendre la Belgique et la France. Quant au comte Czernin, il a tenté de soutenir M. Michaëlis, et, pour tout résultat, il a partagé son discrédit.

Il a essayé vainement de prouver que le chancelier de l'Empire et le Reichstag ne recherchaient aucune conquête violente et blâmaient toute excitation des peuples, les uns contre les autres. Le gouvernement de Vienne se faisait assez humble pour accepter une paix honorable, mais affirmait, en même temps, que jamais l'Entente ne réussirait à abattre l'Allemagne, l'Autriche, la Bulgarie et la Turquie. Donc, la raison et la morale s'opposaient à la continuation d'une guerre insensée, et il était dans l'intérêt de l'humanité de réaliser au plus tôt une paix de conciliation. Le comte Czernin ne voulait pas savoir qui était responsable de la guerre, car il lui semblait inutile de discuter sur le passé. Il laissait aux Alliés la faute de repousser des offres loyales et de chercher, dans la poursuite d'une guerre effroyable, des gains impossibles et inespérés. Aucun État ne devait être violenté et il fallait trouver les moyens de prévoir à jamais le retour de pareilles hostilités. On sait comment le comte Czernin fut obligé de quitter le pouvoir, après avoir mérité de la part du Président du Conseil Clémenceau, le reproche d'avoir honteusement menti à l'instigation de son maître l'Empereur d'Autriche.

Comme l'a justement fait remarquer un de nos meilleurs publicistes, M. Robert de Caix : « Il ne dépend pas du chancelier Michaëlis de modifier l'ensemble de la situation en alléguant simplement un détail. Ce qui a pu se passer sur un point, en 1917, n'efface pas l'origine de la guerre ; l'ultimatum de 1914, froidement machiné, par une politique arrêtée minutieusement dès le 5 juillet dans un Conseil tenu à Berlin, et dénoncée récemment au Reichstag par les socialistes indépendants, et décidée à la guerre contre la Serbie dès 1913, comme l'a révélé

M. Giolitti. A cette heure décisive, dont tout a dépendu depuis, qui donc voulait des annexions et l'hégémonie? La France elle-même songeait-elle, non pas même à conquérir, mais seulement à récupérer par les armes les provinces qui lui avaient été arrachées? Et depuis lors qu'avons-nous constamment visé dans nos buts de guerre déclarés par nos gouvernements successifs, et encore le 5 juin dernier, si ce n'est la reconstitution, par le retour de l'Alsace-Lorraine, de notre intégrité nationale?

« M. Michaëlis a hérité d'un mensonge, maintes fois proféré par son maître, et il doit le maintenir; mais sa « guerre défensive » fait une singulière figure, quand on le voit incapable de rien dire de précis sur la Belgique, la Courlande et la Pologne, alors que, cependant, il croit devoir parler d'une paix « *sans annexions ni indemnités* ». La « main loyale » qu'il s'indigne de voir refuser ne s'est jamais ouverte pour montrer son jeu, parce qu'elle n'en a d'autre que de prendre tout ce que permettra la fortune des armes.

« L'attitude constante de la politique allemande, qui a déchaîné une guerre de conquête et qui consiste encore maintenant à se réserver, en dehors de tout principe de nationalité ou de droit international, toutes les chances de profits, ne lui permet plus maintenant de rompre les chiens. Le choix des États-Unis, entrés dans la guerre sans autre perspective que d'y faire des sacrifices pour défendre l'idéal de la liberté, suffirait à montrer de quel côté était le bon droit et condamner la politique allemande sans retour.

« L'instinct des Austro-Allemands est d'ailleurs si fort qu'il revient au galop, à l'heure même où les gouvernements de Vienne et de Berlin croient devoir s'efforcer de le dissimuler. Il ne cesse de s'élever dans l'Austro-Allemagne des voix qui remuent la thèse de la guerre défensive. Nous ne parlons pas seulement ici des feuilles où l'on ne cesse de laisser réclamer la sujétion de la Pologne et de la Belgique et l'annexion de la Courlande. La *Nouvelle Presse Libre*, à peine remise de la peur de l'offensive russe, dit que l'Autriche doit « porter tous ses efforts sur le règlement de la question balkanique et de la question du Danube », c'est-à-dire incorporer sous une forme ou l'autre la Serbie ou la Roumanie. Quel appui pour la tartufferie de M. Michaëlis qui plaide la guerre défensive de son pays et dénonce les visées annexionnistes des autres ! »

II

LES NOTES DE SAZONOFF ET D'ISWOLSKY

Mais le *Soviet* des Commissaires du peuple russe tenait à compliquer les manœuvres et à donner au gouvernement allemand toutes les facilités et les ressources nécessaires pour l'aider à soutenir sa polémique contre les Alliés. Voici comment un télégramme de Pétrograd, en date du 24 novembre 1917, faisait connaître certains documents secrets dérobés aux Archives russes, dans le but encore une fois de discréditer la politique de l'Entente, Le télégramme en donnait ainsi l'analyse :

« 1° Une note de M. Sazonoff à l'ambassadeur de Russie à Paris, le 8 mars 1915, constatant l'attitude bienveillante de la France à l'égard de la Russie relativement à Constantinople et aux Détroits et le consentement de l'Angleterre d'y souscrire dans les limites discutées.

« 2° Une note de M. Sazonoff à l'ambassadeur de Russie à Paris, le 20 mars 1915, exprimant la reconnaissance de la Russie à l'Angleterre pour la solution favorable de la question des droits sur Constantinople et les Détroits et déclarant que la Russie est prête à appuyer les opérations contre les Dardanelles et à contribuer à amener une coopération des pays dont l'action serait utile. Elle reconnaît le maintien des Lieux Saints sous la dépendance musulmane et accorde à l'Angleterre une zone neutre en Perse.

« 3° Une note de M. Sazonof, à Paris, le 9 mars 1916,

donne des instructions à l'ambassadeur au sujet de la Conférence inter-alliée et dit que les traités passés depuis la guerre sont immuables et ne peuvent pas être révisés, notamment ceux relatifs à Constantinople ainsi que le traité de Londres avec l'Italie. Ces instructions parlent également de la liberté d'action mutuelle relativement à la délimitation des frontières franco-allemandes et russo-austro-allemandes ; de l'exclusion de la question polonaise du domaine international ; de la nécessité de chercher à retenir la Suède hors de toute action hostile, et d'attirer la Norvège opportunément en cas de guerre. Elles ajoutent qu'il n'y a pas à revenir sur les avantages accordés déjà à la Roumanie.

« 4° Une note de M. Pekrovsky, ministre des Affaires étrangères, transmise à Paris le 12 février 1917, rendant compte de l'audience accordée à M. Doumergue par le tsar, qui *consentit au principe du retour de l'Alsace-Lorraine à la France et la constitution d'une séparation politique entre la France et l'Allemagne sur la rive gauche du Rhin*, liberté étant laissée parallèlement à la Russie relativement à sa frontière occidentale.

« 5° Une note de M. Isvolsky au ministre des Affaires étrangères, le 13 février 1917, en réponse à un télégramme précédent disant que les vœux de la Russie ne trouveraient pas d'opposition de la part de la France.

« 6° Une note du ministre des Affaires étrangères du 14 février 1917 à l'ambassadeur de France de Pétrograd sur les garanties demandées par la France dans les propositions de paix à l'Allemagne : retour de l'Alsace-Lorraine et État neutre autonome sur la rive gauche du Rhin.

« 7° Une note de M. Isvolsky au ministre des Affaires étrangères, le 11 mars 1917 (jour de la révolution), relative à la reconnaissance par la France de la liberté de la Russie pour l'établissement de sa frontière occidentale. En outre, diverses dépêches de M. Terestchenko aux Alliés dont voici les plus importantes :

« Une note à Rome, Paris et Londres, du 9 octobre,

rendant compte des démarches des ambassadeurs de France, d'Angleterre et d'Italie pour demander la constitution d'un pouvoir ferme tendant à [réorganiser l'armée et rapportant la réponse de M. Kérenski que la Russie est encore une grande puissance.

« Une note à Washington, du 9 octobre, annonçant la démarche ci-dessus, qui a produit une pénible impression sur le gouvernement :

« Les Alliés, sachant les efforts que nous faisons pour poursuivre la lutte contre l'ennemi commun, je vous prie de dire à M. Lansing que le gouvernement estime hautement la réserve de l'ambassadeur d'Amérique qui n'a pas participé à cette démarche. »

« Une note à Rome, Paris et Londres, du 11 octobre, disant :

« La Démarche des ambassadeurs a été très pénible par sa forme. Nos Alliés n'ignorent pas les efforts extraordinaires du gouvernement pour rétablir la capacité combattante de l'armée ; ni les échecs, ni les troubles, ni les difficultés matérielles n'ont pu avoir raison de la ferme décision du gouvernement de mener la lutte jusqu'à la fin.

« Dans ces conditions, nous ne comprenons pas les motifs qui ont poussé les Alliés à cette démarche et les résultats pratiques qu'ils en attendent. »

« Enfin, divers documents du chargé d'affaires à Berne au ministres des affaires étrangères, le 17 septembre, sur les bruits de pourparlers de paix aux dépens de la Russie et signalant la réunion de financiers dans ce but.

« Une note du 6 mars 1917, relative à la question d'Asie-Mineure et fixant les grandes lignes de la répartition des zones d'influence et des acquisitions territoriales en Asie-Mineure.

« Un télégramme du 25 septembre, où M. Tereschenko précise le point de vue de la Russie sur l'accord concernant l'Asie-Mineure, qui n'est pas un accord séparé, mais est solidaire de celui relatif à Constantinople et aux Détroits.

« Une note signée de M. Polivanof, en date du 20 novembre 1916, sur les Conditions dans lesquelles s'est produite l'entrée en guerre de la Roumanie, et suivie de considérations générales sur la question roumaine, décrit les hésitations respectives de la Russie et de la Roumanie.

« L'accord d'août 1916, dit la note, accorda à la Roumanie d'importantes concessions territoriales en Transylvanie, en Bukovine et dans le Bannat, ne correspondant pas à sa participation d'autant plus qu'elle déclarait borner ses opérations seulement à la Transylvanie.

« Les malheurs qui frappèrent la Roumanie sont une conséquence naturelle de son insuffisance en préparation militaire et de la politique de M. Bratiano.

Les Considérations générales de M. Polivanof portent sur le danger d'une Roumanie agrandie après la guerre, pouvant éventuellement faire valoir des revendications sur la Bessarabie, et de l'influence de la Roumanie dans les Balkans, faisant échec à celle de la Russie.

« L'échec des grands projets roumains n'est donc pas défavorable aux intérêts politiques de la Russie », conclut M. Polivanof, qui estime que, devant les proportions non prévues du concours militaire de la Russie et de la Roumanie, les concessions territoriales accordées à cette dernière doivent être revisées. »

M. Auguste Gauvain commentait cette publication dans les termes suivants :

« Les documents publiés, dont nous ne possédons qu'une analyse succincte, se rapportent à deux groupes de faits : les négociations avec les Alliés avant la Révolution, et les pourparlers avec le gouvernement révolutionnaire. Ils projettent quelques faisceaux lumineux sur le caractère de nos relations avec le Cabinet de Pétrograd. En ce qui concerne les événements d'avant la révolution, on est frappé de la persistance des ministres des affaires étrangères de Russie dans la vieille politique de Cabinet, dans les prétentions traditionnelles de chancellerie et dans les préjugés ou préventions séculaires. L'Empire avait beau être miné par la base, Nicolas II avait beau voir l'armée fondre dans l'indiscipline, les ministres qui se succédaient au Pont aux Chantres soutenaient imperturbablement les revendications de ce qu'on appelait à tort : le testament de Pierre le Grand. L'affaire de Constantinople et des Détroits est le type de ce genre de négociations. Plus les affaires militaires allaient mal, plus les prétentions s'élevaient. C'est ainsi qu'on nous a, suivant la locution usitée dans les tranchées, « bourré le crâne » avec la légende du peuple russe réclamant la possession de Constantinople et des Détroits jusqu'à la mer Egée. On prétendait que les soldats russes ne continuaient la guerre que pour cela, et que, si nous ne leur donnions pas satisfaction sur ce point capital les pires défaillances étaient à craindre. C'est sous cette pression continue que les Cabinets de Paris et de Londres finirent par céder. M. Sazonof s'empressa d'en prendre publiquement acte, et ses représentants à l'étranger s'efforcèrent d'obtenir des manifestations correspondantes, quoique la divulgation d'un accord de ce genre fût contre-indiquée au moment où l'on négociait l'intervention roumaine et où l'on pouvait encore e   r renverser le gouvernement turc lié à l'Allem   e peuple russe tenait si peu à Constantinople et au testament apocryphe de Pierre le Grand que son premier soin, après avoir renversé le tsarisme, fut de répudier toute velléité d'annexion de Constantinople et des Détroits.

A ce propos, la dépêche, en date du 20 Mars 1915, de M. Sazonof à M. Iswolsky contient un passage piquant. A titre de concession, en considération de la solution favorable de la question de Constantinople, M. Sazonof veut bien « reconnaître le maintien des Lieux Saints sous la dépendance musulmane ». Cela stupéfiera beaucoup de personnes. Cela surprend moins celles qui, à cette époque entendaient parfois parler des prétentions russes au protectorat des Lieux Saints. Les hommes d'État russes, vivant dans des milieux de chancellerie, perdaient toute notion des réalités. A leur manière et en sens inverse des maximalistes, ils étaient envoûtés par des chimères. Il

poursuivaient la création d'un empire prodigieux allant du
du Pacifique à la Méditerranée, alors que leurs faibles
mains ne pouvaient gouverner les populations divisées de
Pétrograd. La guerre de Mandchourie s'inspirait de cet
esprit. Au Pont aux Chantres, on se grisait de vertige de
l'immensité.

On y avait aussi les rancunes tenaces. On ne pardon-
nait pas à la Roumanie d'avoir sauvé l'armée russe, lors du
siège de Plevna. Dans une note du 20 novembre 1916, M.
Polivanof développe des considérations générales sur les
dangers d'une Roumanie agrandie et constate avec complaisance que « l'échec des grands projets roumains n'est
donc pas défavorable aux intérêts politiques de la
Russie ». Quelle lueur sinistre sur la fatale campagne de
Roumanie ! Comment une coalition pourrait-elle vaincre
si l'un de ses membres se réjouit du désastre de l'autre ?

Ne croyons pas, d'ailleurs, que Kerenski, le nouveau
dictateur, fût, au fond, de tendances sensiblement différentes. Au commencement d'octobre 1917, lorsque les
ambassadeurs d'Angleterre, de France et d'Italie allèrent
lui signaler la nécessité de constituer un pouvoir ferme
capable de réorganiser l'armée, il prit mal cette démarche amicale. Il ne perdit pas un instant pour remercier
M. Lansing de ce que l'ambassadeur des Etats-Unis ne s'y
était pas associé. Le remerciement était comique, car si
M. Francis ne rendit pas visite à M. Kerenski en même
temps que ses trois collègues, c'est qu'il reçut un peu trop
tard l'autorisation de son gouvernement. Mais cela montre
bien le genre d'esprit qui caractérisait le dictateur aujour-
d'hui disparu. Les fruits qu'ils nous faut tirer de cette
leçon, c'est que si nous voulons obtenir des résultats en
Russie, il faut tenir un langage ferme et agir conformément à nos intérêts. »

(Débats du 27 novembre 1917.)

III

L'affaire de Constantinople et des détroits
en 1919.

Mis en veine d'indiscrétion, le Soviet russe ne s'arrêta plus et livra à l'organe maximaliste *la Pravda*, la traduction des Accords signés entre les Alliés en 1915 et en 1917, relatifs l'un à Constantinople et l'autre à l'Asie turque, accords reproduits le 26 septembre 1918 par *le Bulletin du Comité de l'Asie française.*

Un memorandum russe demandait les territoires suivants :

« La ville de Constantinople, la rive ouest du Bosphore, la mer de Marmara, les Dardanelles, la Thrace du Sud jusqu'à la ligne Enos-Midia, les rives de l'Asie mineure, entre le Bosphore et le fleuve Sakaria et certains points du golfe d'Ismid, les iles de la mer de Marmara et les iles Imbros et Tenedos. Les droits spéciaux de la France et de l'Angleterre dans les territoires indiqués restaient inviolés. »

La France et la Grande-Bretagne présentèrent, d'autre part, une série de revendications qui furent acceptées par la Russie :

« Reconnaitre Constantinople port libre pour le transit des marchandises ne sortant pas de Russie et n'y entrant pas, et le libre passage des Détroits pour les navires de commerce;

« Reconnaitre dans la Turquie asiatique les droits de l'Angleterre et de la France qui demandent d'être exactement déterminés par une entente spéciale entre la France et la Russie;

« Conserver les Lieux-Saints musulmans et l'Arabie sous une domination musulmane indépendante;

« Inclure, conformément à l'accord anglo-russe de 1907, la zone neutre de Perse dans la sphère d'influence anglaise ;

« Reconnaître ces revendications comme devant être satisfaites. »

A l'entrée en guerre de l'Italie, nos revendications furent communiquées au gouvernement italien, et ce dernier y donna son consentement à condition d'une fin victorieuse de la guerre donnant satisfaction aux désirs de l'Italie en général et à l'Est en particulier, et lui accordant les mêmes droits que la France et l'Angleterre dans les territoires à nous concédés.

Pour ce qui est de l'Asie-Mineure, à la suite des pourparlers qui ont eu lieu au printemps de 1916 à Londres et à Pétrograd, les gouvernements alliés de Grande-Bretagne, de France et de Russie sont arrivés à un accord relativement à la future répartition des zones d'influence et des acquisitions territoriales en Turquie d'Asie et relativement à la formation dans les limites de l'Arabie d'un Etat indépendant d'Arabie ou d'une confédération des Etats arabes.

Dans ces lignes principales, l'accord se résume comme suit :

« La Russie acquiert les provinces d'Erzeroum, de Trébizonde, de Van et de Bitlis, ainsi que les territoires du Kurdistan du sud suivant la ligne Moucha-Sert-Ihn-Omar-Amalia frontière persane. Le point terminus des acquisitions territoriales russes sur les rives de la mer Noire, serait un point à déterminer ultérieurement à l'ouest de Trébizonde.

« La France reçoit la bande littorale de la Syrie, le vilayet d'Adana et un territoire délimité au sud par la ligne Aïntab-Kharpout jusqu'à la frontière russe et au nord par la ligne Ala-Dagh-Kessaria-Ak-Ladgo-Yldiz-Dagh-Zara-Oguine-Kharpout.

« La Grande-Bretagne acquiert la partie méridionale de la Mésopotamie avec Bagdad et se réserve en Syrie les ports de Caïffa et d'Acre.

« Suivant convention entre la France et l'Angleterre, la zone entre les régions françaises et anglaises constituera la confédération des Etats d'Arabie ou un Etat d'Arabie in épendant, dont les zones d'influence seront déterminées à ce moment.

« Alexandrette est déclarée port franc.

« Dans le but de garantir les intérêts religieux des puissances alliées, la Palestine et les Lieux-Saints sont exclus du territoire turc et seront soumis à un régime spécial suivant une convention entre la Russie, la France et l'Angleterre. »

En règle générale, les puissances contractantes s'engagent mutuellement à reconnaître les concessions et les prérogatives existant avant la guerre dans les rayons acquis par elles.

Elles acceptent une part de la Dette ottomane proportionnellement aux territoires acquis. »

A la suite de cette publication, M. Gauvain émettait, dans *les Débats* du 28 septembre 1918, les réflexions suivantes :

« Divulgués au commencement de cette année par la *Pravda*, l'organe de Lénine, ces documents étaient connus d'une partie du public européen. Toutefois, jusqu'ici le gouvernement français n'avait pas cru devoir en autoriser la publication. Une des raisons de sa réserve était probablement l'incorrection voulue du texte de la *Pravda*. En effet, les Bolcheviks avaient jeté des papiers secrets dans le public afin d'exciter l'opinion contre les Alliés et de donner contre eux des armes à la propagande allemande. Avec leur manque de scrupules ordinaire, ils avaient truqué le texte authentique de manière à donner le caractère le plus impérialiste possible aux arrangements des trois puissances de l'Entente. Aujourd'hui que la rapide avance des troupes alliées en Palestine et dans le sud de la Syrie rend nécessaire l'exécution des clauses stipulées entre la France et l'Angletere, on a pensé qu'il convenait de ne pas empêcher plus longtemps la divulgation en France de documents répandus dans le reste de l'Europe.

« Comme les textes de la *Pravda* sont « tripatouillés », il serait imprudent de préciser la nature des stipulations mises au jour par les archivistes bolcheviks. Mais l'ensemble est exact et le moment est venu d'expliquer la genèse des accords. Le point de départ est l'expédition des Dardanelles au commencement de 1915. En apprenant que la France et l'Angleterre avaient l'intention de porter à la Turquie, dans les détroits, un coup qui retentirait jusqu'à Constantinople, le Cabinet de Pétrograd se préoccupa de sauvegarder ce qu'il appelait les intérêts russes. Il s'acquitta de cette tâche avec autant d'énergie que de maladresse. Non seulement, il souleva contre la coopération militaire de la Grèce des objections catégoriques qui contribuèrent grandement à l'échec de l'expédition, mais encore il exigea que les Cabinets de Paris et de Londres reconnussent à la Russie des droits démesurés sur la Turquie d'Europe et d'Asie. Il réclama : la ville de Constantinople; la rive ouest du Bosphore, la mer de Marmara, les Dardanelles, la Thrace du sud jusqu'à la ligne Enos-Midia, les rives de l'Asie-Mineure entre le Bosphore et le fleuve Sakaria et certains points du golfe d'Ismid, les îles de la mer de Marmara et les îles Imbros et Tenedos; les provinces d'Erzeroum, de Trébizonde, de Van et de Bitlis, ainsi que les territoires du Kurdistan du Sud suivant la ligne Moucha-Sert-Ibn-Omar-Amalia-frontière persane. Le point terminus des acquisitions territoriales russes sur les rives de la mer Noire devait être un point à déterminer ultérieurement à l'ouest de Trébizonde.

Commencées en mars 1915, les négociations se terminèrent en février 1917. Cependant, dès mars 1915 et mai 1916, des engagements formels furent pris par les trois puissances. Durant les diverses phases de ces pourparlers, le Cabinet de Pétrograd insista très fortement sur le droit de la Russie de réaliser enfin ce qu'on appelait le Testament de Pierre-le-Grand, et l'accomplissement de sa mission historique des rives du Bosphore aux Lieux-Saints de Palestine. Or, le testament de Pierre-le Grand est apocryphe et la véritable mission historique de la Russie ne correspond nullement au programme présenté par MM. Sazonof, Isvolsky Milioukof et consorts. Nous ne savons si les diplomates anglais et français, dans leurs conversations officielles avec leurs collègues russes, osèrent élever des objections contre l'étendue démesurée, dans l'intérêt de la Russie elle-même, des revendications de la chancellerie impériale. Mais nous savons que les publicistes indépendants qui prirent la liberté, dans des conversations privées, de critiquer l'œuvre de la diplomatie russe, reçurent un accueil qui rendait difficiles d'autres entretiens. Disons-le franchement : en 1915 et en 1917, la diplomatie russe exerça sur nous une pression qu'on peut qualifier de chantage. Dirigée par des hommes qui ne connaissaient ni l'Europe, ni l'Asie, ni leur propre pays, elle fit une politique de chancellerie avec la collaboration de quelques intellectuels qui vivaient dans des rêves. *Elle nous déclara que le soldat russe ne se battait plus que pour Constantinople, et que, si nous persistions dans des objections unachroniques, elle ne pouvait plus répondre de l'armée du Tsar.*

« Cependant, même en se plaçant au point de vue russe, c'étaient les publicistes français indépendants qui avaient raison. Et pourtant, ils n'avaient point à leur disposition des arguments officiels que nos diplomates auraient pu faire valoir et que nous a révélés le récent *Livre Jaune sur l'Alliance franco-russe.* En effet ce recueil contient à ce sujet trois pièces capitales numéros 21, 22 et 24 [1].

Ces dépêches prouvent que les diplomates russes de ce temps-là, plus avisés que leurs successeurs, loin de juger nécessaire l'acquisition de Constantinople et des Détroits, l'estimaient dangereuse pour l'Empire. Il est bien fâcheux que l'Entente n'en soit pas restée là. Mais nous reconnaissons que les Cabinets de Londres et de Paris subirent au courant de cette guerre une pression telle qu'il leur était difficile d'y résister. Dans ces conditions ils durent prendre de leur côté des précautions indispensables ».

M. Isvolsky, ancien ambassadeur de Russie à Paris, crut devoir intervenir en cette affaire et adressa au directeur des *Débats* l'importante lettre suivante :

1. On trouvera ces trois dépêches plus haut.

Biarritz, villa Valentino,
le 30 septembre 1918.

Mon cher Directeur,

« Dans son article du *Journal des Débats* du 28 septembre, M. A. Gauvain, à propos des négociations à la suite desquelles les Alliés furent amenés à reconnaître à la Russie la possession de Constantinople et des Détroits, parle d'un « programme présenté par MM. Sazonof, *Isvolsky*, Milioukof et consorts ».

« Maintenant que je ne suis plus qu'un homme privé, je crois qu'il n'y a aucun inconvénient à ce que le public français sache que si, en ma qualité d'ambassadeur de Russie, je ne pouvais, à l'époque des négociations de 1915, avoir *officiellement* d'autre programme que celui de mon gouvernement, *personnellement*, j'étais loin d'approuver ce programme et M. Sazonof n'ignorait p‹ a désapprobation.

« Je voudrais rappeler à cette occasion que, en 1908, au moment de la crise bosniaque, j'avais, ‹omme ministre des Affaires étrangères de Russie, proposé, relativement aux Détroits, une solution qui comportait leur ouverture au commerce de toutes les nations sous la garantie d'un acte international collectif; loin de réclamer pour la Russie la possession des Détroits, je ne demandais en sa faveur que certaines facilités pour le passage de ses navires de guerre de la mer Noire dans la Méditerranée.

« On se souviendra peut-être que je dus retirer ma proposition à cause des ménagements que l'on se croyait obligé, à cette époque, dans les pays de l'Entente, surtout en Angleterre, d'avoir pour les Jeunes-Turcs.

« Si mon plan d'internationalisation des Détroits avait été réalisé, il est bien probable que les événements en Turquie auraient suivi un tout autre cours et que les revendications russes ne se seraient jamais produites.

« Quant à Constantinople, je n'ai jamais cessé de partager l'avis de ceux des hommes d'État russes, cités par M. Gauvain, qui considéraient que la possession en serait un danger pour la Russie.

« J'ai toujours pensé, — et je pense encore aujourd'hui, — que la domination turque en Europe est un anachronisme et une absurdité auxquels il est nécessaire de mettre fin. Mais la solution que je préconisais consistait à faire de Constantinople un port franc placé sous une administration internationale. A l'époque où j'étais ministre des Affaires étrangères, cette solution était pleinement acceptée par l'empereur Nicolas II et par le gouvernement russe ; l'abandon de mes idées et la brusque revendication, en mars 1915, de la possession de Constantinople et des Détroits fut pour moi — tout autant que pour les Cabinets de l'Entente — une surprise et n'eut jamais mon approbation.

Iswolsky,
Ancien ambassadeur de Russie.

M. Gauvain répondit à la lettre de M. Iswolsky en ces termes :

« Nous nous félicitons d'avoir provoqué ces explications de la part de l'éminent diplomate russe. Au moment où va se poser de nouveau la question de Constantinople avec l'ensemble de la question turque, il importe d'en étudier avec soin les divers éléments...

La lettre de M. Iswolsky touche, sans l'éclaircir complètement, un point d'histoire particulièrement intéressant : les négociations russes de 1908 à propos des Détroits et de la reconnaissance de l'annexion de la Bosnie-Herzégovine. M. Iswolsky était à cette époque ministre des affaires étrangères. Averti de l'intention du Cabinet de Vienne de proclamer l'annexion des deux provinces ottomanes occupées depuis 1878, il s'était rencontré avec le baron d'Aerenthal, ministre des Affaires étrangères d'Autriche-Hongrie, au château de Buchlau, en Bohême, chez le comte Berchtold, ambassadeur de François-Joseph Iᵉʳ à Pétersbourg. Les deux ministres prirent là des arrangements qui sont restés secrets dans leur détail, mais dont on sait que la modification du régime des Détroits était la condition ou une des conditions de la reconnaissance par la Russie de l'annexion de la Bosnie-Herzégovine. D'après ce que nous apprend aujourd'hui M. Iswolsky, cette modification aurait consisté dans l'internationalisation des Détroits. Or, jusqu'ici, on était persuadé qu'il n'avait été question dans les négociations de l'automne 1908 que « du libre passage pour les puissances riveraines de la mer Noire ». Et l'on entendait par là le libre passage des navires de guerre. A notre connaissance, on n'envisagea point la modification du régime applicable aux bateaux marchands. Il s'agissait seulement d'effacer le dernier vestige des clauses du traité de Paris de 1856, réputées humiliantes, et de permettre à la flotte de guerre russe de la mer Noire d'évoluer librement vers a Méditerranée...

La clause de 1856, tout en ayant en apparence un caractère déplaisant, comportait plus d'avantages réels que d'inconvénients pour la Russie. En effet, la fermeture des Détroits aux navires de guerre donnait à la Russie la maîtrise absolue de la mer Noire, les flottes turque, roumaine et bulgare ne pouvant songer à se mesurer avec celle du tsar. En 1901, il est vrai, on fit grand bruit au sujet de l'impossibilité pour les navires de guerre de la mer Noire d'aller rejoindre la flotte russe destinée à lutter contre le Japon. Heureuse prohibition! Elle sauva des bateaux qui eussent très probablement péri dans le désastre de Tsoushima. En 1908, la question du libre passage des navires de guerre pour les puissances riveraines ne présentait qu'un intérêt médiocre. C'était une affaire de chancellerie beaucoup plus qu'une affaire nationale. En fait, l'opinion russe se montra très irritée et protesta avec véhémence contre une combinaison qui faisait de la modification proposée une sorte de compensation pour l'annexion de la Bosnie-Herzégovine. Les objections formulées à Londres contre une solution désobligeante pour les puissances maritimes occidentales ne furent pas décisives. C'est le mouvement d'opinion en Russie qui fit échouer la combinaison de Buchlau. Le désir de ménager les Jeunes Turcs n'y fut pour rien ou presque rien.

« La question se présenta sous un nouvel aspect en 1911, à l'occasion de la guerre italo-turque. La Turquie, menacée par la flotte italienne qui s'en alla bombarder les Dardanelles, posa des mines dans les Détroits et les rendit impraticables à la navigation de commerce. L'émoi fut grand en Russie (et en Roumanie), et cela se comprend : il s'agissait de la fermeture du débouché de tous les produits, notamment des céréales et du pétrole, de toute la Russie méridionale et du Caucase. On en vint alors à se demander à Pétersbourg si le seul moyen de prévenir le retour de pareille catastrophe ne consistait pas dans la prise de possession de tout le littoral ottoman jusqu'à la mer Egée. M. Sazonof semble l'avoir pensé; c'est l'origine de la convention de 1915. Seulement M. Sazonof, esprit légèrement mystique, s'inspirait d'idées politiques et religieuses, tandis que les masses russes ne se préoccupaient guère que de l'intérêt économique. C'était alors pour la diplomatie occidentale le moment de rappeler les conversations de M. de Giers avec M. Ribot en 1891. Elle aurait pu faire remarquer en outre que la possession du littoral ottoman n'assurait nullement à la Russie la garantie absolue désirée, car la sortie des bateaux de commerce en temps de guerre dépendait des puissances maîtresses de la mer. Il ne valait donc pas la peine de bouleverser de fond en comble le statut territorial de l'Orient pour obtenir une sûreté relative.

« La seule solution convenable, celle qu'il va falloir imposer, consiste dans l'internationalisation, c'est-à-dire dans le contrôle international des Détroits. M. Iswolsky nous dit qu'il a proposé en 1908 un plan d'internationalisation des Détroits. Nous n'en avions pas encore entendu parler. Il serait bien intéressant de le connaître aujourd'hui... »

M. Iswoslky déféra à l'invitation qui lui était ainsi faite, par la lettre suivante :

Biarritz, le 5 octobre 1918.

« Mon cher Monsieur Gauvain,

« En commentant ma lettre publiée dans le *Journal des Débats* du 3 octobre, vous parlez des arrangements secrets pris entre le baron d'Aehrenthal et moi en 1908 au château de Buchlau, et vous exprimez le désir de connaître plus en détail le plan que j'avais conçu à cette époque pour la solution de la question des Détroits.

« L'épisode de l'entrevue de Buchlau a donné lieu à beaucoup de légendes et d'interprétations erronées, grâce aux mensonges répandus à profusion par le baron d'Aerenthal, — mensonges qui resteront dans l'histoire comme des modèles de gens perfides mais qui rencontrèrent, hélas! beaucoup de crédules en France et ailleurs. Tant que j'étais un personnage officiel, je ne pouvais pas faire la lumière complète sur cet épisode; maintenant que je suis rentré dans la vie privée, rien ne s'oppose à ce que j'essaye de remettre les choses au point; mais c'est là un travail assez long et compliqué dont je suis précisément occupé en ce moment à réunir les éléments et que je compte d'ici à quelque temps présenter au public.

« Je m'en voudrais cependant de rester sans satisfaire, dès aujourd'hui, ne fût-ce que d'une manière succincte, le désir que vous exprimez dans votre article. Voici donc, en très peu de mots, ce qui s'est passé en 1908.

« Le baron d'Aerenthal ayant profité de ma visite à Buchlau pour m'annoncer la « décision » (et non « l'intention ») du gouvernement austro-hongrois d'annexer la Bosnie et l'Herzégovine que l'Empire dualiste occupait en vertu d'un mandat qu'il tenait du traité de Berlin, je lui objectai qu'un pareil acte, s'il procédait de la volonté unilatérale de l'Autriche-Hongrie, soulèverait une grande effervescence dans les Balkans et provoquerait une crise qui mettrait en péril la paix européenne. Me rendant compte, d'autre part, que la Russie, affaiblie par la guerre russo-japonaise et par le mouvement révolutionnaire de 1905, ne pourrait pas s'opposer à cette décision sans

affronter une guerre avec l'Autriche-Hongrie et vraisem-
blablement avec l'Allemagne et que la position de la
diplomatie russe dans cette question était affaiblie
d'avance du fait de certains arrangements secrets datant
du Congrès de Berlin, je m'efforçai de persuader le baron
d'Aerenthal que, puisqu'il voulait modifier le traité de
Berlin sur un point qui intéressait l'Empire Austro-Hongrois, il devait soumettre ce point à la décision d'une
conférence européenne ; j'ajoutai que le traité de Berlin
renfermant des clauses onéreuses pour les Etats balkaniques et pour la Russie, cette conférence devrait s'occuper
également à les reviser; je lui indiquai les principales
de ces clauses et le prévins à mon tour que la Russie
demanderait pour sa part la revision, « dans un sens
favorable à ses intérêts », des stipulations concernant les
Détroits.

« Après une longue et pénible discussion, le baron
d'Aerenthal finit par se ranger à mon avis, consentit à
soumettre l'ensemble des questions auxquelles nous
avions touché à une Conférence européenne (nous discu-
tâmes même le lieu où celle-ci se réunirait) et me promit
de surseoir à tout acte unilatéral. Il n'y eut donc à proprement parler entre nous aucun « arrangement » — (le
baron d'Aerenthal m'avait pris par surprise et je n'étais
muni d'aucun pouvoir pour en conclure un) — mais un
échange d'idées à l'issue duquel le ministre austro-hongrois s'engagea à ne rien brusquer et à tout soumettre à
une réunion des puissances pour laquelle je lui promis
de préparer le terrain à Paris et à Londres où j'allais
précisément me rendre.

« On sait de quelle manière le baron d'Aehrenthal tint
parole et comment, quinze jours plus tard, *il annonça
avec fracas et de connivence avec la Bulgarie, l'annexion
des deux provinces, déclarant en même temps — ce qui
était absolument faux — qu'il avait reçu à cet effet carte
blanche de la Russie et de l'Italie.* Je ne sais pas jusqu'à
ce jour s'il prit cette résolution sous la pression de certains courants intérieurs, ou s'il y fut poussé par l'Alle-

magne; les méthodes employées par les Empires centraux au début de la guerre actuelle et certains passages du prince de Bülow tendent à confirmer la seconde de ces hypothèses.

« Je dois renoncer pour le moment à m'arrêter aux péripéties diplomatiques qui suivirent cet acte de brutalité et de mauvaise foi ; ces péripéties ont été étudiées par vous à fond dans une série d'articles dont nul plus que moi n'a admiré le brillant et la justesse...

Ce que je voulais proposer à la Conférence, c'était la revision complète des stipulations surannées touchant aux Détroits, qui dataient de la Convention de 1841 et qui avaient été successivement confirmées à Paris en 1856, à Londres en 1871 et à Berlin en 1878. Dans ma pensée, ces stipulations devaient être remplacées par une Convention spéciale (dans la forme de celle de 1888 concernant le canal de Suez) dans laquelle le droit de passage par les Détroits des navires de commerce de toutes les nations serait défini d'une manière beaucoup plus nette et placé sous la sauvegarde collective des puissances. (Je pensais même à la création d'un organe international de surveillance.) D'autre part, la Russie et les autres pays riverains de la mer Noire (Roumanie et même Bulgarie) devaient recevoir le droit de faire passer leurs navires de guerre de la mer Noire dans la Méditerranée, et *vice versa*...

Dès le premier mot que je touchai à Londres de la question des Détroits, on m'objecta que soulever cette question, serait porter un coup au régime qui venait d'être installé à Constantinople et au sujet duquel on entretenait à cette époque, dans les pays de l'Entente, les espoirs et les illusions que l'on sait : l'Angleterre ne pouvait, pour sa part, y consentir.

Je ne puis faire autrement que d'affirmer à nouveau que ce fut bien cette objection qui me détermina à abandonner mon projet, et nullement la campagne entreprise contre ce projet et contre l'idée même de la Conférence, au risque de faire le jeu des puissances centrales, par le *Novoïé Vrémia* et quelques autres journaux russes qui étaient loin de représenter l'opinion de toute la Russie. Une campagne analogue menée l'année précédente par les mêmes journaux contre les accords que je négociais avec le Japon ne m'avait pas empêché de signer ces accords, dont l'effet bienfaisant se manifeste pleinement en ce moment.

Les événements de 1908, qui faillirent dès alors mettre le feu à l'Europe, contenaient en germe la catastrophe que les puissances centrales ont déchaîné en 1914. Je me permets d'espérer que les lignes qui précèdent et que je ne voudrais pas allonger davantage contribueront dans une certaine mesure à en éclairer quelques points restés obscurs, et qu'à ce titre vous trouverez peut-être utile de faire connaître le contenu de cette lettre au public français.

Pour ce qui est de Constantinople, vous savez déjà que mon « système » a toujours été — et continue à être — d'en faire une ville libre et un port franc placé sous la garantie collective des puissances et gouvernés par une administration internationale.

ISVOLSKY,
Ancien ambassadeur de Russie.

M. Gauvain crut devoir ajouter ce commentaire :

« La lettre que M. Isvolsky nous fait l'honneur de nous adresser est une précieuse contribution à l'histoire de la grande crise européenne, et l'on se réjouira que nous l'ayons provoquée. En effet, *ce fut la proclamation de l'annexion de la Bosnie-Herzégovine, sans accord préalable avec les puissances signataires du traité de Berlin, qui marqua la volonté de la Germanie de régler unilatéralement les grandes questions internationales.* Le manque de parole du baron d'Aehrenthal en ce qui concerne la réunion d'une Conférence européenne, accentue cette volonté. Comme le fait remarquer l'éminent diplomate russe, il y a tout lieu de croire que l'Allemagne poussa le ministre autrichien à revenir sur l'engagement pris par lui à Buchlau. Dès ce moment, les Cabinets de Vienne et de Berlin jouaient la comédie; le premier feignait de n'avoir pas su ce que le second se proposait d'accomplir. En fait, tous deux étaient d'accord pour mettre les autres puissances en présence des faits accomplis et les forcer à ratifier ceux-ci. Seulement, auparavant, ils s'efforçaient de compromettre un ou deux des autres Cabinets afin de neutraliser l'opposition des puissances restées dans l'ignorance de leurs projets. Telle fut la manœuvre de Buchlau dont M. Isvolsky nous révèle le mécanisme...

« Ce qu'en montre aujourd'hui l'ancien ministre de Nicolas II prouve que l'Autriche-Hongrie avait alors adopté les méthodes bismarckiennes et délibérément *abandonné son rôle de puissance d'équilibre en Europe pour collaborer avec l'Allemagne à une œuvre de domination*. Souhaitons que cette nouvelle confirmation d'un grand fait historique persuade aux austrophiles occidentaux de se rallier aux projets de reconstitution de l'Europe centrale sur la base de l'indépendance des peuples intéressés à se mettre en travers des ambitions germaniques...

Le plan de M. Isvolsky, sur le contrôle international de la navigation dans les Détroits nous paraît excellent et digne d'être repris dans les circonstances présentes. La création d'un organe international de surveillance s'imposera lors du règlement des affaires turques. C'est même une combinaison de ce genre qui permettra probablement de résoudre non seulement la question des Détroits, mais aussi celle de Constantinople et de ce qui restera de la Turquie d'Europe. »

En résumé, la correspondance de M. Iswolsky éclaire un point historique important et résout un des plus délicats problèmes politiques de ce temps. L'Alliance Franco-Russe souleva d'autres difficultés depuis sa genèse de 1890 jusqu'à son aboutissement. Les papiers du *Livre Jaune* ne les mentionnent point, parce qu'ils ne touchent en réalité qu'à la genèse de l'alliance. Mais quelles que soient les vicissitudes par lesquelles cette alliance a passé, quelles qu'aient été les manœuvres de Guillaume II et de ses ministres depuis 1901 pour la combattre ou la dissoudre, il n'en demeure pas moins vrai qu'elle est demeurée ce qu'elle devait être, jusqu'au moment où les disciples de Raspoutine ont paru triompher dans les Conseils du Tsar et amener les Bolchevistes à se ruer au pouvoir. Il en appert nettement que le jour où l'anarchie cessera de dominer en Russie, il faudra, je le répète, revenir à cette Alliance qui sera une force de plus pour maintenir une paix dont l'Allemagne subira impatiemment les rigueurs. Tout dépendra de l'union des Français entre eux... Ils ne pourront pas dire qu'ils n'ont point été avertis.

CHAPITRE X

TEXTE DU TRAITÉ
DE LA TRIPLE ALLIANCE (20 mai 1882)

d'après les *Diplomatische Aktenstücke*
ou *Livre Rouge* autrichien

ARTICLE PREMIER. — *(Cet article, suivant les dires de M. Sonnino, ministre des Affaires Étrangères d'Italie, consacrait l'engagement mutuel des signataires de procéder à un échange d'idées sur les questions politiques et économiques qui pouvaient se présenter éventuellement).*

ART. 2. — *(Cet article visait*, dit le publiciste Chala, *les garanties territoriales des États des trois contractants. — Histoire de la Triplice).*

ART 3. — Si une ou deux des puissances contractantes, sans provocation de leur part, sont attaquées par deux ou plusieurs puissances non signataires du présent traité et sont entraînées dans une guerre avec les dites puissances, le *Casus fœderis* se présente pour tous les contractants en même temps.

ART. 4. — « Si une grande puissance, qui n'a pas signé le présent traité, menaçait la sécurité de l'un des contractants, et si l'État menacé était ainsi contraint à déclarer la guerre, les deux autres s'engagent à pratiquer avec leur allié une neutralité bienveillante. Chacun reste, en ce cas, libre de participer à la guerre, s'il le croit opportun, pour faire cause commune avec son allié.

ART. 5. — (*Cet article fixait la durée de la Triple-Alliance à cinq années*).

ART. 6. — (*Le texte n'a pas été connu jusqu'à ce jour, mais il paraît qu'il concernait les mesures à prendre par les trois Alliés pour combattre les manœuvres révolutionnaires qui pouvaient menacer leurs États*).

ART. 7. — L'Autriche-Hongrie et l'Italie, qui n'ont pour but que la conservation du *statu quo* en Orient, s'engagent à faire valoir leur influence, afin que soit évité tout changement territorial préjudiciable à l'une ou à l'autre des puissances contractantes. Elles se donneront réciproquement toutes les explications capables d'éclaircir leurs intentions respectives, ainsi que les intentions des autres puissances. Si, cependant, le cas se produisait que, dans le cours des événements, le maintien du *statu quo* dans le territoire des Balkans et des côtes et des îles ottomanes de la mer Adriatique et de l'Égée devint impossible ; et que, soit en conséquence des agissements d'une tierce puissance, l'Autriche et l'Italie fussent obligées de changer le *statu quo* par une occupation temporaire ou durable ; cette occupation se produirait seulement, après des accords préalables entre les deux puissances sur la base du principe d'un consentement réciproque pour tous les avantages territoriaux ou d'un autre ordre que l'une des puissances viendrait à obtenir en dehors du *statu quo* actuel, de manière à donner satisfaction aux aspirations justifiées des deux parties.

N. B. — Voir pour le commentaire des art. 3, 4, 7 de ce traité, mon livre sur *La Mission du prince de Bülow* (déc. 1914-mai 1915) chez Bloud et Gay, — 1916, pages 72 et 86 à 91.

CHAPITRE XI

DISCOURS DE MM. ALEXANDRE RIBOT
ET STEPHEN PICHON
Ministres des Affaires Étrangères

AU SUJET DE LA RUSSIE

(19 septembre — 19 octobre et 27 décembre 1917)

DISCOURS DE M. RIBOT

(Le 19 septembre 1917, dans l'interpellation de MM. Chaulin-Servinière et Jobert sur la politique générale du gouvernement).

M. Emile Constant avait rappelé à M. Ribot sa promesse de publier toutes les tractations secrètes et tous les engagements pris avec la Russie.

Le Ministre des Affaires Étrangères répondit que le Gouvernement n'avait pas de diplomatie secrète, que la France était prête à tout dire et à tout montrer; que ses buts de guerre et ses conditions de paix étaient non pas des convoitises, mais le Droit lui-même. Il avait annoncé qu'il publierait tous les documents antérieurs à la Guerre et les engagements qui pourraient nous lier à d'autres nations. Ces documents étaient prêts. Il était prêt à les dévoiler; mais il ne pouvait le faire qu'avec l'assentiment des Alliés, car il tenait à maintenir entre eux et la France, la confiance et l'union.

« C'est de Pétrograd, dit-il, que m'est venue la prière de différer ces publications. Dans la situation difficile que traverse notre grande alliée, je lui dois, ajoutait-il, non-seulement des égards diplomatiques, mais encore de ne pas accroître les difficultés de sa situation (*Applaudissements*) ».

Le ministre n'avait d'ailleurs rien à cacher. N'avait-il pas parlé assez haut? Est-ce qu'il y avait un doute dans la Conscience universelle sur ce que nous exigions et sur ce que nous obtiendrions? « Car si nous ne l'obtenions pas, disait-il, ce serait la mort et le déshonneur pour ce pays! » (*Nouveaux applaudissements.*)

On demandait au gouvernement quels étaient ses buts de guerre et ses conditions de paix. « Nous voulons uniquement le Droit. La France ne veut pas de conquêtes. Elle ne fera violence à aucun peuple. Ce qu'elle réclame, c'est le Droit et si ce Droit ne lui est pas accordé, ne parlez pas d'une Société des Nations; ne parlez pas d'une paix durable! Elle serait morte d'avance cette paix. Elle aurait été viciée à l'origine par l'injustice même qui y aurait été déposée. (*Vifs applaudissements*). Quand nous réclamons la restitution de l'Alsace-Lorraine, que demandons-nous au monde? Nous sommes les champions du Droit violé. Nous avons été les victimes et nous demandons au monde entier de s'unir à nous pour faire de cette paix du droit une paix durable en lui donnant la préface qui lui est nécessaire; ce préliminaire indispensable pour effacer l'injustice qui a été commise il y a quarante-six ans et qui, pendant quarante-six ans a pesé si lourdement sur nous. Si l'on ne fait pas cela, on ne fait rien. Ce serait une trêve de quelques années. Eh bien, cela serait la mort de ce pays (*Applaudissements*). Et puis j'ai ajouté : la restitution de l'Alsace et de la Lorraine ne nous suffît pas. Il nous faut des réparations. (*Applaudissements*) ».

Le ministre affirmait que ce n'était pas là des vengeances à poursuivre, mais que c'était la réclamation du Droit et de la Justice. «Pourrions-nous retourner la tête haute dans les pays dévastés qui portent les stigmates de nos ennemis, si nous n'avions pas exigé pour toutes les victimes de cette invasion la réparation légitime qui leur est due? (*Vifs applaudissements*) Et puis, j'ai ajouté avec vous tous : il faut des garanties. Nous n'allons pas signer une paix pour que demain, nous soyons obligés, nous ou nos enfants, de reprendre les armes. Et je dis à vous tous, comme le Président des États-Unis : ces garanties, je les trouve dans la volonté de la nation. Que vaudra la signature de ceux qui gouvernent à l'heure présente, si l'Allemagne sait qu'il n'y a pas derrière cette signature la volonté ferme, évidente du peuple allemand? (*Nouveaux et unanimes applaudissements*) ».

Voilà ce qu'avait dit le Ministre des Affaires Étrangères, et il voyait, par l'adhésion de toute la Chambre, qu'il exprimait les sentiments de ce noble pays de France qui, depuis trois ans, portait le principal fardeau de cette guerre. « Au mois de décembre dernier, quand le Président Wilson nous a demandé, ajoutait M. Ribot, quels étaient nos buts de guerre, nous n'avons manqué ni de courage ni de franchise. Nous avons parlé. Tous les Alliés ont parlé. Qu'a-t-on dit de l'autre côté du Rhin? Rien. On n'a rien voulu dire... Que l'on nous parle, que l'on nous dise ce que l'on peut, ce que l'on veut consentir ! Accepte-t-on de nous rendre l'Alsace-Lorraine? Accepte-t-on de réparer les dommages qui nous ont été causés? Accepte-t-on cette Société des Nations? Nous sommes prêts à causer, soyez-en sûrs ; mais nous ne causerons que lorsque nous aurons les garanties nécessaires et la certitude qu'on ne nous attire pas dans un piège... (*Vifs applaudissements*). En ce qui me concerne, je m'efforcerai toujours de concilier l'habileté nécessaire avec le sentiment très élevé de ce qu'est la France, de ce qu'elle représente dans le monde et de l'honneur que nous avons tous à la servir du plus profond de notre cœur. (*Vifs applaudissements sur un grand nombre de bancs*) ».

La Chambre se déclara satisfaite de ces explications, malgré l'intervention de M. Renaudel, qui prétendit que la préoccupation de M. Ribot était de ne pas révéler tout de suite quelles pouvaient être les conditions de la paix qui correspondraient au Droit et qui alla jusqu'à dire : « Nous répudions la conception qui conduit à déclarer qu'il faut que l'Allemagne soit écrasée militairement dans les conditions que personne ne peut jusqu'ici prévoir ou définir, comme si la paix ne devait pas être conclue si l'Allemagne acceptait les conditions du Droit. Il faut exposer dans les détails ces conditions basées sur le Droit ! » La Chambre des députés approuva les déclarations du gouvernement par 358 voix contre 134 abstentions de la gauche radicale et de l'extrême gauche, qui trouvent aujourd'hui trop rigoureuses les conditions émises par les Alliés dans les Préliminaires de paix.

DISCOURS DE M. RIBOT

(le 13 octobre 1917
dans l'interpellation de M. Georges Leygues.)

Le 13 octobre 1917, lors de l'interpellation de M. Georges Leygues sur le personnel et sur l'action diplomatiques de la France, M. Ribot fut encore appelé, comme Ministre des Affaires Étrangères, à renouveler ses déclarations. Il défendit des hommes de valeur, tels que MM. Jules et Paul Cambon et M. Barrère, qui avaient rempli avec intelligence et fermeté leurs devoirs d'ambassadeurs. Il rappelle comment l'un avait mené ses affaires à Londres, en août 1914, avec autorité et sang-froid. Tout le monde sait comment l'autre avait, à Berlin, tenu dignement son rôle et de Berlin prévenu à diverses reprises le Gouvernement des intentions et préparatifs hostiles des Allemands. L'ambassadeur d'Italie avait préparé, avec cette puissance, un rapprochement qui paraissait difficile à réaliser et avait dissous les liens de la Triplice. M. Ribot ajoutait — ce qu'il convient de répéter aujourd'hui — : « En entrant en

guerre, l'Italie comprenait que son devoir était de donner
la main à la France, parce que la France défendait la
cause non seulement des pays latins, mais celle du droit
et de la civilisation et que l'avenir de l'Italie était lié à la
victoire même de la France... »

Quant à la situation diplomatique, le ministre ajoutait,
en réponse à un récent défi de M. de Kühlmann : « Nous
aurons la victoire et nous aurons l'Alsace-Lorraine,
malgré les forfanteries de tribune qui montrent que tout
au moins la question s'impose à l'Allemagne et qu'il ne
lui est plus permis de la méconnaître, de l'oublier ou de la
nier... C'est la volonté de la France de se voir restituer ses
provinces, son bien, sa chair! » M. Ribot rappelait enfin
que M. Balfour, M. Asquith, M. Lloyd George et que le roi
d'Italie avaient, eux aussi, déclaré publiquement qu'il n'y
avait pas de paix sans la restitution de l'Alsace-Lorraine.
Ce discours patriotique fut, comme le précédent, acclamé
par la très grande majorité des députés.

DISCOURS DE M. STEPHEN PICHON

(dans l'interpellation de M. Moutet, le 27 décembre 1917).

Au cours de l'interpellation de M. Moutet le 27 décembre 1917 sur les négociations secrètes engagées entre les
Alliés au sujet de la Russie, le ministre des Affaires
Étrangères, M. Stephen Pichon déclara que le gouvernement ne pouvait se désintéresser de la question russe.
Il rappelait les actes du gouvernement révolutionnaire,
ses liens nouveaux avec le gouvernement allemand, ses
pourparlers pour une paix immédiate, la publication des
actes secrets des Affaires Étrangères, les menaces de
dissolution de la Constituante, si elle était l'adversaire des
maximalistes, la déclaration de nullité des opérations de
crédit des étrangers, l'anarchie et les excès qui le
signalaient déjà... M. Pichon dénonçait aussi les desseins
perfides de l'Allemagne qui avait intérêt à soutenir cet
état révolutionnaire et songeait déjà à partager les

dépouilles de l'ancien Empire des Tsars. « Nous avons, affirmait-il, le devoir de rester en relations avec tous les éléments sains de la Russie et être présents partout où survit une trace d'autorité. Nous considérons, ajoutait-il, comme nécessaire pour la sauvegarde de nos intérêts, de remplir nos obligations envers un pays auquel nous avons été attachés par une alliance d'un quart de siècle. » Le ministre entendait rester d'accord avec l'Angleterre et l'Italie pour l'unité d'action et si la Russie nous manquait comme alliée, les États-Unis viendraient à notre secours avec toutes leurs forces. « Dans trois ans ! » criait ironiquement un socialiste. L'événement a déjoué cette exclamation pessimiste et, on peut le dire, de la façon la plus éclatante. La Chambre par 382 voix approuva les déclarations du gouvernement qui avait choisi pour programme la reprise de l'Alsace-Lorraine, la défense des nations opprimées par les Allemands, la reconnaissance de tous nos droits et l'obtention des réparations et des garanties nécessaires.

La France entend que ce programme soit appliqué dans toute sa teneur, sans la moindre indulgence pour nos éternels ennemis, en même temps que l'union avec tout gouvernement qui, comme celui de l'amiral Koltchak, entend vaincre l'anarchie bolcheviste et rétablir l'ordre et la sécurité en Russie. C'est d'ailleurs la politique qui semble prévaloir parmi les Alliés, qui ont fini par comprendre que l'indifférence ou une neutralité égoïste à cet égard seraient la pire des fautes.

CHAPITRE XII

ANALYSE DU RAPPORT DE M. MARGAINE
député de la Marne

SUR LE LIVRE JAUNE DE 1918

Le 8 mai dernier, a été déposé à la Chambre des députés le rapport de M. Margaine, député de la Marne, au nom de la Commission des Affaires extérieures sur le *Livre jaune* relatif à l'Alliance franco-russe [*] . Je le reçois au moment d'achever la correction des épreuves de ce livre et ne puis que l'analyser ici, alors que j'aurais préféré l'utiliser ou le critiquer dans mon travail même, pour les parties auxquelles il se réfère naturellement.

Après une étude de sept mois, la Commission, pour répondre à la mission que lui avait confiée la Chambre le 26 septembre 1918, a divisé son travail en trois parties : 1° un exposé de la situation générale au moment des pourparlers engagés entre la France et la Russie — 2° une analyse des documents du *Livre Jaune* ; — 3° un examen de l'action de la diplomatie française, tiré des

[*] N° 6036 — 11° Législation — Session 1919 de la Chambre des Députés.

documents nouveaux communiqués par le Ministre des Affaires Étrangères.

.·.

Dans le premier chapitre intitulé *l'Évolution politique après 1870*, M. Margaine remarque qu'au lendemain de la Constitution de l'Empire allemand, la Russie, qui cherchait sa voie vers la mer libre par Constantinople, dont elle convoitait alors la possession, ne fut pas contrariée à cet égard par le prince de Bismarck. Le chancelier, qui ne pensait qu'à développer la prospérité de sa nation par une puissante expansion commerciale et industrielle, aimait assez à pousser les autres peuples dans la politique d'aventures. Il voulait former l'alliance des trois Empereurs d'Allemagne, d'Autriche et de Russie, et pour y arriver, essayait de faire disparaître la rivalité persistante entre la Russie et l'Autriche. Il fallait que le chemin diplomatique entre Berlin et Pétersbourg restât constamment libre. Il importait aussi que la Russie s'assurât de l'amitié de l'Autriche et ne lui disputât pas sa légitime part dans la succession de la Turquie. Le devoir de l'Allemagne était donc de maintenir la paix entre ses deux voisins pour se garantir elle-même, et assurer par là même l'avenir de l'Italie. Bismarck affectait en paroles des dispositions pacifiques à l'égard de la France et, après l'échec de l'Alerte de 1875, rejetait cyniquement l'idée d'une nouvelle guerre sur l'État-Major allemand et sur le maréchal de Moltke. Lorsqu'il eût déçu les visées de la Russie sur l'Orient et amoindri ses succès en 1878 au Congrès de Berlin, il accusa Gortchakov d'avoir obligé l'Allemagne à se jeter entre l'Autriche et la Russie, fidèle à sa méthode qui consistait à attribuer à autrui les fautes commises par lui-même. Pour se venger du rapprochement naturel de la Russie vers la France, il lui ferma le marché financier de Berlin, rayant ainsi les valeurs russes de la liste des valeurs destinées à servir de gage aux avances sur nantissement. Il croyait que la

Russie serait 'fatalement vouée à la banqueroute, et les déficits habituels du budget de cet État semblaient justifier ses prévisions.

Afin de remédier à cette situation, les ministres des finances russes Wyschnegradski et de Witte durent recourir au marché des capitaux français. Ils obtinrent, ainsi, en 1887, un emprunt de 4 p. 100 sur la place de Paris qui fut accueilli avec faveur. Alexandre III s'était rangé à cette politique nécessaire. La Triple-Alliance, formée par l'Allemagne, l'Autriche et l'Italie, avait d'ailleurs une attitude assez roide qui, laissait prévoir bien des périls. Bismarck, voulant faire oublier aux Italiens leurs exigences sur Trente et Trieste, avait poussé Crispi à la guerre d'Abyssinie où celui-ci devait subir les plus cruels mécomptes. Mais, en même, le rusé Chancelier faisait accuser la France de soutenir Ménélik et d'avoir aussi l'intention d'attaquer à l'improviste le port de la Spezzia. Il cherchait à soulever partout des incidents pour compromettre et attaquer la France, comme dans l'affaire Schnœbelé et l'aventure boulangiste. La France ne pouvait rester isolée devant la Triplice, menée par un chef aussi perfide et aussi dangereux. La Russie comprit également que ses intérêts et ses destinées étaient menacés et elle cessa de faire le jeu du chancelier. « Les conversations préliminaires franco-russes, écrit M. Margaine, naquirent ainsi sous des auspices favorables. A Paris, la Haute Finance qui prétendait tenir de nos lois son indépendance complète vis-à-vis du Gouvernement, voyait s'ouvrir des horizons financiers plus étendus et plus avantageux que ceux du Honduras et du Mexique ».

Ici, il est permis de répondre à M. Margaine — bien que personnellement je n'ai nullement l'intention de me constituer le défenseur des financiers — que la Haute Finance paraît avoir agi, aussi bien par patriotisme que par intérêt personnel, en cette affaire.

« L'Allemagne, dit M. Margaine, comprit trop tard le danger du jeu qu'elle avait joué, et les efforts de M. de Mohrenheim à Paris pour empêcher la nouvelle alliance furent vains ».

Je crois bien avoir démontré quelle fut la politique de Mohrenheim en cette occurrence, et je me demande où et comment l'ambassadeur russe aurait cherché à empêcher l'Alliance franco-russe. Son seul mérite est d'y avoir contribué, non pas avec un talent diplomatique absolu, mais avec une réelle bonne volonté, et l'ouvrage publié par Jules Hansen « *L'Ambassade à Paris de M. de Morhenheim* (1884-1898) », semble donner un démenti absolu à l'accusation portée contre les actes de cet ambassadeur.

« L'éviction de Bismarck, continue M. Margaine, l'arrivée de Caprivi, puis de Hohenlohe amenaient l'ouverture d'une période de détente ; mais celles-ci ne pouvaient plus arrêter le mouvement qui était né. La France accueillait, avec d'autant plus de cordialité, la venue de son nouvel allié qu'elle n'avait aucune raison de douter de lui, puisqu'au fond il lui était complètement inconnu. Les sphères dirigeantes ne surent pas d'ailleurs le lui faire connaître. Peut-être, à vrai dire, ne cherchèrent-elles pas elles-mêmes à en approfondir la connaissance ».

A ces lignes qui veulent et doivent être satiriques, M. Margaine en joint d'autres qui sont graves et qu'il emprunte à M. Charles Rivet dans son livre, *Le dernier Romanoff*. « La connaissance du sujet et la faculté de tout dire eussent-elles existé, affirme-t-il, que le système établi en France par M. Arthur Raffalovitch, agent du Ministère des Finances russes, a toujours été là pour atténuer la lumière nous venant du Septentrion. Depuis de longues années, M. Raffalovitch, d'ordre de son gouvernement, avait su ménager les sympathies de nombre de Rédactions sous la forme d'une publicité lucrative et, sans leur demander expressément en retour un appui pour sa mauvaise cause, le dispensateur des fonds secrets russes obtint du moins des silences, tout au moins complaisants, pour ne pas les qualifier de coupables ».

Qu'y a-t-il de vrai dans cette affirmation ? C'est à M. Raffalovitch à y répondre et à démontrer si réellement il aurait entretenu ou non une ignorance utile aux desseins secrets de la Russie.

M. Margaine ajoute que la politique extérieure de notre histoire restait à cette époque inconnue du public, comme si hélas! à toute époque, le public et même le Parlement s'en étaient jamais occupés à fond?... Il crut pouvoir dire que cette politique était d'autant plus inconnue que notre diplomatie s'efforçait de nous empêcher de nous en mêler. Disons plutôt, avec le rapporteur lui-même, que l'opinion publique se préoccupait presque exclusivement des luttes intérieures d'ordre confessionel... Et qui donc avait amené ces luttes? Le Parlement lui-même, qui mettait au-dessus des lois intéressant la Défense nationale et le Crédit public, les projets néfastes contre les écoles privées, contre la liberté des pères et mères de famille, contre l'indépendance des citoyens, contre les intérêts secrets de la religion et de ses fidèles, contre la masse des Français désireux avant tout de jouir sincèrement et complètement des droits de l'Homme et de Citoyen... Le rapporteur blâme le Parlement qui représentait (ou plutôt devait représenter) l'opinion publique, de laisser le Gouvernement à peu près sans contrôle effectif en matière extérieure. J'ai assisté pendant cinquante années de ma vie aux débats du Corps Législatif, de l'Assemblée Nationale, de la Chambre et du Sénat. Je dois dire que, pour la période de 1875 à 1918, les débats sur la politique extérieure ont été sinon très ordinaires, du moins fort restreints. L'habitude générale du Parlement était de rester bouche bée ou bouche cousue devant le Ministre des Affaires Étrangères, considéré comme un oracle; et d'ailleurs la plupart de nos parlementaires, non seulement ignoraient ce qui se passe à l'intérieur, mais dédaignaient de s'en occuper. « Le rapprochement de la Russie et de la France, conclut M. Margaine, fut facile. Il se fit de la part de la France, sans lumière et sans condition ».

Ceci semble bien sec et bien méprisant. La France, si naïve qu'on la suppose, avait pourtant bien compris qu'à la Triple-Alliance il fallait opposer une Double-Alliance forte et solide, et elle y courut d'elle-même. Cette spontanéité est tout à son honneur, car sans avoir les lumières de ceux qu'elle appelle ses Représentants, elle a d'elle-même voulu une alliance qui a tenu ses ennemis en respect pendant vingt ans et lui a rendu sa place d'honneur parmi les nations. C'est bien quelque chose.

Après avoir étudié en détail les documents du *Livre Jaune* sur les préliminaires de l'Entente, les négociations et la préparation diplomatique de l'Entente, la Mission militaire française à Pétersbourg, les vicissitudes de la Convention militaire et de sa ratification, le rapporteur examine la situation monétaire de la Russie, l'état intérieur de ce pays et la famine qui le dévastait.

M. Margaine insiste sur ce point que la Russie cherchait surtout par l'alliance un appui financier en France, grâce auquel elle pourrait consolider sa situation budgétaire et financière très chancelante, tant à l'intérieur qu'à l'extérieur. Cela n'a rien de surprenant, car le but de cette nation, comme le but des autres nations, ne pouvait être absolument désintéressé. Du moment qu'elle apportait à la France un appui réel qui raffermissait sa situation et lui permettait d'affronter les menaces plus ou moins nettes de la Triple-Alliance, elle voulait et devait obtenir les avantages qui lui étaient indispensables. Notre secours moral et pratique a été considérable, puisque nombre de fois le public français a souscrit amplement à des emprunts russes lancés par nos financiers. Toutefois, il est permis, comme le fait M. Margaine, de regretter qu'en fournissant à la Russie, par notre or abondant une aide aussi puissante, nous n'ayons pas eu d'éclaircissements bien nets sur la situation intérieure de ce pays, et que l'accord diplomatique n'ait pas été assez précisé, car on s'engageait dans un chemin indéterminé, sans explications précises, sans contrôle aucun.

Il est certain que, à notre insu, la Russie a souvent gaspillé les ressources fournies par nous pour éviter la banqueroute et que, pour échapper à des crises intérieures violentes, elle s'est jetée dans la guerre japonaise; mais, que mal dirigée, mal gouvernée, en proie à des aventuriers ou à des incapables, elle a finalement sombré dans la Révolution. On peut regretter que le gouvernement français, et que les divers Ministères qui se sont succédé depuis 1878, n'aient pas fait entendre assez à cette puissance alliée le langage méthodique de la Raison et aient eu des illusions trop vastes sur la portée de l'alliance. M. Margaine dit avec amertume : « Pas un instant, la France n'intervient! » Mais la France, c'est le gouvernement, la France, c'est le Parlement... On louait publiquement, ou dans les banquets, le grand acte politique de l'Alliance qui, paraît-il, avait eu le temps d'affirmer son caractère et de porter ses fruits; on buvait à la prospérité des deux pays et tous les citoyens croyaient trouver dans ces manifestations, dans ces toasts fraternels, une politique de sagesse et de force. On ne prêtait pas assez attention aux mouvements révolutionnaires qui, à partir de 1902, se généralisaient et s'aggravaient sans cesse, jusque dans l'armée russe elle-même. La guerre contre le Japon leur avait donné une force plus grande encore et contraint le gouvernement du Tsar à permettre des réformes libérales, en donnant un plus grand rôle aux Zemstvos. Mais les intrigues de Cour l'emportaient sur la volonté de Nicolas II et enlevaient toute importance à ces assemblées populaires. Il fallut réunir, en 1908, une Assemblée nationale sous le nom de Douma et promettre au peuple l'inviolabilité de la personne de chaque citoyen, avec la liberté de conscience, de parole et d'association. Mais ces promesses ne furent pas tenues, et trois fois la Douma fut dissoute. Ces événements, pas plus que le traité de Bjœrkœ, ne parurent troubler l'optimisme du gouvernement français. Ici nous acceptons les critiques de M. Margaine.

Et cependant, comme l'avait affirmé le prince de Hohenlohe, dans ses *Mémoires*, l'Allemagne, fidèle à sa politique de ruses et de perfidies, s'était engagée à ne pas contrarier l'action de la Russie en Orient, à la condition que cette puissance restât neutre dans des circonstances critiques où la France aurait peut-être vu menacer ses plus précieux intérêts. Il est certain que le Tsar se laissait trop facilement influencer par le Kaiser et qu'il acceptait des entrevues compromettantes, comme celle de Bjœrkœ en 1901 et celle de Potsdam en 1910, et qui aboutissaient entre autres à un accord au sujet de la Perse et à la liaison de ce pays avec le fameux chemin de fer de Bagdad.

Dans le chapitre IX « *les Responsabilités* », le rapporteur constate que si l'alliance s'est présentée au début sous d'excellents auspices grâce à l'influence de la diplomatie, elle s'est transformée tout à coup. Pourquoi a-t-on laissé la parole aux militaires « dont la seule fonction est de faire la guerre et qui ne sont préparés qu'à cela? » Pourquoi le traité en germe, qui aurait dû être avant tout un traité d'alliance, s'est-il changé en une Convention militaire? Les deux peuples restent étrangers l'un à l'autre « et seules, les deux armées prétendent s'unir en vue d'une guerre, au sujet de laquelle le moins qu'on puisse dire, remarque M. Margaine, c'est qu'on ne sait pas quel est celui des deux Etats-majors qui l'a le plus complètement méconnue. »

A cela, il convient de répondre que la vraie forme de de l'Alliance franco-russe, en face de la Triple-Alliance et des menaces incessantes de Guillaume II, du renforcement de ses armées et de sa flotte, était nécessairement une convention militaire. La France avait besoin d'être soutenue par une forte armée, telle que celle de la Russie, et il serait injuste de ne pas rappeler que celle-ci a vaillamment tenu ses promesses jusqu'au moment fatal de la chute de Nicolas II. En outre, notre Etat-major, représenté par Miribel et Boisdeffre, s'est montré, comme le prouvent les dépêches du *Livre jaune*, fort instruit et fort capable, et il ne mérite pas le dédain avec lequel on le traite aujourd'hui. J'ajoute qu'il y a eu des circonstances où les militaires ont montré au moins autant de capacité que les diplomates. En tout cas, ils les ont beaucoup aidés. Cela me rappelle un mot de Napoléon à Talleyrand se félicitant lui-même de l'un des grands traités de l'Empire : « Convenez, monsieur, que je n'y ai pas nui! »

Est-il juste encore de dire : « Le peuple français, exhorté par les financiers, conseillé par les militaires, a aidé à étouffer la première Révolution russe causée par la famine, afin de se prémunir contre la guerre. Jamais il ne s'est douté de ce qu'on lui faisait faire ? » Le peuple français très intelligent, n'y vit alors qu'une chose : garder une alliance qui renforcerait ses moyens d'action contre la Triplice. S'il avait laissé se produire la première révolution russe, il n'aurait pu lutter avec tant de constance contre les Austro-Allemands, car le nombre des ennemis eût eu raison de son infériorité numérique, et la guerre eût été infailliblement perdue.

Sans doute, le gouvernement français aurait dû exercer une surveillance plus vigilante sur les déficits budgétaires de la Russie et sur la coopération financière qu'il donnait lui-même si largement à ce pays, en tenant compte des avertissements de ses propres agents qui, depuis 1893, cherchaient à le bien renseigner à cet égard, comme l'indiquent les nouveaux documents du Ministère des Affaires Etrangères.

Toutefois, ces agents ne détournaient pas la France de continuer à souscrire aux emprunts russes, puisque l'un d'eux, M. Verstraete, appuyé en cela par M. de Montebello, notre ambassadeur, écrivait en 1900 : « A la crise actuelle il n'y a qu'un seul remède. Si des bas de laine de l'épargne française, quelques centaines de millions tombaient encore sur la Russie, on verrait les commandes affluer aux usines, la confiance renaître, et toutes les branches de la vie économique refleurir aussitôt. » A ces observations, M. Margaine répond que nos agents connaissaient bien la situation financière, mais ignoraient le côté économique des choses. Je croyais cependant que le côté économique était inséparable du côté financier. « Il faut reconnaître, ajoute le rapporteur, que si nos agents diplomatiques n'envoyaient plus sur la Russie aucun travail approfondi, c'est qu'ils avaient une excuse : les Ministres ne tenaient aucun compte de leurs moindres avis. Ils avaient d'autres conseillers, si tant est que cela puisse s'appeler des conseillers? »

Examinant alors le rôle de la Diplomatie dans les événements d'ordre politique, le rapporteur constate que nos ambassadeurs à Vienne et à Berlin avaient remarqué, en 1897, l'évolution allemande qui s'opérait dans la Cour de Russie ; qu'en 1905 l'ambassadeur français à Pétersbourg écrivait, le 25 juillet, que Nicolas II s'était encore laissé surprendre par Guillaume II ; que notre ambassadeur à Rome y voyait un nouveau signe de la faiblesse intellectuelle et morale du Tsar et qu'en cette occurence notre Ministre des Affaires Étrangères avait été circonvenu par l'ambassadeur russe. Pendant ce temps, notre ambassadeur à Berlin obtenait de M. de Witte cette affirmation ambiguë : « Il y a des choses dont je ne puis rien dire et que peut-être votre gouvernement ignore, mais elles ne doivent en aucune façon inquiéter votre pays.» Cela vaut presque les assurances pacifiques données au crédule Teisserenc de Bort par Bismarck en 1879, lors de la formation de la Duplice.

Un mois après, le même ambassadeur crut pouvoir dire aussi mystérieusement : « Les ailes sont coupées à l'intrigue. Tout est fini. L'incident ne peut plus renaître. » M. Margaine conclut ainsi : « Le Tsar, circonvenu par l'empereur Guillaume, avait tout simplement trahi la Nation qui croyait l'avoir pour allié. Son excuse est qu'il n'avait pas paru se rendre exactement compte des conséquences de son acte. » C'est ce que j'ai dit moi-même, sans excuser pour cela le faible et imprudent Nicolas II qui, sciemment ou non, a fait bien des fautes.

*
* *

Quelle est, en somme, la conclusion définitive du rapporteur de la Commission des Relations extérieures ?

C'est que si les pourparlers de l'entente franco-russe sont nés de l'inquiétude causée en France par le sentiment de son isolement devant la Triplice et favorisés en Russie par le mauvais état et les besoins de ses finances pour aboutir à un accord diplomatique vague qui pouvait être un prélude, cet accord bientôt dérailla. « La France, mal inspirée, dit-il, confia l'affaire aux militaires. » Ceci n'est pas juste, car on ne pouvait faire autrement, attendu qu'aux entreprises menaçantes de l'Allemagne il fallait opposer tout de suite des forces égales, sinon supérieures. « La Russie, continue M. Margaine, n'y vit que le sujet d'exploitation d'une avance importante de Capitaux... » Les financiers et certaines personnalités russes, peut-être. Mais la masse du pays alla spontanément à l'alliance française et par sympathie ouverte. « La diplomatie laissa faire les militaires... » Or, il est permis d'affirmer qu'elle agit d'accord avec eux ou s'effaça volontiers à l'occasion devant eux, dans l'intérêt même de la France. « Les Ministres des Finances ne firent plus d'observation au sujet de la multiplicité des Emprunts russes. » Cette critique est juste et l'on ne peut assez regretter que l'or français ait été prodigué en Russie, sans que nous ayons obtenu des avantages plus certains, et des garanties plus considérables.

« Pourtant, remarque lui-même M. Margaine, envers et contre tout, l'Alliance russe, ombre peut-être, mais ombre nette et vivace, a eu une réalité extérieure. Elle a produit de puissants effets. Certes, les fêtes cachaient un vide où tintinnabulait l'or des emprunts ». Et dans une métaphore plus que hardie, le rapporteur ajoute : « *Ce vide pourtant a été un rêve où s'est usée la souplesse de l'Allemagne* ». Je ne vois pas beaucoup une souplesse s'usant sur un vide et ce vide devenant un roc... Mais on finit par saisir l'idée et, si bizarrement qu'elle soit rendue dans cet étrange jargon parlementaire, elle paraît juste.

M. Margaine ajoute avec mélancolie : « Quel n eût pas été le rôle de la France, si des gouvernants avaient su étudier le peuple russe, le pénétrer, comprendre le caractère du Souverain, le conseiller, agir avec fermeté vis-à-vis de la Finance, canaliser l'or que la France versait à flots et diriger les courants ! »

Pour cela, il eût fallu que les gouvernants ou les représentants allassent en Russie, fissent des observations minutieuses sur place, entrassent à la Cour et pénétrassent à

fond les intrigues, les menées, les machinations des
ministres et de leurs favoris, des grands ducs et du Tsar
lui-même. La politique extérieure est une science qui exige
de ses disciples beaucoup d'attention, d'études, de finesse,
de tact et de savoir. Cela ne s'improvise pas, et si merveilleux que soit le mandat parlementaire, il ne donne
pas spontanément ce talent.

Quelles sont donc les conclusions du rapporteur de la
commission des Relations extérieures? » Que l'expérience
du pays, dit-il, soit l'origine, non d'inutiles regrets, mais
d'espoirs nouveaux pour son lendemain! » Si la Finance
a pu s'émanciper du Gouvernement, c'est qu'elle persiste
à s'enfermer dans un cercle trop étroitement clos. Elle
est l'apanage d'un petit nombre. Les hautes intelligences
n'y sont point admises... Qui empêche donc ces sommités
d'y pénétrer par la volonté, par l'effort, par la science pour
neutraliser les effets malfaisants de la Finance et en
utiliser les avantages dans le seul intérêt du pays, de
l'épargne populaire et des fruits de l'Industrie et du
Commerce?... M. Margaine regrette aussi que la Presse,
qui cacha au public l'état réel de la Russie, soit devenue
une espèce d'instrument commercial où peinent des
employés qui obéissent à de véritables marchands, au lieu
d'être les organes de la voix populaire et de la pensée
francaise, libre et fière. Il est heureusement encore
quelques journalistes qui comprennent leurs devoirs d'une
façon plus noble, et l'on ne peut que souhaiter d'en voir
s'accroître le nombre.

Enfin, dans un dernier alinéa, qui a l'intention d'être
dur et sévère, le rapporteur écrit sous forme d'une objur-
gation menaçante : « Que la Nation, que les Pouvoirs
publics y réfléchissent! L'ère des financiers, des rois de
la Presse, des groupements d'exploitation industrielle est
passée. » Est-ce bien sûr?... En tout cas, on serait heureux
de le constater, sinon pour aujourd'hui, du moins pour
demain. M. Margaine ajoute : « Là ou les Gouvernants ne
l'ont pas compris et ont voulu s'obstiner dans la routine
profitable du passé, le peuple les a durement réveillés.

Entre ces deux perspectives, également cruelles, la voie est libre pour une France avertie... »

Ce qui veut dire en bon français : « Faisons l'économie d'une Révolution! » Soit, mais alors que le Parlement tout entier nous aide... Et pour que le Parlement comprenne son devoir, que les électeurs fassent aussi le leur et choisissent aux élections prochaines des citoyens uniquement préoccupés de relever la France, tant à l'intérieur qu'à l'extérieur!

Il convient de rappeler, en terminant, que M. Margaine était intervenu, le 27 décembre 1917, dans l'interpellation de M. Moutet relative aux négociations secrètes avec la Russie pour demander si l'on ne pouvait pas faire rentrer cette puissance dans le concert des Alliés. Il croyait que son retrait de l'action guerrière était dû à ses difficultés intérieures, à la lassitude générale, à la famine, à la révolte agraire, et il proposait, comme remède urgent, la réforme de l'éducation du peuple russe que le Tsar avait volontairement négligée. M. Margaine pensait qu'on pourrait s'entendre avec ce qui semblait constituer encore un gouvernement à Pétrograd, en Géorgie et en Ukraine. Il invitait le gouvernement français à envoyer à la population des produits fabriqués et diverses ressources par la voie du Transcaucasien pour faciliter des échanges commerciaux et les moyens d'action et de relèvement, dont la Russie tant épouvée avait besoin. Tout nous porte donc à croire, après ces déclarations, que M. Margaine est de ceux qui chercheront à tirer la Russie du chaos où elle est plongée et à renouer, avec les vrais patriotes de cet Etat, des liens utiles aux deux pays, dans des conditions meilleures qu'auparavant.

Or, en ce moment, l'occasion la meilleure se présente à nous d'aider l'amiral Koltchak qui, avec des troupes solides, combat et bat les troupes bolchevistes. Son succès à Orenbourg, sur le front de Kazan, le long de la rivière de Viatka, à Riga et autres endroits, sont une preuve que la révolution rouge est très menacée. Comme le dit l'ancien maire de Pétrograd, M. Paul Lelianov, « le régime bolcheviste touche à sa fin et le gouvernement de Koltchak sera bien accueilli. L'intégrité et le désintéressement de cet amiral sont au-dessus de tout soupçon. Son prestige est grand dans les masses russes où il est connu et estimé pour son courage et sa bonté. Si la Russie est délivrée par lui, elle reprendra bientôt ses forces et sa prospérité. » L'Angleterre n'a pas hésité à témoigner une cordiale et effective sympathie aux efforts de Koltchak, et M. Winston Churchill a été pour beaucoup dans cette manifestation si politique et si utile. La France a tout intérêt à imiter l'Angleterre et à prouver à la Russie qu'elle veut lui rendre son indépendance et l'aider à ressaisir son pouvoir et à s'acquitter de ses obligations, en la laissant régler elle-même ses relations avec les petits peuples qui la séparent de la Baltique et rembourser en temps utile — quand les affaires seront rétablies, — tous les porteurs d'emprunts russes [1]. L'amiral Koltchak ne demande pas mieux de réunir, quand cela sera possible, la Constituante, de 1917 à Moscou, de faire procéder. aux élections des Zemstwos, de garantir les libertés civiles et religieuses, de reconnaître même l'indépendance de la Finlande et de la Pologne et d'adhérer enfin à la Société des Nations. Notre intérêt majeur est de le soutenir dans cette politique sage et de repousser les folles idées des Longuet, des Cachin et autres socialistes révolutionnaires qui n'acceptent que le programme de Lénine, c'est-à-dire la destruction de toute autorité et la ruine de l'ordre et de la discipline. Nous voulons, nous, la résurrection de la Russie et non pas son effondrement. Laissons cette volonté destructive aux Allemands qui, seuls, ont intérêt à bénéficier des désordres de la Révolution.

1. De 1890 à 1909, on compte quinze Emprunts russes représentant à peu près neuf milliards, que les émissions des obligations des chemins de fer du Donetz, de Vitebsk, de Koursk-Azof, d'Orel-Griasi, de Minsk à Riga, du Transcaucasien, de la Banque de la Noblesse et de la Banque des Paysans.

BIBLIOGRAPHIE

Les Théories de Malkoff. — Berlin, 1887, in-8°.

Échec et mort de la Politique allemande par l'Alliance Franco-Russe. — Paris, 1888, in-8°.

P'ADER. — *Nécessité de l'Alliance Franco-Russe.* — Toulouse, 1888, in-8°.

P'APOWSKI (Josef). — *Die Franzosische-Russische Allianz.* — Vienne, 1891, in-8°.

Une ambassade en Russie (Mémoires du Cte de Morny). — Paris, 1898, in-8°.

FRANKEL (Henrick) del Ghibellinus. — *Ist der Verrath der Kultur an die Barbarei eine Thatsache?* — Weimar, 1892, in-8°.

GRAND-CARTERET. — *Caricatures sur l'Alliance Franco Russe.* — Paris, 1895, n° 8°.

BOURRIS (Marcel). — *Que vaut l'Alliance Russe?* — Paris, 1895, in-8°.

ROUX (M.-S). — *La vérité sur l'Alliance Franco-Russe.* — Paris, 1895, in-8°.

L'Alliance Franco-Russe, comédie jouée au théâtre du Gymnase, à Marseille, le 30 octobre 1892.

L'Alliance Franco-Russe, par un Ermite de l'Oural. Paris, 1892, in-8°.

Histoire de l'Alliance Franco-Russe, par M. Elie de Cyon (1886-1894) chez Charles. — 1 vol. in-8°, 1898.

L'Alliance Franco-Russe, par Jules Hansen. — Paris, 1897, in-8°.

L'Ambassade à Paris du baron de Mohrenheim, par Jules Hansen. — Paris, 1907, in-8°.

A. Le Glay. — *Les origines de l'Alliance Franco-Russe*. — Paris, in-8°.

Chauvelot (Robert). — *De l'Alliance Franco-Russe*. Conférence à l'École des Sciences politiques. Paris, 1898, in-8°.

F. de Hénaut. — *Douze ans d'Alliance Franco-Russe* (1818-1830). — Paris, in-8°.

France et Russie par J. Moul. — Paris, 1897, in-8°.

Ph. Deschamps. — *Le Livre d'or de l'Alliance Franco-Russe*. — Paris, 1898, in-8° [1].

Mémoires du prince de Hohenlohe, 3 vol. in-8°. Paris, 1909.

Souvenirs du Prince de Bismarck, 2 vol in-8°. Paris, 1899.

Bourgoing-Lagrange. — *L'Avenir de l'Europe et l'Alliance Franco-Russe*. — Paris, 1898, in-8°.

L'Alliance Franco-Russe devant la Crise Orientale, par un diplomate étranger. — Paris, 1891, in-8°.

Prince de Valori. — *Le Traité Franco-Russe*. — Paris, in-8°.

---

1. *Le Livre d'Or de l'Alliance Franco-Russe* relate, avec tous les détails, l'Exposition française de Moscou et les fêtes de Cronstadt en 1891 ; celles de Toulon en 1893; le couronnement de Nicolas II en 1896; les fêtes de Cherbourg, Paris, Sèvres, Versailles et Châlons en 1899 ; celles de Châtellerault en 1897; le voyage du président Félix Faure en Russie en 1897 et les fêtes de Dunkerque et de Paris qui saluèrent la consécration de l'Alliance. Ce recueil a cela de particulier, c'est que, dû à la patience de son auteur, un industriel patriote, M. Philippe Deschamps, qui a doté Moscou d'un musée de l'Alliance comprenant plus de 1.000 pièces, il contient tous les articles, toutes les adresses, tous les télégrammes et les moindres détails relatifs à l'Alliance Franco-Russe.

RIMLER. — *De la nécessité de l'Alliance Franco-Russe-Austro-Hongroise.* — Paris, 1901, in-8°.

La France et la Russie en 1870, par le général Comte Fleury. — Paris, 1902, in-8°.

Ernest DAUDET. — *Histoire diplomatique de l'Alliance Franco-Russe.* — 1873-1893. Paris, 1894, in-8°.

L'Alliance Franco-Russe, par un soldat. — Paris, 1901, in-8°.

Histoire de la Triple-Alliance par Chiala, in-8. — Turin, 1898.

Histoire de la Triple-Alliance, par Arthur SINGER. — Paris, in-8°, 1915.

L'Encerclement de l'Allemagne, par M. Auguste GAUVAIN. — Éditions Bossard, 1 vol. in-16, 1919.

ERNEST DAUDET. — *Soixante années du règne des Romanof.* — *Nicolas Ier et Alexandre II.* — Paris, 1919, in-12.

ERNEST DAUDET. — *L'empereur Alexandre III (Revue des Deux Mondes),* 1919.

TABLE DES MATIÈRES

Saint-Denis. — Impr. J. Dardaillon, 17, boulev. Châteaudun